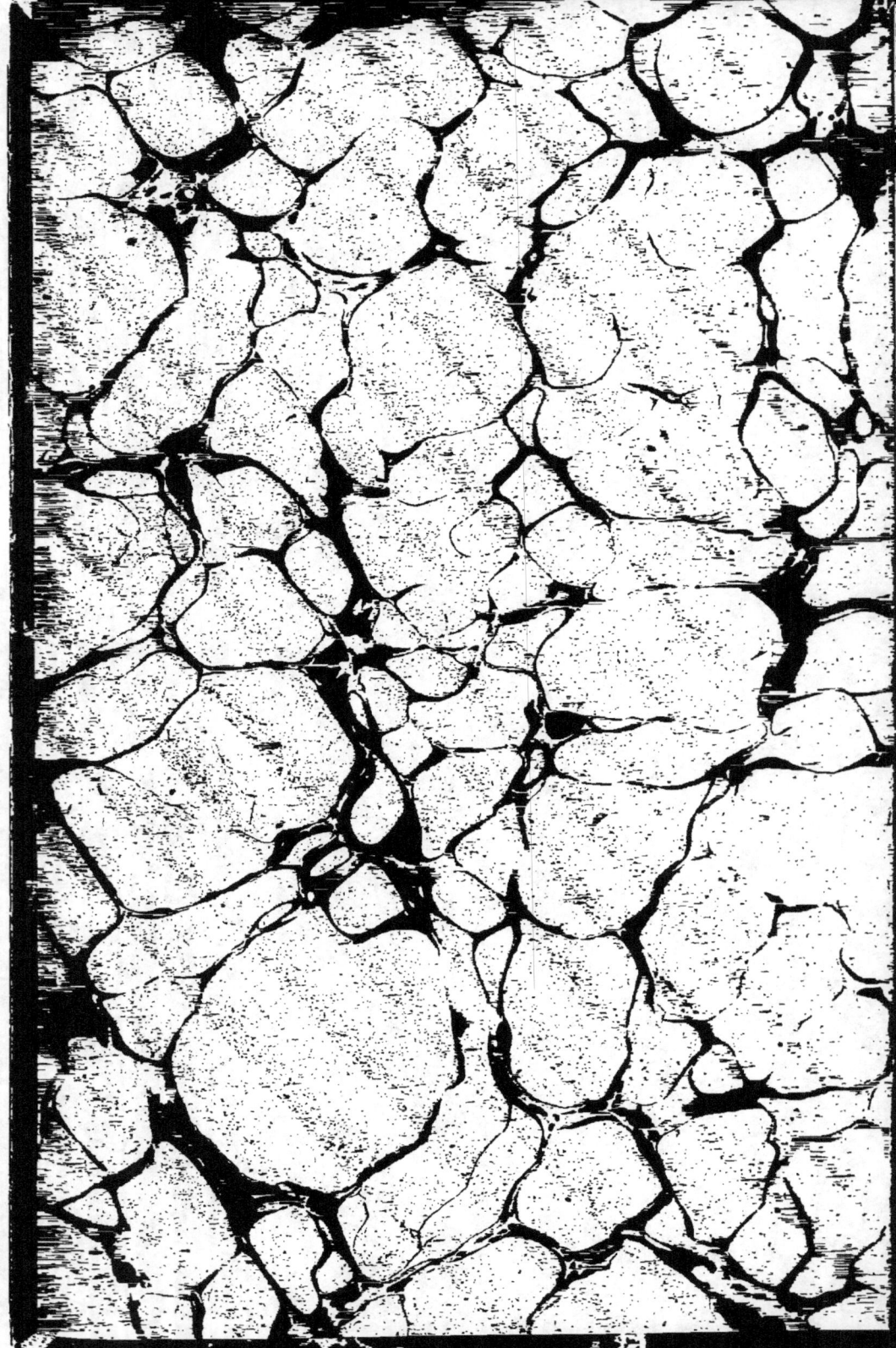

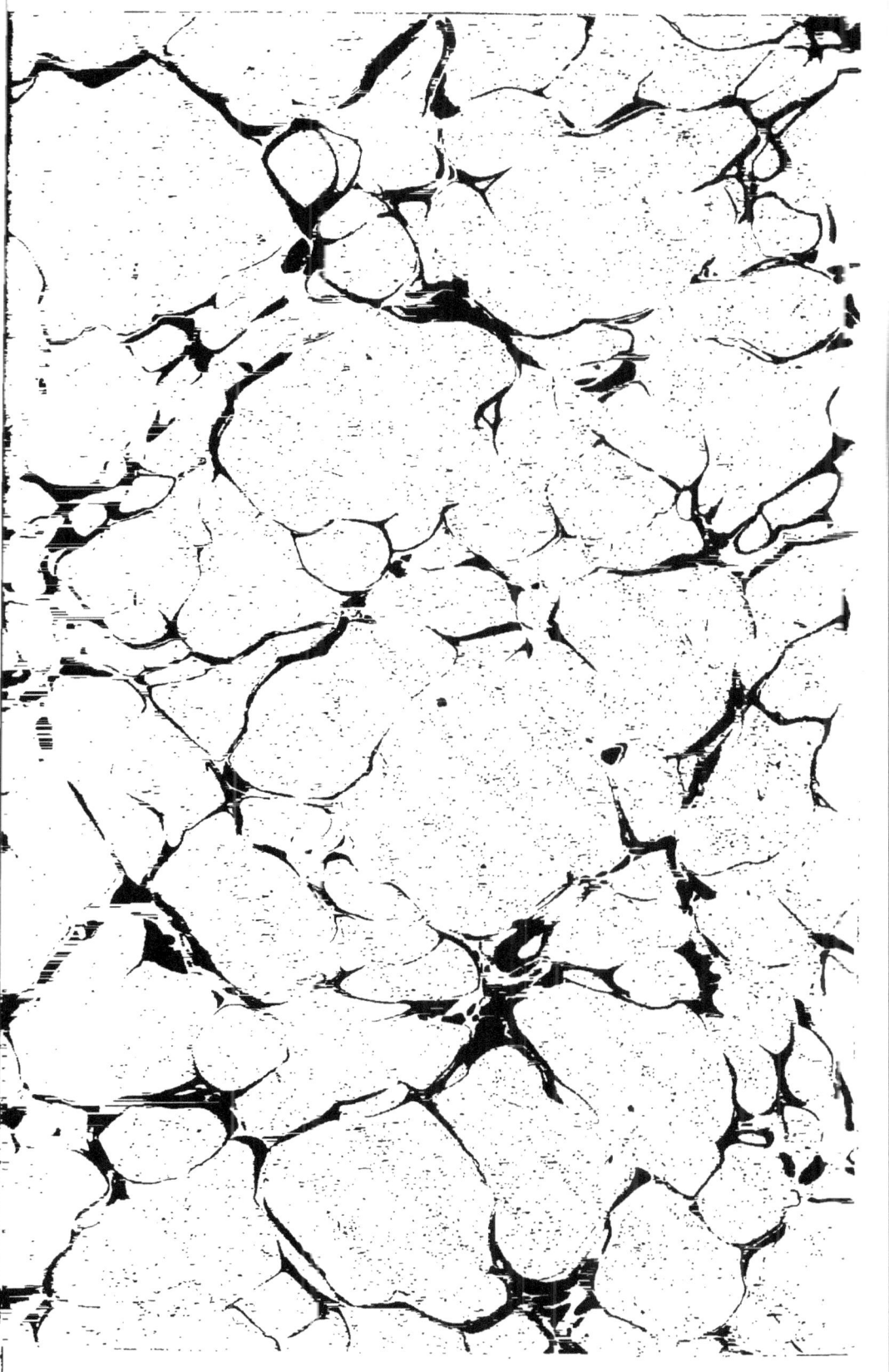

EUGÈNE DEVÉRIA

D'APRÈS DES DOCUMENTS ORIGINAUX

1805 — 1865

PAR

ALONE

AVEC UN PORTRAIT

« Ce n'est pas un miracle qu'un homme tombe, mais c'en est un qu'il se relève. »

LUTHER.

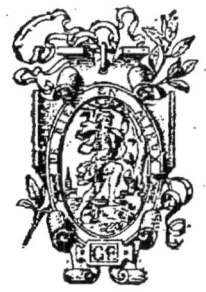

PARIS
LIBRAIRIE FISCHBACHER
SOCIÉTÉ ANONYME
33, RUE DE SEINE, 33

1887

Tous droits réservés.

EUGÈNE DEVÉRIA

OUVRAGES DU MÊME AUTEUR

Les Vaincus victorieux. Paris, Fischbacher, 1875.

Henri-René. Paris, Plon, 1880.

Autour d'un Lapin Blanc, ouvrage pour la jeunesse. Paris, Hetzel, 1885.

Tours, imp. Mazereau.

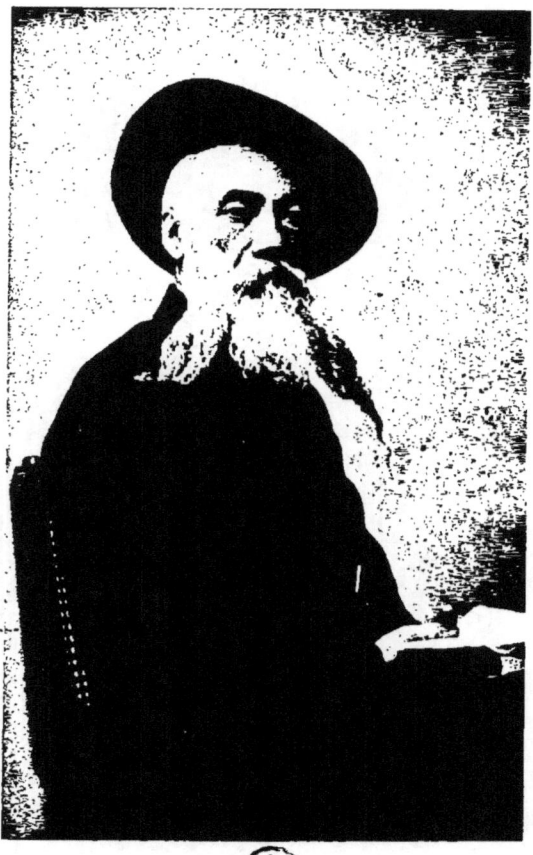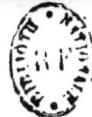

EUGÈNE DEVÉRIA

D'APRÈS DES DOCUMENTS ORIGINAUX
1805 — 1865

PAR

ALONE

AVEC UN PORTRAIT

« Ce n'est pas un miracle qu'un homme tombe, mais c'en est un qu'il se relève. »

LUTHER.

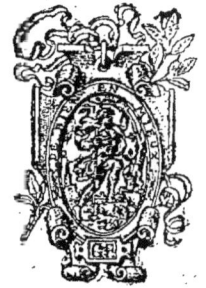 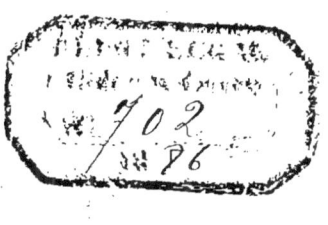

PARIS
LIBRAIRIE FISCHBACHER
SOCIÉTÉ ANONYME
33, RUE DE SEINE, 33

1887

Tous droits réservés.

A LA MÉMOIRE VÉNÉRÉE

D'EUGÈNE DEVÉRIA

MON « VIEIL ET FIDÈLE AMI »

ET CHER MAITRE.

AVANT-PROPOS

Il y a vingt ans que s'éteignait à Pau, où s'était écoulée la fin de sa vie, un homme dont la jeunesse avait donné de belles espérances et qui fut un moment célèbre. C'est à peine si la nouvelle de la mort d'Eugène Devéria rappela, à quelques contemporains, le souvenir de ses jours de gloire. Le plus grand nombre l'avait depuis longtemps oublié, et son nom, prononcé par hasard, n'amenait sur les lèvres qu'un sourire de dédain ou de compassion : Peintre d'un seul tableau, disait-on, dominé par des idées religieuses, rigoristes et déplaisantes, qui avaient étouffé son beau talent, il s'était rendu insupportable à tous ses amis par une insistance déplacée à les leur faire partager. Son mysticisme peu réjouissant, touchait à la folie..... Et ainsi, sans que personne pensât à réclamer, les dernières pelletées de terre furent jetées sur son cercueil. Les années depuis s'y sont amoncelées.

N'y a-t-il rien à dire cependant ? Ce verdict est-il sans appel ? Eugène Devéria méritait-il, comme artiste, un oubli si profond, comme homme, un jugement si sommaire ? Nous ne le pensons pas. Ce « peintre d'un seul tableau » a travaillé jusqu'à sa dernière heure ; les œuvres qui sont sorties de ses mains sont nombreuses : dispersées à l'étranger ou dans les musées de province, elles n'ont pas obtenu l'honneur d'être jugées dans leur ensemble, comme l'ont été ces derniers temps celles de bien des artistes, qui, peut-être, ne valaient pas Eugène Devéria. C'est pourquoi, nous croyons que jamais, sur ce point, la lumière ne sera faite, ni, par conséquent, la justice. Quant à *l'homme*, que les uns nous dépeignent comme sombre et morose, dans lequel les autres ne voient qu'un fanatique, il appartient à ceux qui l'ont connu jusqu'à la fin, de parler de son âge mûr pendant qu'il reste encore quelques amis d'autrefois, pour se souvenir de sa jeunesse.

De cruels chagrins, des luttes douloureuses, des espérances brisées, des affections en ruines, expliqueront peut-être la tristesse qu'on lui a reprochée. La profondeur des croyances qui étaient devenues sa force et sa vie, l'ardeur de sa tendresse pour ceux auxquels il aurait voulu les communiquer, excuseront son insistance. Ne transigeant pas avec sa conscience, il a été, parfois, trop absolu avec ceux qui refusaient d'interroger la leur, mais sa parfaite droiture, sa sévérité envers lui-même, feront comprendre son erreur, et nous croyons que, même les adversaires d'Eugène Devéria, ne pourront faire autrement que de reconnaître en lui un de ces hommes rares que l'Evangile définit : « Honnête et droit, dans le cœur duquel il n'y a point de fraude. »

Si l'on nous demande pourquoi, remuant toutes ces choses passées, nous avons tenté de faire revivre celui qui dort depuis si longtemps, nous dirons que nous croyons, en agissant ainsi, accomplir le désir d'Eugène Devéria. Dans la solitude morale, où s'est écoulée sa vie, il a éprouvé un besoin que connaissent les solitaires, celui d'obtenir, après sa mort, une sympathie qui lui a fait trop souvent défaut. De plus, humilié par le souvenir de son passé, le respect dont il était entouré lui a toujours paru une chose volée ; il avait soif d'être connu tel qu'il était, d'être jugé avec justice. Enfin et surtout il lui semblait que son exemple pourrait être utile aux *jeunes*, auxquels ils s'intéressait ardemment, et les empêcher de tomber « dans une de ces fautes dont on traîne le poids toute sa vie ». Pour toutes ces raisons, et aussi pour épancher son cœur trop plein, il a écrit un Journal, une Histoire de sa vie, des poésies, des méditations, et laissé tout cela par testament, afin d'en assurer la conservation, à la Bibliothèque de la ville de Pau (1). Lorsqu'on parcourt ces volumineux manuscrits, on y trouve à chaque instant répété ce vœu de publicité, dont nous parlions

(1) Ces huit volumes manuscrits de la Bibliothèque de la ville de Pau, consultés avec l'autorisation de la famille de M. Eugène Devéria, ont été nos principales sources. Tout ce que nous citons de lui, en est tiré, à l'exception des lettres, adressées à M. G. de C. et à Mlles U. S. et S. P, qui nous ont été communiquées.

plus haut, en même temps qu'on se rend compte de l'impossibilité, d'y déférer d'une façon absolue. Il y avait donc un choix à faire, chose grave et délicate, et deux écueils à éviter : Il ne fallait ni modifier le moins du monde la pensée de l'auteur en la résumant, ni fatiguer le lecteur par des longueurs inutiles. C'est avec grand regret que nous nous sommes borné à choisir dans ces pages nombreuses, les passages les plus marquants, les idées les plus originales et les plus personnelles, pour les intercaler dans un récit où nous nous sommes efforcé de rester absolument exact. Exact, même au risque d'attirer le blâme ou la critique sur Eugène Devéria. Nous n'oublions pas, qu'avant tout, il voulait la vérité, et faire de lui un panégyrique, aurait été bien mal répondre à son vœu.

Bien des talents ont sombré, comme le sien, par suite de ce que le monde appelle, avec trop d'indulgence, des folies de jeunesse. Bien des gens ont commencé comme lui, et vaincus dès les premiers pas, n'ont d'autres ressources que de s'endurcir ou de se désespérer. Puisse l'exemple qui leur sera donné dans ces pages, leur montrer comment on s'arrête, comment on se relève, comment on sauve du naufrage les épaves de son génie, comment, à défaut de gloire et de bonheur, on retrouve la paix de sa conscience et la dignité de sa vie. Ce n'est point d'un *Saint* que nous allons raconter l'histoire ; Eugène Devéria s'est trompé souvent, il a eu des défaillances ; il n'a point dompté en un jour sa rude et hautaine nature, mais il n'a pas traité ses défauts avec indulgence, il a lutté, et, depuis le jour où il avait mis le pied dans la bonne voie, il ne s'en est point détourné. Nous l'avons vu souvent, les yeux levés vers Celui qui est invisible, les mains étendues dans une ardente prière ; il nous semble toujours le voir ainsi et l'entendre prononcer les paroles qui sont le cri de l'humanité repentante :

« Seigneur, aie pitié de moi. Je suis homme et rien de ce qui est humain ne m'a été étranger ! »

EUGÈNE DEVÉRIA
— 1805-1865 —

I

1805-1840

Les Devéria étaient probablement d'origine italienne. Leur famille, venue en France à la suite des papes, se fixa à Avignon au xiv° siècle, et on retrouve le nom d'un de leurs ancêtres dans l'ouvrage de M. Étienne Parrocel sur les peintres avignonnais :

.... « Parmi les plus remarquables au xv° siècle était Jacques Yverny ou Yveriac, qui exécuta, en 1427, quatre bannières alors fort admirées. Deux petites pour le brigantin de la ville, et deux grandes pour la procession générale.......
Le nom de ce peintre s'est transformé plus tard

dans sa descendance, en Yveriac, Divériac et enfin Devéria. MM. Achille et Eugène Devéria, nos peintres modernes, originaires de cette ville, pourraient réclamer pour ancêtre ce peintre de 1427. »

Il dut y avoir, au cours des années, un déclin assez marqué dans la situation de cette famille, car, s'il faut en croire le témoignage d'Eugène Devéria, son grand-père paternel était menuisier ou charpentier. Ce grand-père abandonna la ville d'Avignon pour se fixer à Montpellier, où il eut de nombreux enfants. Le seul qui nous intéresse est son plus jeune fils, François-Marie Devéria. Ce jeune homme entra de bonne heure dans la marine et assista comme commissaire au combat de Trafalgar; il avait 26 ans lorsqu'il épousa, dans des circonstances très romanesques, une jeune fille créole qui en avait un peu plus de seize. Mlle Chaumont, ainsi se nommait-elle, jouissait d'une fort jolie fortune, et était en outre d'une beauté remarquable. De ces deux avantages, la beauté bientôt lui resta seule, car la révolte des noirs de Saint-Domingue emporta la fortune.

Malgré leur position précaire et leurs nombreux enfants, en 1814 ils étaient six, Théodule, Achille, Désirée, Octavie, Eugène, et Laure, M. et Mme François Devéria, qui s'étaient fixés à Paris, n'hésitèrent pas à ouvrir leur maison à

Mme Chaumont la mère et à son jeune fils. Ce dernier, à peine plus âgé que les enfants de sa sœur, grandit et fut élevé avec ses neveux, qui l'appelaient « Chaumont » ou « petit oncle. » Mme Chaumont fut d'un grand secours à sa fille dans le cours d'une vie difficile ; elle trouva toujours en son gendre un fils respectueux.

La tâche de faire vivre une si nombreuse famille était lourde, cependant, pour les forces morales du père ; il l'accomplit à demi...... et parvint à élever à peu près les aînés de ses enfants ; mais il faillit à ses devoirs de père avant la fin, et ayant, après bien des déboires, obtenu une place à Versailles, aux archives de la marine, il laissa tomber le fardeau sur son second fils, Achille, qui se trouva heureusement prêt à s'en charger. Ce père tenait si peu de place dans sa maison que presque tous ceux qui ont parlé des Devéria, le croyant mort, l'ont passé sous silence, et sans son fils Eugène, qui nous en parlera à plusieurs reprises, nous ignorerions jusqu'à son existence.

La grand'mère, Mme Chaumont, a laissé un souvenir plus durable ; c'était une de ces femmes qu'on rencontrait encore dans la première partie de ce siècle, gaies, spirituelles, sans grande éducation, et conservant cependant dans leurs manières et leur conversation quelque chose du charme du XVIIIe siècle. Active et d'une bonne humeur inaltérable, elle passa de la richesse à la pauvreté sans qu'on l'entendît jamais se plaindre, se pliant à toutes les exigences de ce changement de fortune comme si ç'eût été la chose la plus naturelle du monde. Elle était des plus indulgentes, comme beaucoup de femmes de sa génération, pour les jeunes gens, et les camarades de ses petits-fils aimaient cette aimable vieille, toujours souriante, qu'on ne parvenait pas à fâcher.

Tout autre était la nature de Mme Devéria; mais pour ce qui la concerne nous laisserons la parole à son fils Eugène :

« Anne-Marie-Angélique-Joséphine-Désirée Devéria, née François Chaumont, ma chère maman, est née en 1781, aux colonies, à Saint-Domingue..... Elle vint très jeune en France... sa beauté était extrême, quoiqu'elle eût eu la petite vérole. Elle avait beaucoup plus d'éducation que ma grand'mère, qui n'avait que l'éducation instinctive du monde du siècle dernier. Maman savait ce qui est nécessaire à une femme pour charmer [son intérieur]. Elle cousait parfaitement bien, était très musicienne et forte sur le piano pour l'époque. Elle avait selon mon souvenir.... la plus belle voix qu'on pût ouïr..... Je lui ai encore entendu chanter, quand nous étions jeunes, des airs d'opéras qui nous réjouissaient au delà de toute expression. Elle écrivait d'un style simple, agréable et coulant. Jeune elle avait eu une très belle taille qui se déforma de bonne heure... Elle avait la peau d'une finesse et d'une blancheur exquises. Les couleurs de ses joues roses et de ses mains, blanches en dehors et délicatement colorées en dedans, ne cédèrent, malgré toutes les douleurs de corps et d'esprit, qu'à la dernière maladie, une hépatite. Elle avait les cheveux noirs et très fins, les sourcils très égaux, les yeux très grands et bruns, le nez très joli, la bouche d'une petitesse ravissante... son sourire était tout ce qu'on pouvait rêver de plus doux et de plus gracieux.....

« Elle avait trente-trois ans quand elle eut son septième et dernier enfant, notre belle Laure (1). Son éducation si bien faite lui permit de faire toute celle de cette dernière fille, qui devint sa compagne inséparable pendant 21 ans............ Les devoirs de la famille, obéissance, respect, silence, soumission des plus jeunes aux aînés, étaient à l'ordre du jour dans notre maison.... Maman était très stricte à ce sujet, comme aussi à nous garder du mensonge, et de fait nous ne mentions pas en général........

« La voilà donc, belle, bonne, fidèle à ses devoirs de femme, de mère, de fille, obéissant à bonne maman comme une enfant, tendre autant que possible avec ceux de son sang, peu expansive avec ceux du dehors, mais avec tout cela pas un grain de piété. Je ne me rappelle pas d'avoir jamais vu maman aller à l'église (2). »

A plusieurs reprises, Eugène Devéria, qui écri-

---

(1) Une petite fille, Louise, était morte en bas âge.
(2) Vol. manuscrits de la bibliothèque de Pau, par Eug. Devéria, « Ma Vie: Ma Mère : » Vol. IV, p. 291.

vait ces souvenirs en 1849-1850, le cœur plein de ses nouvelles croyances, constate l'indifférence absolue, en matière religieuse, du milieu dans lequel il avait passé son enfance. Ce n'était pas de l'hostilité, de l'opposition, c'était l'effacement le plus complet; à tel point que les quatre plus jeunes enfants, Désirée, Octavie, Eugène et Laure n'avaient pas fait leur première communion. En soulignant ce fait avec surprise et tristesse, l'artiste fait remarquer souvent, avec non moins de surprise, le degré de perfection auquel avaient atteint, par leur propre force, ceux qu'il admire et aime. Si nous insistons avec lui sur ce point, c'est parce qu'il nous paraît important de noter le vide laissé dans l'âme d'Eugène Devéria au point de vue religieux; cela explique comment, lorsqu'il se sentit poussé à s'enquérir de la vérité, il n'eut pas à retourner en arrière aux croyances de son enfance, mais bien à chercher par lui-même.

Eugène Devéria vint au monde le 22 avril 1805. Il était, dit-il, si laid qu'on n'osait pas le montrer à sa mère. Il fut mis en nourrice dans une famille Thomas, dont le père faisait partie d'une compagnie de Vétérans et logea tour à tour à la caserne de la Madeleine et à celle des Petits-Pères. La mère Thomas s'était passionnément attachée à son nourrisson qu'on lui laissa bien au delà du temps ordinaire; l'enfant grandit avec son frère de lait, et alla même avec lui à une petite école. Sa famille traversait des temps difficiles, et Mme Devéria, accablée de soucis, sentant son fils bien soigné chez des gens qui paraissent avoir été supérieurs à leur position, l'y laissait, l'esprit tranquille. Il en résulta cependant qu'Eugène Devéria conçut pour sa nourrice une affection dont plus d'une fois sa mère fut jalouse (1).

Les années avaient passé; il était revenu à la maison après avoir été successivement placé dans deux petites pensions où il n'apprit pas grand'chose. Ce fut à cette époque qu'il y eut de sa part une révolte dont le souvenir lui était resté comme un remords. Dans ses mémoires d'ailleurs il ne se flatte pas, et se peint comme ayant été paresseux, récalcitrant aux études classiques et passablement insubordonné :

« Pauvre maman ! écrit-il bien des années après, je lui ai toujours été une cause de chagrin. Elle fut toujours un peu jalouse de l'affection que je témoignais à maman Thomas. Elle le montra bien un jour où je méritai un

---

(1) Eugène Devéria ne parlait de sa nourrice qu'en l'appelant maman Thomas; il ne manqua jamais, jusqu'à la fin de sa vie, d'aller la voir chaque fois qu'il venait à Paris, et alors même que la pauvre femme, aveugle et sourde, ne pouvait plus le reconnaître qu'au toucher, il n'a pas cessé de la visiter fidèlement à la Salpêtrière. Il est mort le premier, léguant à cet hospice un fort beau tableau, *le Christ portant sa croix*, en reconnaissance des soins donnés à sa vieille nourrice.

grand châtiment. La cause pour laquelle elle me grondait n'est pas restée dans ma mémoire... Quoi que la chère bonne m'eût dit pour mon bien, sans doute, et avec sa bonté ordinaire, je laissai échapper ces mots : « Qu'on est malheureux d'avoir une mère pareille. » Il n'y a probablement que moi dans la famille qui ai pu proférer de semblables paroles... Pourtant, il est trop vrai, je l'ai dit. Hé bien ! c'est un de ces moments qui sont restés ineffaçables dans ma mémoire. C'est un souvenir qui m'a troublé dans mes plaisirs, qui a apporté de l'amertume à mes chagrins ; quand je ne croyais pas en Dieu, ça me semblait cause de tout ce qui me paraissait un peu en dehors de l'ordinaire dans mes petites misères. Dès lors je comprenais qu'il devait y avoir des châtiments pour l'enfant qui avait pu dire cela à une mère [comme la mienne].

« ..... Pourtant je l'ai dit. La pauvre maman fut atterrée et me dit : « Eugène, tu te souviendras de ça. » Oh ! mère ! je m'en suis souvenu, et, à cette heure, ce souvenir suffirait pour troubler ma paix si je ne savais que le sang du Christ purifie de tout péché..... Oh ! ma vie eût dû être après cela une consécration sainte à celle qui m'a pardonné, je n'aurais dû penser à elle que pour lui faire, de toutes les forces de mon âme, des jours de bonheur. Eh bien, non ! il fallait que j'allasse encore plus loin et qu'homme, dans la pleine possession de ce qu'on appelle la raison, je fisse couler des larmes dont la source semblait tarie à force de pleurer Laure.

« ..... Ce n'est pas le moment de dire le pourquoi ; je reviens au fait. Elle m'imposa la punition de ne pas aller chez maman Thomas pendant un mois, et de ne pas sortir le dimanche. Or je voyais maman Thomas tous les dimanches ; elle demeurait alors place de l'Estrapade. Il n'y avait que le Luxembourg à traverser... Un mois sans dimanche et surtout sans maman Thomas ! [Ma mère] avait frappé juste et j'étais bien puni.

« Au bout de deux ou trois dimanches, ma chère maman me permit d'aller jouer au Luxembourg, mais sans aller chez ma nourrice. Je le promis. Hélas ! je n'y pus pas [résister]. J'allai l'embrasser, et quoique je n'y restasse pas longtemps je fus infidèle à ma promesse. A mon retour, maman me demanda si je l'avais tenue, ma figure lui dit avant ma langue ce qu'il en était. Pourtant je crois qu'en faveur de ma sincérité elle ne me punit pas très fort. Elle crut jusqu'à la fin que j'aimais mieux maman Thomas qu'elle, et quoique ce fût vrai dans l'enfance, je ne sens pas que ce fût vrai dans l'âge mûr (1). »

Cependant les enfants grandissaient et, la nécessité aidant, il fallait de bonne heure les pourvoir d'une carrière. L'aîné des fils, Théodule, s'embarqua comme marin ; il ne tarda pas à s'établir aux Indes, d'où il n'est jamais revenu ; il s'y est marié et y a eu une nombreuse famille. Le second, Achille, qui avait fait de bonnes études classiques et montrait déjà une grande aptitude « à bien faire tout ce qu'il faisait »,

(1) Bibliothèque de Pau. Vol. IV, p. 296.

entra comme élève dans l'atelier de M. Laffite, dessinateur du cabinet du roi Louis XVIII, et « s'y développa », nous dit son frère, « avec une rapidité incroyable, sous l'influence d'un homme avec lequel il se trouva avoir une analogie remarquable. » Eugène enfin, « bon à rien » et dont on ne savait que faire, finit par être initié par son aîné Achille aux éléments du dessin ; il le mit « aux yeux, aux nez, aux bouches », suivant la méthode du temps, et, voyant qu'il semblait plus disposé à marcher dans cette voie que dans une autre, il le poussa de ce côté.

« Avec le temps, raconte Eugène Devéria, Achille me prit avec lui pour me faire faire mon entrée à l'École Royale de peinture et de sculpture. C'était l'été, l'École était alors dans la grande cour des Quatre-Nations. L'heure n'était pas encore sonnée et les nombreux jeunes gens attendaient au grand air le moment de s'enfermer dans cette cave noire et humide... Nous approchons. Achille me présente à l'assemblée avec un air plaisamment grave, et Alexandre Colin lance une effroyable exclamation suivie du rire le plus général que j'aie jamais entendu : « C'est ton frère ça, Devéria ? Mon Dieu, qu'il est laid ! » A compter de ce jour je devins le point de mire de toutes les charges, sans doute pour laisser respirer les pauvres victimes qui m'avaient précédé.... (1) »

(1) Bibliothèque de Pau. Écrit en avril 1849. Vol. III, p. 67 et suivantes.

A partir de cette époque (1), les années s'écoulèrent pleines de travail et de fêtes. C'est avec une tendresse mêlée d'orgueil qu'Eugène Devéria, dans l'histoire de sa vie, décrit son intérieur de famille. Il parle d'abord de ses sœurs, groupées autour de leur mère, dans leur travail de chaque jour. Elles faisaient le charme et la joie de la maison. L'une surtout, Octavie, celle qui venait pour l'âge avant lui, semble avoir occupé dans le cœur de notre artiste une place toute particulière. Il la nomme volontiers « *ma* sœur », comme si elle lui eût appartenu par une intimité plus profonde. La mort de cette jeune femme, en 1825, après quelques mois de mariage, laissa un grand vide dans le cœur de son frère, et nous le verrons rappeler le souvenir de sa sœur chérie jusque dans ses dernières lettres. Puis il nous montre Laure, la plus jeune, à peine sortie de l'enfance, déjà belle, intelligente, artiste ; enfin il parle des petites sauteries du dimanche soir qui finirent par devenir « ces bals célèbres auxquels prit part toute la jeunesse romantique, » car dans cette maison hospitalière se réunissaient, dit un contemporain, « tous ceux et toutes celles qui depuis ont eu un nom, un grand nom. » Et les amis d'enfance, devenus les camarades d'atelier !... Avec quel

---

(1) Tous les détails intimes résumés ici à regret, sont écrits à Edimbourg et contenus dans le volume IV.

plaisir mêlé de regret Eugène Devéria s'attarde à tous ces détails, y revenant, y insistant et se dépeignant lui-même, pendant ces années fertiles, comme travaillant ferme sous la direction de son frère Achille, « pour qui seul la vie était sérieuse et rude; » car il avait dès lors, simplement et sans se plaindre, pris sur ses épaules de vingt ans la lourde charge de chef de famille, et commençait à gagner quelque argent avec les vignettes lithographiques qui ont fait sa réputation. Par un dévouement admirable, immolant son talent de peintre à la nécessité de gagner le pain quotidien, il concentrait tous ses rêves de gloire sur le jeune frère dont il avait entrepris l'éducation artistique et auquel il donnait de lui-même tout ce qu'il pouvait donner.

Eugène Devéria nous a laissé sur la manière dont ses études furent dirigées et sur le succès qui les couronna des détails assez curieux que nous allons reproduire :

« ..... Ce que je crois bon, c'est la voie que j'ai suivie sous la direction d'un bon praticien, Achille lui-même : il s'agit d'étudier un grand long temps avec le crayon, au trait surtout, afin de varier ses études à l'infini; et puis, quand on a une certaine pratique de la forme, il faut faire, sans jamais cesser de dessiner sérieusement, quelques études peintes qui vous donnent la triture de la palette; au bout d'un certain temps, ce dont juge le directeur, on cherche de petites vignettes bien composées, avec des effets piquants, et l'on se met à inventer la couleur sans tracas de composition aucune. La forme déjà facile, dans la main et sous les yeux, on prendra rapidement la pratique, sans laquelle il n'y a pas d'art véritable. L'esprit se meuble ainsi involontairement des ces mille riens qui, mis en rapport dans de nouvelles combinaisons, produisent bientôt sans grand'peine des œuvres qui pour ressembler un peu aux choses déjà faites n'en seront pas moins originales. C'est par une pratique semblable, jamais interrompue, que j'ai pu arriver à 20 ans à commencer avec succès le tableau qui devait avoir un si beau triomphe deux ans plus tard. Je dis ceci absolument, c'est la meilleure voie, parce que je n'avais ni grandes dispositions ni amour véritable pour le travail. Cet amour ne se développa en moi qu'avec le talent......... Je suis [cependant] obligé d'avouer qu'il y eut ici..... l'exagération d'un bon principe, qui ne sera jamais à craindre avec un professeur moins affectueux qu'un frère pareil. C'est qu'à force de séparer les choses pour les rendre plus faciles, ainsi que je l'ai dit plus haut, j'ai fini par lui laisser, pour longtemps du moins, la direction de la..... pensée. Il était la tête, j'étais les mains. Quand il changeait d'avis, je changeais sans résistance. Nous passâmes ainsi du doux au fort, du violent au paisible extrême, ce qui a singulièrement agrandi l'échelle de mon talent. Pendant longtemps je ne composai pas mes tableaux. Ce fut une progression. Quand je désirais faire un sujet, je le lui faisais composer. Il me faisait alors un croquis sans ombre, ni même de trait fin, et ainsi j'avais, de plus qu'avec les vignettes, l'effet et la forme à décider. Ainsi se forma cette union de deux talents qui en ont produit un vraiment remarquable [jusqu'en 1829-30]. Jamais union ne fut plus entière. Nous vivions de la même pensée, des mêmes œuvres souvent, puisqu'il avait si grande part à tout ce que je faisais ; pour le même but surtout, le bien de tous, en mêlant nos efforts et les résultats et ainsi s'accomplit le problème quelque peu insoluble pour le public qui souvent distinguait difficilement la différence de l'A et de l'E (*Achille, Eugène*).......... C'est ainsi que se passait la vie entre nous deux, travaillant l'un par l'autre et l'un pour l'autre... (1)

« Jusqu'en 1825 je travaillai chez Achille... En 1824 j'avais mis au salon quelques tableaux et portraits, petits et grands, qui ne furent guère regardés, sauf un portrait en pied de Ladvocat, le libraire, qui fut dans sa splendeur vaniteuse mis... en comparaison avec le portrait de Louis XVIII de Gérard, devant la simple table d'Arteveld? J'avais jusque-là, mais sans succès, poursuivi les concours de l'Académie Royale avec l'intention de gagner le prix de Rome. Mais je restai tellement bas dans tous les concours que je désespérai d'y jamais rien faire. Je me décidai à prendre un grand atelier avec Louis Boulanger, qui lui aussi en avait assez, quoiqu'il eût été un peu plus loin que moi, puisqu'il monta une fois en loge, mais ne fit rien de fameux. Nous nous fixâmes chez Petitot (2), un

(1) Bibliothèque de Pau. Edimbourg, avril 1850 : Vol. IV et V.
(2) Nous croyons avoir entendu dire que cet atelier a été plus tard celui d'Henri Regnault.

sculpteur, maintenant membre de l'Institut, et ce fut là que nous fîmes Louis son *Mazeppa,* moi mon *Henri IV,* dont le succès m'a été plus funeste que n'eût pu l'être un revers........

« Ce fut donc en cet atelier que je commençai, en 1825, l'établissement fini en 1827. Louis Boulanger avait un an de moins que moi. Je suis bien obligé d'avouer que nous travaillions bien et activement. Nous étions ambitieux tous les deux. Nous rêvions la gloire absolue d'un grand nom. Il n'y avait rien de trop élevé pour nous, et nous aurions peut-être atteint notre idéal, moi, sans de misérables amours, et Louis, qui était plus sage en général, sans une certaine vanité qui l'empêcha de bonne heure d'écouter les remontrances du seul homme [parmi nous] qui pût faire quelque chose de grand, — Achille.

« Nous ne fûmes si lents dans l'accomplissement de ces deux premières œuvres importantes, que parce que nous n'avions pas d'argent et qu'il fallait gagner à mesure celui qui était nécessaire pour aller de l'avant. Ainsi nous faisions des portraits à bon marché et des petits tableaux dans lesquels nous devînmes habiles de bonne heure. Ce fut dans le courant de 1827 que je fis *La lecture de la sentence de Marie Stuart,* bon petit tableau, que le duc de Fitz-James acheta à l'exposition suivante, et dont Achille a fait une très bonne lithographie qui eut pour pendant celle de Henri IV......

« Enfin 1827 arriva. Ce 1827 si remarquable dans les fastes de l'art et de la littérature en France. Quelle atmosphère d'intelligence et d'art que celle de Paris, alors ! Que de noms éclos sous cette influence merveilleuse pour briller un moment et s'effacer presque, au milieu des folies et du péché dévorant ! Que de forces, que de talents, que de grâce, que de vie, que d'espoir, que de promesses,... que de déceptions, hélas !...

« Actifs et ambitieux de renommée plus que d'argent, nous travaillions avec activité à la terminaison de nos tableaux. Achille avait bonne confiance au succès et aussi bonne part à l'œuvre. C'était son expérience qui nous guidait entièrement ; ses conseils multipliés y firent autant que nos mains.

« Il n'y avait pas eu d'exposition depuis 1824. Géricault était mort, laissant derrière lui deux héritiers de ses traditions : Eugène Delacroix et Champmartin ; le premier nous avait aussi aidés de son influence vivace ; il était déjà considéré comme le chef d'une nouvelle école qui se jetait dans les exagérations de la couleur et du laid, mais nous fûmes, moi surtout, retenus sur la pente par la vigoureuse et classique théorie d'Achille.

« Le salon ouvrit comme il avait fait en 1824, le jour de la fête du roi Charles X, le 4 novembre. Nous n'avions pas fini, mais nous savions qu'il y aurait mouvement en décembre, et nous nous hâtions avec l'espérance d'être prêts. Louis eut fini raisonnablement. Je travaillais encore, la veille du jour où l'on vint enlever [mon tableau], tout au commencement de décembre. On le descendit roulé, par la fenêtre, et il fut retendu sur le châssis dans la rue d'Enfer et porté au musée par les gardiens du Louvre. Je n'avais, nous n'avions pas d'argent et nous envoyâmes M. Brullon ? notre marchand de couleurs, avec des bordures de bois peintes en jaune. Ce fut à ce propos qu'eut lieu une démarche de l'administration des Musées qui commençait mon succès. On me demandait la permission de m'encadrer en or ; naturellement j'acceptai joyeusement. L'or est toujours le plus convenable ornement d'un tableau, c'est lui qui le finit.

« Le jour de la réouverture ne tarda pas beaucoup, mon père y alla le matin même. Mais Achille ne put y aller qu'à midi. Il n'osait pas y aller ; il craignait que ses prévisions favorables ne se réalisassent pas. Je l'attendis : c'était *notre* tableau, quoiqu'il portât mon nom seul, et c'était avec lui que je voulais le voir. Nous montâmes le grand escalier (c'était jour réservé, et sous Charles X, jour d'aristocratie) ; aussitôt que du petit salon nous aperçûmes le tableau qui était le premier en vue, Achille ne donna qu'un coup d'œil et me dit : « C'est un bon tableau. » C'est un moment si fatal que ce grand jour de l'exposition ! que de chutes ont répondu aux espérances raisonnables de l'atelier..... Pour cette fois ce fut le succès le plus étonnant que l'on puisse imaginer. Il y avait déjà deux heures que le cœur de papa débordait de joie ; ce n'était qu'une voix de louanges et, aussitôt que j'entrai dans cette foule de luxe, nous devînmes tous les trois le sujet des éloges les plus flatteurs ; et de fait nous y étions tous les trois pour quelque chose. On applaudissait mon père d'avoir de tels fils, et ceux qui savaient qu'Achille était mon maître nous applaudissaient d'avoir ainsi réussi dans cette œuvre où s'étaient si bien mêlées nos deux intelligences. Oh! pourquoi l'ai-je quitté!... Mes anciens camarades laissés derrière à une immense distance, n'hésitaient pas à affermir d'une main amie le laurier que le public posait sur mon front; la noblesse, le duc de Fitz-James en tête, touchée du sujet autant que de la peinture, s'abaissait volontiers au niveau du jeune artiste de 22 ans, et ainsi nous savourâmes tous les trois, pendant quatre heures, un succès d'autant plus enivrant qu'il était plus inattendu!...

« Mais, hélas! il n'y a pas de jours sans nuages. Un officier de la garde,... une espèce de dessinateur amateur,.... m'invita avec Achille à dîner pour fêter mon succès avec un autre de ses amis,... qui, depuis, commande la garde municipale, un poète... et un de nos camarades, belge du nom de Wanorle?... Nous nous échauffâmes naturellement à force de toasts portés à ma gloire future..... et je criai à Wanorle qui se débattait en vain sous la faconde avinée du poète : « Hé! ne répondez pas davantage à ce braillard. » Mot fatal et qui m'a mis en demeure de me faire brûler par ce pauvre poète. Nous nous séparâmes moins gais qu'une heure avant, ce fou ne voulant rien entendre, en dépit des efforts de nos amis les soldats. Cependant l'affaire en resta là, et je l'ai revu sans qu'aucune amertume vînt rappeler la chose, oubliée chez le restaurateur avec les taches de vin de la nappe.

« Pourtant s'il m'avait tué le lendemain..... ma gloire eût été intacte et la France eût pleuré le beau génie retranché si jeune..... Mais non! j'ai vécu et le beau génie a avorté à la grande déconfiture du public et au grand et inconsolable chagrin de mon pauvre frère, pour qui seul je regrette de n'avoir pas tenu les promesses de 22 ans. Ce que c'est pourtant que les circonstances ! Si à cette époque on m'eût donné la croix pour sanctionner ce cri public et de suite de bons et larges travaux, peut-être aurais-je atteint une grandeur réelle, mais non ! Pas même la plus petite récompense honorifique, pas de commande pendant deux ans, seulement l'achat pour 6,000 fr. et une place au Luxembourg. Ç'aurait dû être suffisant pour me pousser en avant... Je n'étais sans doute pas destiné à cette splendeur ! En effet, supposons dix ans de gloire et de succès véritables ; dès lors pas d'Avignon, pas de santé perdue, pas de Pyrénées, pas de Buscarlet (1), pas de conversion, et j'aurais vieilli, membre de l'Institut, dans la dissipation et l'insouciance.... (2). »

Afin de justifier la manière presque naïve dont l'artiste parle de sa famille et raconte son succès, nous citerons à l'appui de son dire le témoignage de trois de ses contemporains : Victor Hugo, Charles Blanc et Théophile Gautier.

Dans « *Victor Hugo raconté par un témoin de sa vie* » nous lisons :

« ... Le jeune ménage de la rue de Vaugirard (il s'agit de M. Victor Hugo et de sa femme),

(1) M. Buscarlet, pasteur protestant à Pau, qu'Eugène Devéria alla longtemps, avant sa conversion, entendre prêcher, sans se faire connaître à lui.
(2) Bibliothèque de Pau : Écrit d'Edimbourg, 4 septembre 1853, Vol. V.

allait quelquefois chez M. Achille Devéria; on n'avait que quelques pas à faire, il demeurait rue Notre-Dame-des-Champs. Sa maison enfouie dans des jardins avait la tranquillité d'une retraite et la gaîté d'un nid. Il vivait là en famille; sa grand'mère, verte et ingambe, aussi jeune d'esprit et de cœur que ses petits-enfants, était presque leur camarade. Sa mère, au contraire, était une personne indolente et endormie; on était deux ans sans la voir; on s'en allait en Chine, on la retrouvait immobile dans son grand fauteuil de velours grenat. Elle ne semblait même pas s'être déshabillée. Elle avait toujours, hiver comme été, une camisole et un jupon de piqué blanc et sur la tête un fichu de mousseline blanche posé à la créole; étant fort grosse, elle avait l'air d'un paquet de neige. Tout son mouvement était de faire quelques points d'une broderie qu'elle ne finissait jamais, et de grignoter des bonbons.

« Elle avait cinq enfants (1), Achille, Eugène, un autre fils aux Indes et deux filles. La plus jeune, Laure, adorée et admirée de tous les siens, était fêtée, parée et servie comme une idole. Sa sœur (Désirée) contrefaite, active et dévouée, menait la maison et économisait l'argent que gagnait Achille. Le brave garçon était le soutien de la famille, sa grande facilité lui servait à multiplier ses productions; il faisait rapidement des lithographies adroites et spirituelles qui lui étaient payées 100 fr. Il sentait bien qu'il gaspillait un peu son talent, supérieur à ce commerce, mais il se consolait en pensant que ce

---

(1) Octavie était morte.

qu'il perdait en réputation sa mère et ses sœurs le gagnaient en bien-être. Eugène ne pouvait encore l'aider dans sa tâche pieuse : ce n'était alors qu'un rapin, et il n'annonçait que par son chapeau à larges bords, par son ample manteau castillan, et par sa barbe à tous crins, l'originalité qui fit en 1827 le succès de son beau tableau de *la naissance d'Henri IV*.

« Rien n'était plus hospitalier, plus vivant et plus joyeux que cet intérieur d'art et de famille. On était toujours attendu à dîner. L'été, le jardin vous était ouvert avec ses beaux fruits et ses amandes vertes. Les soirs d'hiver, Laure se mettait au piano et chantait des airs de sa composition ; la causerie était vive et jeune ; pour peu qu'on fût une douzaine on dansait...... Le temps, l'âge et la mort ont passé sur ces joies (1)...... »

« Eugène Devéria, dit Charles Blanc dans « *Les Artistes de mon temps,* » a été un des grands noms du romantisme. Un instant, mais rien qu'un instant, il a été le rival d'Eugène Delacroix ; comme d'autres se mettent tout entiers dans un livre, il se mit tout entier dans un tableau. Son coup d'éclat, son coup de maître, *la naissance d'Henri IV*, il le fit à 22 ans, en l'année 1827, au moment où Delacroix exposait son *Sardanapale*, et il produisit une sensation d'autant plus vive que le tableau de Delacroix était moins réussi. Ce fut au point qu'on ne jurait cette année-là que par Devéria. Un de nos meilleurs peintres m'a raconté qu'après l'ouverture du salon, les élèves de M. Hersent firent en plein

(1) *Victor Hugo raconté par un témoin de sa vie.*

atelier une de ces manifestations qui ont leur excuse dans la bonne foi et les entraînements de la jeunesse. Les plâtres antiques furent brisés, on jeta gaîment par la fenêtre les têtes et les mains, les pieds et les jambes ; les jeunes iconoclastes, qui ne savaient pas être des barbares, n'épargnèrent aucun moulage, pas même la Vénus de Milo qui était venue depuis peu révéler un art grec bien supérieur à celui du Laocoon et de l'Apollon. Ce fut une immolation générale, une démence, un délire.

« Que s'était-il passé cependant? Un peintre avait représenté un sujet historique, la naissance d'Henri IV, et il l'avait représenté avec les costumes du temps. Il y avait mis de la richesse, de la couleur, de l'effet. On y voyait non seulement de jolies femmes, mais des bourgeois, des manants, un nain grotesque, un gros chien, un fond d'architecture gothique, des habits de soie, des pourpoints à crevés, des toques de velours, tout ce que l'art classique en ses rigides enseignements avait relégué avec dédain dans la peinture de genre. Nous venons de revoir au musée du Luxembourg cette composition que nous avions admirée avec tout le monde au sortir du collège et que tout le monde ou à peu près avait oubliée; elle nous a surpris par son ampleur, sa dignité, sa belle tenue, son ensemble ; elle est nombreuse, remuée, vibrante, française par l'esprit, vénitienne par l'opulence du ton et les qualités de la touche. En somme, ce qui triomphe dans cette œuvre de peinture, c'est la peinture. Et d'abord trente figures de grandeur plus que naturelle sont groupées avec beaucoup d'art, dans une ordonnance à trois étages. La

principale lumière tombe sur un lit de parade où repose Jeanne d'Albret, vêtue de ses habits de fête, mais le sein maternel à demi nu. Charmante figure ! Elle est souriante et pâle, heureuse et endolorie; la pudeur se marie en elle avec un orgueil naïf et gracieux, et les douleurs de la femme s'évanouissent dans les joies de la mère. Elle a chanté en accouchant, comme son père le lui avait ordonné, pour ne pas donner le jour à un enfant « pleureux et rechigné ». Cependant les portes du château de Pau ont été ouvertes à la foule, et le duc de Vendôme élevant en l'air le fils qui vient de lui naître, le montre aux officiers de sa maison, au peuple et aux spectateurs. Les uns saluent avec respect, les autres sont agenouillés. Les jeunes regardent, les vieux s'inclinent. Le médecin gravement semble prendre sa part des félicitations publiques, et un joli page tient dans une burette le vin dont on a trempé les lèvres du Béarnais. Par un calcul habile qui n'est peut-être qu'une intuition, le peintre a caché la tête du duc de Vendôme dans l'ombre que projette sur le père son petit enfant nu. Antoine de Bourbon est d'ailleurs vêtu de noir, de sorte que le personnage qui sur la toile était le plus central, le plus en vue, celui qui était chargé de l'action même, se trouve subordonné par ce double artifice, et l'œil ne voit tout d'abord que ce qui l'intéresse le plus dans cette scène vivante : la mère et son enfant. « Les délicats, dit M. Jal (salon de 1827),
« blâmeront le petit nain grotesque, il n'en faut
« pas douter. Je l'aime beaucoup pour moi, ce
« nain ; il est de costume, si je puis dire ainsi, et
« je le préfère à tout ce qu'on aurait pu mettre à

« sa place, à ceci, par exemple : Paul Véronèse
« fecit, 1554... » Paul Véronèse ! Le nom était prononcé, on le répéta. La vérité est que le tableau est magistral, conçu d'un seul jet, exécuté d'une seule palette, et d'une touche élégante, libre, qui fait sentir les formes et manie les objets sans appuyer trop, qui modèle, de haut et de loin, et qui fond dans l'ensemble les parties que le pinceau a le plus caressées en apparence. Sans être aussi rares que ceux de Véronèse, les tons sont riches, variés du jaune au rouge en passant par l'orangé, avec des noirs qui font repos. Il semble que la toile a été peinte sous les yeux de Véronèse et de Rubens et qu'ils ont approuvé : jamais peut-être l'école française n'avait touché d'aussi près à ces grands maîtres pour tout ce qui est de la mise en scène, du côté extérieur et du maniement de la brosse. A l'exemple de son modèle qui s'était peint jouant de la basse dans les noces de Cana, Eugène Devéria s'est représenté la tête nue, les mains jointes, parmi les spectateurs rangés sur les degrés de l'estrade à la gauche du tableau. Il est là, tel que son frère Achille Devéria l'a dessiné dans ses costumes, les cheveux courts et drus, la fraise au cou, portant moustache et royale. Mais dans la lithographie on le voit de pied en cap, vêtu comme pouvaient l'être les mousquetaires de Louis XIII, comme l'étaient il y a vingt ans d'Artagnan et Porthos, lorsqu'ils vivaient, dégaînaient ou chevauchaient sous la plume d'Alexandre Dumas. Du reste, dans la pratique de la vie, Eugène Devéria cherchait à se rapprocher du costume sous lequel il aimait à se peindre. Son feutre mou à larges bords, ses

grands collets de velours rabattus, son manteau à l'espagnole le désignaient à l'étonnement des bourgeois. Sa barbe surtout faisait scandale, et on le regardait de travers quand il passait avec Amaury Duval, car ils étaient alors à peu près les seuls qui eussent renoncé au rasoir.

« Ce fut à la fois une bonne chance et un désavantage pour Eugène Devéria que d'avoir été élevé par son frère, plutôt que par Girodet son maître. Il puisa dans la maison fraternelle son originalité et ses défauts, le principe de sa force et le germe de sa décadence. La maison qu'habitaient les Devéria, située rue de l'Ouest, était le centre du romantisme, le quartier général des poètes nouveaux, des jeunes artistes et des jeunes Frances. On y voyait venir Emile Deschamps, Louis Boulanger, Eugène Delacroix, Alfred de Musset, Paul de Musset, Chenavard, Amaury Duval, Edgard Quinet, Charton, Larrey, Sainte-Beuve, Henriquel Dupont, Marie Dorval, Mélanie Walder, Charles Nodier et sa fille, presque tous ceux enfin ou toutes celles qui ont eu depuis un nom, un grand nom. Victor Hugo y trônait, Liszt enfant y faisait de la musique. Madame Devéria la mère, qui avait perdu son mari et sa fortune, présidait à une place invariable ces réunions étincelantes d'esprit, ayant à sa droite la charmante Laure Devéria, beauté orientale et nonchalante que dévoraient des yeux tous les visiteurs en émulation pour lui plaire. Achille Devéria, l'aîné de la famille, toujours le crayon à la main, exerçait une grande influence sur les artistes...

« Richement organisé, né artiste, Achille était fait pour devenir lui-même un peintre excellent.

Mais les circonstances l'en empêchèrent, et par-dessus tout, une pensée des plus honorables : la pensée de soutenir par un travail incessant la dignité extérieure de sa famille, la distinction et le luxe de la maison maternelle. Il voulait que sa mère se fît illusion sur sa fortune disparue et qu'elle vît se continuer autour d'elle jusqu'au dernier jour le confort de son ancienne existence. Dans cette noble intention et par un sacrifice admirable, Achille Devéria résolut de s'effacer pour laisser paraître en première place son frère Eugène, et abandonnant la peinture pour la lithographie, il se mit à produire avec une fécondité qui tient du prodige ces compositions innombrables qui ont retranché de sa gloire tout ce qu'elles ont ajouté au bien-être des siens ; costumes, scènes de théâtre, tableaux de mœurs, intérieur du monde élégant, conversation d'amour, épisodes historiques, jeux d'enfants, caprices, tout cela se dessinait comme de soi-même avec une facilité rare, et souvent avec un singulier bonheur sur les pierres lithographiques de Motte ou de Delpech. Le talent y coulait de source et l'on ne voyait aux étalages des marchands d'estampes que des Devéria ou des Charlet ; mais les Charlet n'étaient bien compris qu'en France. Les Devéria étaient recherchés dans l'univers entier, car ils contenaient l'esprit du temps, la mode récente, l'atticisme du jour : ils représentaient la physionomie de ce petit coin de la terre sur lequel le monde ne cesse d'avoir les yeux et qui s'appelle Paris.

. . . .

« Non content d'improviser pour son compte mille et mille fantaisies, Achille Devéria s'employait à traduire les ouvrages de son frère : *la naissance d'Henri IV, Jeanne d'Arc en prison, la sentence de Marie Stuart*. Il en faisait de grandes et belles estampes d'un crayon résolu et souple, qui accentuait en glissant et avait parfois le mordant d'une eau-forte, la chaleur et le gras d'une peinture. Eugène trouvait donc dans son frère aîné un interprète officieux et des plus habiles, un rival qui avait abdiqué en sa faveur, un conseil, un ami. La carrière s'ouvrait devant lui toute grande. Il n'avait qu'un malheur, celui d'avoir trop bien réussi du premier coup, et d'avoir, dans un premier élan, donné la mesure de toute sa force.

« Après qu'il eut exposé la naissance d'Henri IV, Eugène Devéria fut constamment inférieur à lui-même. Soit que le succès en l'enivrant l'eût dispensé de poursuivre ses études, soit qu'il n'eût vraiment, comme on dit à l'atelier, qu'un tableau dans le ventre, il ne fit plus rien d'égale valeur. Toutefois, son plafond du Louvre, *Louis XIV et Puget dans les jardins de Versailles*, fut une heureuse recrudescence de son talent. Il mit dans ce plafond ce que les autres ne mettent point dans les leurs, une couleur aimable, un effet décoratif, du pittoresque, du ressort, de l'esprit. Mais la flamme allait s'éteignant peu à peu ; sa jeunesse était passée avant le temps..... »

Enfin Théophile Gautier, celui de tous les contemporains d'Eugène Devéria qui est resté le plus respectueux devant la décadence de l'artiste et le plus fidèle à l'amitié d'autrefois, dit de lui :

« Eugène Devéria était né en 1805 et son tableau porte la date de 1827. On devait tout attendre d'une nature ainsi douée, mais ce bel élan se ralentit bien vite. Une influence mystérieuse glaça la verve du peintre. Les chefs-d'œuvre espérés ne se firent pas, et la génération actuelle ne peut se représenter l'importance qu'eut en son temps Eugène Devéria. C'était alors un beau jeune homme de grande taille, d'une sveltesse robuste, à la mine fière et hardie; il portait les cheveux coupés en brosse, des moustaches retroussées en croc, une longue barbe pointue, « effroi du bourgeois glabre. »

« *La naissance d'Henri IV* n'est pas une marqueterie de morceaux étudiés séparément, et réunis d'une manière quelconque, c'est un tableau où tout se tient, fait d'une seule palette et d'une même brosse. Nous croyons que les délais voulus écoulés, il tiendra glorieusement sa place au Louvre dans le salon carré, tribune de l'école française, et sauvera de l'oubli le nom autrefois si sonore d'Eugène Devéria. »

Pendant les années qui suivirent le triomphe d'Eugène Devéria, un nuage sombre sembla passer sur sa maison. La mort frappa son père d'abord, puis sa grand'mère. Enfin en 1835, Laure, cette belle Laure Devéria, dont nous avons vu que le souvenir s'était si bien conservé dans la mémoire des amis de sa famille, fut enlevée à la tendresse des siens, après une terrible maladie qui dura sept mois et qui brisa le courage de sa mère. A partir du jour où sa fille lui fut ravie, Mme Devéria vécut solitaire, absorbée dans ses amers regrets. Elle avait réuni autour d'elle tous les objets dont se servait l'enfant disparue, depuis ses instruments de travail jusqu'à ses parures de bal. Les splendides cheveux blonds sous un verre, et un délicieux portrait de la jeune fille, endormie du dernier sommeil, portrait qu'Eugène avait merveilleusement réussi, étaient constamment sous les yeux de la mère éplorée. La famille de son fils Achille qui s'était marié, sa fille aînée, Désirée, et quelques amis très intimes, pénétraient seuls dans le salon, où elle se tenait toujours et dont elle avait fait une sorte de sanctuaire.

Et lui, le jeune artiste si glorieusement acclamé naguère, qu'était-il donc devenu, dans cet intervalle de 1827 à 1835 ? Tout semblait d'abord promettre à ce jeune et vigoureux talent un brillant avenir, et le frère aîné, le maître, pouvait légitimement espérer de nouveaux succès. Eugène d'ailleurs travaillait ; il commença par faire quelques tableaux pour le duc d'Orléans, depuis Louis-Philippe. En 1830, la maison du roi (Charles X) lui confia la décoration d'un plafond du Louvre. Il y peignit Pierre Puget, montrant à Louis XIV entouré de sa cour son Milon de Crotone. La révolution de juillet emporta la monarchie des Bourbons ; à peine si le travail du peintre en fut interrompu.

La nouvelle royauté lui donna quelques travaux pour Versailles : le *serment du roi Louis-Philippe*, la *bataille de la Marsaille*, les portraits en pied des *comtes de Brissac* et *de Crèvecœur*, furent exécutés tour à tour. Enfin en 1838, Eugène Devéria envoya au salon, les *Enfants de Clodomir*, et une *Psyché*..... Hélas ! chaque œuvre nouvelle accusait un déclin plus prononcé. L'artiste avait quitté Paris ; l'ère des succès était close, l'essor de son génie était arrêté.

Malgré l'extrême délicatesse du sujet, il nous faut, pour expliquer ce fait étrange, dire quelques mots de la vie privée d'Eugène Devéria et des influences qui, selon lui, agirent d'une façon fatale sur son talent. Il n'a jamais hésité ni varié dans son opinion à cet égard, et a toujours attribué aux désordres de sa « jeunesse folle » l'anéantissement de ses rêves de gloire.

A l'âge de seize ans (1) il avait rencontré chez sa mère une jeune femme, créole d'origine, comme les Chaumont eux-mêmes, bien que, probablement, d'une famille inférieure à la leur ; elle avait près de douze ans de plus que lui, mais son charme, sa grâce, sa bonté, lui attiraient l'affection de tous ceux qui la voyaient :

(1) Bibliothèque de Pau, Édimbourg. Vol. IV.

« Quand j'aurai dit que ma mère et mes sœurs l'aimaient, dit Eugène Devéria, je pourrai dire que je l'aimai aussi. » Pendant deux ans cette adoration fut celle d'un écolier ; mais à 18 ans elle prit un caractère plus grave, et fut si profonde, qu'elle résista au temps, et que, malgré de nombreuses infidélités, les années en passant en firent une habitude ; de toutes les chaînes, c'est la plus dangereuse. Enfin en 1831, la naissance d'une petite fille vint jeter un élément nouveau dans la vie d'Eugène Devéria. Lorsqu'on suit de près, non seulement les récits écrits de souvenir, mais surtout les poésies tracées au moment même, on est surpris de voir l'intensité du sentiment paternel éveillé dans ce cœur impétueux. Il semble tout à coup arrêté et comme saisi par une affection plus grave, plus pure. Il rentre en lui-même, et réfléchit pour la première fois. Rien, ni personne, n'a jamais inspiré à l'artiste, qui était poète à ses heures, des accents de tendresse semblables à ceux qu'il trouve pour parler de *Marie*. C'est elle qui la première lui apprend à balbutier le nom de Dieu, qui lui fait envisager pour la première fois la possibilité de nouer à jamais les liens qu'il secouait pourtant avec impatience et qui dès lors lui semblaient lourds (1).

(1) D'autres enfants déjà, morts en bas âge, avaient fait vibrer le sentiment paternel si puissant dans le cœur d'Eugène Devéria ;

Mais ce travail intérieur d'une conscience qui commence à s'éveiller, ne se trahissait au dehors que par un redoublement de révolte. Eugène Devéria, à cette époque, semble en guerre avec lui-même et avec le monde entier. Son caractère « détestable », dit-il, lui faisait des ennemis de ses plus chauds partisans. Les conseils de son frère n'étaient plus écoutés. Les observations de sa famille inquiète le trouvaient rebelle. Le succès et le talent s'en allaient de compagnie. Irritable et mécontent, l'artiste partit pour Avignon où il avait encore des parents. Là il contracta avec l'archevêque un marché « immense, dit-il, pour le travail, si ce n'est pour l'argent; » il se chargea de décorer à lui seul toute la cathédrale.

Laure était morte, et la joyeuse maison vide et désolée lorsque Eugène la quitta à son tour, se doutant peu que ce départ était presque définitif. Peut-être les siens, peut-être lui-même se flattaient-ils de rompre ainsi l'influence qui risquait de détourner à jamais le jeune artiste de sa véritable voie. Il alla seul d'abord, en effet, se fixer dans la « ville pontificale », et comptant sur les travaux qu'il allait entreprendre pour lui rendre sa gloire d'un jour, il se mit à l'œuvre

---

il semble que Marie lui fut d'autant plus précieuse, qu'il avait davantage regretté les aînés, une surtout, la petite Octavie, dont il parle souvent dans ses poésies.

avec une ardeur passionnée. Ce fut alors qu'un pasteur protestant bien connu, Emilien Frossard, voyageant avec son frère, vint visiter la cathédrale d'Avignon. Sous l'empire d'une contrariété quelconque, Eugène Devéria était en proie à une de ces colères effroyables auxquelles, paraît-il, il était sujet. Du haut des échafaudages où il était monté, il faisait rouler sous les saintes voûtes les expressions les plus énergiques, l'une n'attendant pas l'autre. Le pasteur, à moitié amusé, à demi scandalisé, se tourna vers son compagnon et lui dit : « Toute conversion est un miracle, mais si jamais celui-ci se convertit ce sera un *double* miracle. » Quelques années plus tard, M. Emilien Frossard retrouvait l'artiste de la cathédrale d'Avignon, dans la jolie ville du Béarn où les circonstances l'avaient amené, et dans le cours d'une longue amitié, que la mort seule a rompue, il pouvait se convaincre à quel point le « double miracle » avait été accompli.

Eugène Devéria était loin encore de ces années heureuses ; un travail acharné dans cette grande église humide et glacée avait déjà ébranlé sa santé. Puis il n'avait pas été longtemps sans sentir de nouveau son esclavage. Des lettres arrivaient parlant de *Marie*, l'enfant toujours chérie, malade, disait-on, du chagrin de ne pas voir son père... Peu de temps après, la mère et l'enfant étaient installées à Avignon, et l'archevêque donnait à entendre clairement à l'artiste qu'un pareil scandale ne pouvait être toléré et qu'il fallait choisir entre le mariage ou l'interruption des travaux. Poussé ainsi du côté où sa conscience l'entraînait, lassé du désordre permanent de sa vie, se sentant mortellement atteint, Eugène Devéria ferma l'oreille à la défense des siens, et se jeta dans l'abîme, les yeux fermés. Il épousa Caroline-Marie-Aglaé-Lavie-Durauzel, où du Rauzel, née en 1793. Il avait trente-cinq ans ; il y en avait dix-neuf qu'il avait rencontré « la belle créole » pour la première fois.

Une des chapelles de la cathédrale était entièrement terminée, et le peintre continuait fiévreusement son travail. Mais l'année même de son mariage, en automne 1840, la maladie de poitrine qui le menaçait fit des progrès effroyables. Eugène Devéria n'avait pas d'expressions assez fortes, plus tard, pour exprimer la détresse, la terreur morale qui l'envahirent, lorsqu'il sentit la vie lui échapper, et avec elle, son art, tous ses rêves de gloire. Il s'était aliéné par sa désobéissance les cœurs, si aimants naguère, de sa mère et de son frère. L'idée de laisser dans un dénûment absolu celles qu'il venait d'attacher à lui, le désespérait. Enfin, pour trouver des sujets de décors dignes d'une cathédrale, il avait déjà parcouru la Bible, et les vagues notions religieuses qu'il en avait retirées, suffisantes pour lui faire voir ses désordres et ses folies sous un jour tout nouveau, ne l'étaient pas encore assez pour lui indiquer le chemin du pardon. Tout autour de lui, était ténèbres, et les ténèbres allaient s'épaississant.

En proie à un morne découragement, irrité, indifférent à tout, l'esprit aigri, le pauvre artiste mourant partit seul pour les Eaux-Bonnes, au mois de juin 1841. Il y arriva après un pénible voyage, abattu et portant à tel point sur ses traits l'empreinte de la mort qu'il épouvanta tous ceux qui le virent. Ce fut pourtant là, au pied de ces montagnes, qu'il retrouva avec une rapidité surprenante la force d'abord, puis, avec l'espoir, la volonté de vivre. Ce fut là surtout qu'il commença à naître à cette vie de l'âme, cette vie éternelle qui pour le chrétien commence dès ici-bas. Plus tard il se plaisait à comparer les deux guérisons, qui par une sorte de double résurrection avaient fait de lui un homme nouveau.

Un libre-penseur de notre temps, interrogé sur ce qu'il pensait du péché, a répondu : « Je le supprime tout simplement (1) ». Il est évident qu'aux yeux de ce philosophe comme à ceux des amis de sa jeunesse, Eugène Devéria doit passer pour un esprit faible, car il ne supprima pas son

---

(1) « Les protestants me demandent quelquefois ce que je fais du péché. Je crois que je le supprime tout simplement. » M. Renan : discours de Tréguier.

péché, et même il eut peur de la mort. Pour nous, nous estimons que cette peur-là devrait porter un autre nom, et s'appeler le courage : le courage, bien rare, hélas ! de regarder en face sa vie, et de ne chercher à ses égarements ni excuses, ni circonstances atténuantes ; de n'accuser ni son temps, ni les événements, ni les influences ; le courage de voir de l'autre côté de la tombe la Justice Éternelle qui vous attend, de se sentir perdu devant la sainteté de Dieu, et, pour échapper à un châtiment trop mérité, d'en appeler à la miséricorde infinie.

Lorsqu'il s'agit de rompre avec tout un passé dont les mille liens vous retiennent, ce n'est que lentement et avec larmes que se poursuit le douloureux travail de régénération. La santé revenait peu à peu, et bien d'autres à la place d'Eugène Devéria auraient oublié, en reprenant leurs forces, les sévères impressions de la maladie. Si une lâche frayeur de la mort l'avait seule dominé, c'est ce qui fût infailliblement arrivé. Mais la conscience avait été trop profondément atteinte pour qu'il pût lui imposer silence ; comprenant qu'il devait consacrer la vie qui lui était rendue à ce Dieu, en qui il croyait de plus en plus sans le bien connaître, il fit désormais son affaire la plus importante de le chercher et de le trouver. Nous avons vu que, sous ce rapport, il avait tout à apprendre. Désireux de s'éclairer, il s'adressa à des prêtres catholiques par correspondance et de vive voix (1). Il suivit longtemps, sans entrer en relations avec lui, les prédications de M. Buscarlet, pasteur protestant à Pau. Son trouble était grand; il ne pouvait avoir de repos avant d'avoir trouvé un terrain solide pour poser sa foi. Chose étrange, ce fut un ami catholique, M. R....., qui lui conseilla de lire la Bible pour y chercher la solution de ses doutes. Il suivit ce conseil, dont il remercia plus tard M. R..... dans une lettre que nous citerons. Ce qu'il trouva dans la Bible, sa vie entière nous le dira. En tout cas, comme forme, il n'y trouva pas le catholicisme, et après quelque temps encore d'indécision, il se rattacha à l'église protestante réformée de France. Disons tout de suite que malgré cette conséquence, évidemment inattendue, du conseil qu'il lui avait donné, M. R....., avec une véritable largeur chrétienne, ne regretta pas ce qu'il avait fait et resta un des rares amis, en dehors de ses nouveaux coreligionnaires, qui consentirent à comprendre l'artiste et à écouter avec sympathie les effusions de sa foi nouvelle.

(1) Nous croyons que l'abbé Martin de Noirlieu fut un de ceux que consulta Eugène Devéria.

II

Voilà donc Eugène Devéria, marié, père de famille, pouvant montrer, aux yeux de tous, la chère enfant qui fait sa joie, et obligé par l'état précaire de sa santé, de se fixer pour un temps illimité en Béarn, dans cette jolie ville de Pau où il allait recommencer à vivre. Avec les forces physiques, il lui semblait avoir retrouvé son talent, et tout entier au bonheur de se sentir régénéré, rentré dans l'ordre, il croyait n'avoir plus qu'à se remettre courageusement à l'œuvre pour voir revenir le succès de sa jeunesse. Hélas! de cruelles déceptions l'attendaient; dans l'ardeur de sa foi nouvelle il avait essayé de la faire partager à ceux qu'il aimait; il avait déjà rencontré la froideur, le dédain. Son frère même ne revenait pas à la tendresse d'autrefois. Ces deux

Devéria, si unis naguère, se ressemblaient trop pour ne pas se heurter, une fois l'union rompue ; leur caractère absolu et un peu rude se pliait difficilement, et ni l'un ni l'autre ne connaissait encore la modération qui ménage, l'indulgence qui supporte. Pour comble de malheur, isolés l'un de l'autre et souffrants tous deux de cet isolement, à mesure qu'Achille devenait plus renfermé, plus réservé, Eugène avait un plus grand besoin de sympathie, d'épanchement, d'expansion ; plus celui-ci se taisait, plus celui-là suppliait, insistait. Aux yeux d'Achille, déjà déçu dans ses légitimes espérances, déjà blessé par la désobéissance du jeune frère, les croyances religieuses d'Eugène étaient une véritable folie ; il n'y avait rien à faire pour ramener au bon sens un esprit si égaré ; il se renferma dans un silence plein de chagrin. Pour Eugène, convaincu de tout ce qu'il devait à son frère, le cœur tout pénétré de tendresse pour lui, désireux de lui faire comprendre ce qui le remplissait de joie et de paix, il lui semblait tout simple d'employer, pour atteindre son but, les arguments qui avaient eu tant de prise sur lui ; il ne voyait pas qu'il faisait fausse route, et qu'il se trompait cruellement. Dès 1843, à peine entré ostensiblement dans l'Église protestante, nous trouvons une lettre de lui, où tous ces sentiments se font jour ; la tendresse, la sincérité, la franchise, et, hélas ! le manque de mesure. Nous en citerons un passage :

A mon frère Achille (1).

Novembre 1843.

« ..... Quand la route est fatigante et ardue, quand la lutte est rude..... et que l'on compte sur sa force, il vient un jour où cette force est insuffisante. La force vient d'en haut, et celui qui la cherche en soi... tombe. Ainsi as-tu fait, frère, et de là cette apparence [d'activité] sans repos, de là cet esprit d'impatience pour les faiblesses..... des autres ; de là cette froideur factice... qui sont autant de retours de ton âme sur elle-même, et qui la fatiguent, la froissent et la brisent, parce que tu ne regardes pas au grand Consolateur, et que tu te confies en vain dans ta force illusoire. Quand tu n'étais pas encore las de la lutte, tu avais parfois un cœur joyeux, tu riais sans grimace, et je me rappelle que parfois aussi tu m'as baisé avec une affection qui était bien douce et bien bonne. Mais maintenant ton esprit est malade, et comme tout malade, il se trouve mal de tout. Si, un jour, je pleure loin de vous et que je parle dans mes lettres avec la voix tremblante des larmes, tu plaisantes ma poésie et tu dis : « Sentimentalerie ! » Si je me renferme dans la glace de tes lettres, où tu ne laisses pas percer le moindre mot de tendresse après six ans d'exil, tu trouves ma froideur

---

(1) Bibliothèque de Pau. Tome V, p. 529. Eugène Devéria avait l'habitude de recopier, dans son journal, les lettres qu'il écrivait. C'est ainsi que beaucoup nous ont été conservées.

étrange. Si le respect que j'ai voué à l'homme qui a fait pour moi tout ce que l'homme peut faire..... se fait jour dans mes lignes, tu ne veux pas l'accepter ! Hélas, comment donc t'écrirai-je, cher frère ? Certes tu as eu de grandes déceptions..... et j'ai mal répondu aux sacrifices que tu as faits pour moi. Tu m'avais espéré plus grand et meilleur, et je conçois ton chagrin quand tu te vois si loin de compte avec l'avenir. Mais raison de plus pour regarder en haut, et demander le courage réel et la soumission à Celui qui seul guérit les plaies de l'âme.

« Moi aussi je suis loin de compte, quand je pense à mes rêves d'avenir d'autrefois, rêves où ta part était si grande, et que je les vois avortés ; quand je pense au jugement qu'on a le droit de porter sur moi, parce que les sentiments du fond du cœur sont une absurdité, sans preuves ; et pourtant, au milieu de mes chagrins que tu prétends ne pas comprendre, j'ai conservé ou du moins trouvé une paix qui me soutient, en m'adressant au grand Consolateur. Je te vois bien ricaner dans ta barbe, je sais bien que tu vas plaindre la misère d'un petit esprit... mais c'est égal..... Je sais en qui j'ai mis ma confiance... et Celui qui m'a convaincu de faiblesse, d'iniquité et d'incapacité de rien faire de vraiment bon à moi seul, saura bien te faire entendre sa voix quand le temps sera venu, et alors je bénirai le Seigneur, pensant que peut-être cette lettre..... aura eu quelque influence sur la destinée éternelle [du frère] que j'aime et respecte, malgré la mauvaise impression que fait sur lui ce sentiment inévitable. Adieu donc, cher frère, je ferai tout mon possible pour ne pas te causer d'ennui inutile, demandant à Dieu de me garder d'ajouter rien aux maux qui te brisent.

« Baise notre mère pour moi, ainsi que ta femme et tes enfants, que Dieu bénisse, et crois-moi, malgré les circonstances funestes présentes, tout à toi, corps et âme, comme dans les jours passés où je pouvais t'en donner la preuve.

« Eug. D. »

Le grand malentendu était commencé. Eugène parlait une langue qui n'était plus comprise des siens, pas plus que son repentir, *exagéré*, selon eux, ses sentiments nouveaux, ses espérances. Ce que devaient être à cette époque les impressions de la famille se retrouve dans une lettre de sa sœur Désirée à Mme Achille Devéria, qui commençait dès lors à remplir son doux rôle de médiatrice entre les deux frères. Désirée avait fait un séjour à Pau assez long chez M. Eugène Devéria ; arrivée chez ses parents d'Avignon elle écrivait :

Désirée Devéria à Mme Achille Devéria (1).

Avignon, 1844.

« ..... Je suis bien fâchée de ce que vous me dites de la dernière lettre d'Eugène et de voir qu'Achille se chagrine tant pour *ce petit travers, si c'en est un dans ce moment ;* car depuis quelque temps il paraît s'être opéré une réac-

(1) Communiquée.

tion religieuse qui est poussée à un très haut degré. Je lisais l'autre jour, dans un journal de ce pays, qu'on avait été étonné d'entendre un prédicateur prêcher les bonheurs et les extases de la vie monastique. Qui sait où cela nous mènera ? J'ai lu dans le *Constitutionnel* qu'il y a à Paris seulement trente-deux couvents de femmes, renfermant deux mille et plusieurs centaines de religieuses ; auriez-vous jamais cru cela ? Quoi qu'il en soit, je n'oserai pas, comme vous vous en doutez bien, en parler à Eugène, mais je crois bien que vous pourriez lui faire entendre que cette dévotion ne va pas du tout à Achille. Le ferez-vous ? Je vous y engage, afin que le chagrin constant qui suit chacune de ses lettres soit épargné à notre pauvre homme qui le prend si fort à cœur. »

Ainsi cette sœur, en femme pratique, ne considérait pas le nouveau « travers » d'Eugène comme bien grave, à cause du revirement qui était en train de se produire dans les esprits en faveur de la religion, et, après un séjour prolongé auprès de son frère, elle avait si mal compris sa foi nouvelle qu'elle la rapprochait dans son esprit de la dévotion vulgaire des prédicateurs des missions.

Tout cela n'était pas bien encourageant. Cependant Eugène Devéria tournait les yeux vers la famille, vers Paris, son centre naturel, et ne pouvait croire qu'il n'y eût plus là de place pour lui. Le cœur plein des souvenirs du passé, il reprit le chemin de la maison fraternelle et y rentra, juste sept ans après l'avoir quittée, au mois de juin 1845. Ici nous allons de nouveau lui laisser la parole pour le dernier chapitre de cette histoire de sa vie qu'il ait tracé de sa main.

« En 1845, après sept ans d'absence, je vins passer cinq mois à Paris. Ce furent de tristes mois : j'arrivai un matin du mois de juin à 7 heures. Ma sœur Désirée, reste des quatre filles, était en Provence, où elle était allée en me quittant, après un an à peu près d'habitation à Pau. Achille était au bain avec son fils aîné. Il n'y avait que des figures qui ne me connaissaient pas et qui disparurent après avoir furtivement regardé le nouvel arrivant. Pas un serviteur de connaissance, pas un chien, pour me donner la bienvenue. Je fus triste un moment, mais je sus que maman était éveillée, j'avais entendu la sonnette que je reconnus de suite. J'allai dans sa chambre et ce fut entre nous deux qu'eut lieu la réconciliation de la mère et de l'enfant coupable. Comme le père de l'enfant prodigue, elle me prit la tête et me baisa bien fort, et quand je lui demandai de vive voix le pardon qu'elle m'avait déjà accordé, elle me ferma la bouche en me disant de n'en plus parler. Pauvre mère ! elle avait jeté mes péchés derrière son dos et elle ne pensait plus qu'à se réjouir du nouvel hôte qui allait égayer ses derniers jours, car je la trouvai malade de cette hépatite qui la tua. Quelques moments après, comme il m'était difficile de ne pas faire allusion à ma plus grande culpabilité, elle me dit : « Comme tu as été longtemps à me demander pardon ! et si j'étais morte, que serait-il arrivé ? » Pauvre maman, qu'elle avait bien raison !.....

« Après les premiers moments donnés au bonheur de nous revoir, et les premières causeries, rapidement entrecoupées, pour s'enquérir, elle de mes enfants et de ma femme, moi du reste de la famille, je jetai un coup d'œil à son entourage, et je ne vis plus même le livre de messe qui lui tenait compagnie sept ans avant. J'aperçus d'autres livres, petits et grands, et comme si elle répondait à ma pensée elle me dit : « Sais-tu ce que j'ai fait pendant ma longue solitude ? J'ai appris par cœur presque toutes les fables de la Fontaine... » C'est ainsi que ma pauvre mère endormait une des plus grandes douleurs que j'aie jamais vues...

« Quand nous abordâmes avec maman la question religieuse relativement à moi, elle ne manifesta pas la moindre contrariété de mon changement de communion. Elle m'en demanda la cause, que je lui expliquai de mon mieux et ça en resta là. Je vis bien que j'aurais de la peine à éveiller en elle cet ordre d'idées, pourtant dès le premier moment je me proposai d'y travailler avec persévérance. Pauvre mère éplorée ! Elle avait tant désiré être seule que presque personne ne venait plus la voir. Elle vivait dans une solitude presque absolue. Ma sœur était en Provence, Achille était devenu tellement sombre (1) que sa

---

(1) On verra plus loin, dans une lettre adressée à une de ses nièces, comment Eugène Devéria expliquait cette tristesse.

rare présence au salon de maman animait peu la conversation, et je devinai que dans cette triste maison, chacun vivait replié sur soi-même. Dès lors je vécus beaucoup dans le salon. J'étais venu pour finir un tableau que j'avais commencé à Pau pour la maison du roi. Tant que j'eus à y travailler, j'assistai au réveil de maman, et là, dans le continuel tête-à-tête, je reprenais mon ascendant sur son cœur, risquant de temps en temps une légère allusion aux choses religieuses aussitôt que le moindre jour se présentait. Ses deux petits-fils dont l'éducation l'occupait beaucoup (les fils d'Achille et de Théodule), nous tenaient souvent compagnie, et ainsi la pauvre âme vivait plus doucement que par le passé. Octavie, morte en 1825, et moi, avions toujours été les plus gais de la famille ; aussi notre double départ avait jeté comme un voile sombre sur cette petite maison si aimable jadis. Malheureusement, dans les circonstances présentes, j'étais entouré de choses et de gens qui ne me laissaient pas grandes ressources de bonne humeur. Cette incrédulité générale me pesait lourdement sur le cœur. Pourtant j'eus lieu de croire que je réjouissais ce cœur que j'avais tant attristé et ce m'était une invitation à redoubler de zèle. Malheureusement j'avais encore bien peu de connaissances spirituelles et mes ressources me faisaient souvent défaut.

« Il y avait quelque quinze jours que j'étais arrivé, et la chère malade allait beaucoup mieux ; elle se levait toujours.... [lorsque survint une] rechute. Un jour qu'elle était assise, en se levant elle sentit une grande douleur intérieure, et tomba. Ce fut Achille qui la releva. A dater de ce moment...... la maladie empira visiblement et marcha vers un triste dénouement. Alors j'allais à la campagne chez de chers amis connus à Pau, les Deville, qui avaient une jeune fille mourante de la poitrine. C'était à Fontainebleau ; pendant mon séjour le 15 août, la jeune fille, Mlle Claire, très dévote catholique, demanda à sa sœur Marie de communier avec elle pour la fête de cette dernière. La pauvre enfant avait beaucoup souffert les jours précédents, elle trouva un grand adoucissement à ses maux dans la communion du Seigneur, et pour quelques jours se sentit beaucoup mieux. A mon retour j'abordai avec maman la question religieuse, sous ce rapport, et je l'engageai fortement à faire ce qui était nécessaire pour s'approcher du sacrement. Je lui fis observer que la science paraissait peu capable d'améliorer sa position et qu'il serait bon de chercher en Dieu la force qui s'amoindrissait chaque jour. Je crus être parvenu à éveiller en elle une sorte de disposition à cette œuvre sérieuse ; mais, hélas ! le prêtre ne m'aida pas. Je sus plus tard que maman, touchée de ce que je lui avais dit, lui parla avec une certaine anxiété relativement à son salut ; mais il la rassura en lui disant qu'une femme comme elle...... etc... Que sais-je ? tout ce qu'un incrédule peut dire, prenant la bonté extérieure... pour ce qui suffit au salut.

« Après quelque huit jours je lui en parlai de nouveau, ne connaissant pas la cause de sa sécurité apparente ; alors elle me répondit dans un état d'angoisse inexprimable : « Oh ! ne me parle plus de cela. Tu m'as fait bien du mal l'autre jour, et pendant trois nuits je n'ai pu dormir...! » Oh que l'appel du Seigneur était fort pour exciter ce trouble dans une âme aussi pure selon le monde... et cependant elle ne céda pas; elle entendit sa voix et pour le moment endurcit son cœur. Je me trouvai fort embarrassé. Ma foi n'était pas assez affermie pour lutter contre cette disposition... je tremblais; l'idée d'ajouter au cours naturel de la maladie... et puis rien ne m'y aidait. Ma sœur était revenue; mais, incrédule comme les hommes, elle faisait tout son possible, non seulement pour détourner l'esprit de maman des idées de cet ordre, mais même elle entravait mes efforts par tous les moyens possibles. La faiblesse augmentait. Le lever et le coucher étaient des plus difficiles, je restai le plus possible auprès d'elle. Un jour qu'elle était bien faible, je lui demandai la permission de prier auprès d'elle, elle y consentit. [J'avais à peine commencé] quand ma sœur entra, et sans s'inquiéter d'autre chose que de me faire taire, elle vint offrir à celle qui n'avait plus besoin que de l'aliment céleste, quelque tisane ou potion dont le but était toujours de distraire la malade mourante de la vue de cette tombe où elle allait entrer..... Je luttai un instant, mais son entêtement fut le plus fort et je fus obligé de me taire. Que le Seigneur lui pardonne!

« La chère maman se leva jusqu'au dernier jour; elle allait passer quelques heures de plus en plus courtes dans son salon, mais par habitude, et désormais ne pensant plus qu'à elle. Plus de désir de mourir, pour être avec sa fille; une seule pensée, celle de vivre, poussée aussi loin que possible..... Enfin elle se leva encore un jour, alla jusqu'au bout de sa toilette, puis lasse et abattue, elle s'assit sur une chaise près de son lit : c'était la fin ! il nous fallut la recoucher que bien que mal, sans qu'elle pût nous aider. A compter de ce moment, elle ne donna plus que peu de signes de vie. Alors commença pour moi un état de chagrin que je ne saurais faire comprendre. Son âme m'échappait. Heureusement le monde me laissa presque seul auprès d'elle. Alors je lui parlai ardemment de Jésus-Christ, lui demandant de temps en temps si elle m'entendait et me contentant quelquefois d'un signe de tête dubitatif. Puis je la laissai aux soins d'une femme de chambre qui lui fut bien fidèle jusqu'au dernier moment. Je remontai dans ma chambre, écrivant à mes enfants selon les pensées que me suscitait cette mort sans Christ, priant et pleurant sur son âme comme je n'ai jamais pleuré depuis. Puis je redescendis et recommençai à lui parler dans l'oreille, prononçant le nom de Jésus mêlé au pardon et à la miséricorde. Enfin, alors qu'elle semblait n'avoir presque plus de rapports avec le monde terrestre, elle sortit son bras droit de son lit et fit un signe de croix, comme elle l'avait appris, sans doute, petite fille.

« C'est là tout ce que j'ai pu obtenir, et pourtant c'est sur ce tout petit témoignage que je base mon espérance qu'elle a peut-être vu la croix de Christ à l'heure du départ. Je ne cessai pas de prier ou d'écrire ou de lui parler jusqu'à ce que Dieu eût retiré son esprit de ce beau spécimen de bonté terrestre, ce qui eut lieu vers le matin.

« Oh ! je lui ai fait bien du mal pendant ma

vie; puissent ces quelques prières lui avoir fait du bien au moment du départ.....

« Si mes frères lisent ces lignes, ils comprendront peu mon orgueil d'oser compter sur la vie éternelle pour *moi* et d'en faire une hypothèse pour un être si pur et si bon. Hélas! j'en appelle à ces derniers faits; cet être exquis n'a pas osé regarder à Dieu qu'elle considérait comme un juge irrité; elle avait donc besoin d'un Sauveur. Puisse-t-elle l'avoir vu quand son œil ne voyait plus autour d'elle! Quant à moi, c'est dans le sentiment de l'humilité la plus grande que j'espère au salut promis, sans comprendre pourquoi Dieu s'est révélé..... à moi. Mais je suis plein de confiance en Celui qui m'a fait dire : « *Qui croit au Fils a la vie éternelle.* » Tant que je serai chrétien je croirai à mon salut, malgré ma criminalité, que connaissent véritablement deux êtres dans le monde : Celui qui remplit les cieux de sa gloire, et moi qui, la face dans la poussière, n'oserais regarder à Dieu s'il ne m'avait dit : « *Venez à moi, vous tous qui êtes travaillés et chargés, et je vous soulagerai.* » Mais si ma foi cède jamais et que Jésus-Christ cesse d'être pour moi, « *Sagesse, justice, sanctification et rédemption* », alors je laisse passer devant moi, non seulement tous ceux de ma famille qui me sont supérieurs en toutes choses, mais même bien des coupables que le monde condamne. Ainsi je puis dire aux [hommes] ce que Paul leur disait : « *Cette parole est certaine et digne d'être entièrement reçue, que Jésus-Christ est venu au monde pour sauver les pécheurs dont je suis le premier; mais j'ai obtenu miséricorde, afin que Jésus-Christ fît* voir en moi toute sa clémence et, que je serve d'exemple à ceux qui croiraient en lui pour la vie éternelle. Au Roi des siècles immortel, invisible, à Dieu seul sage soit donc honneur et gloire aux siècles des siècles. Amen (1). »

Eugène Devéria se trompait lorsqu'il croyait être accusé par ses amis de manquer d'humilité. Ils lui auraient plutôt reproché d'en trop avoir. Pour ceux qui avaient vécu avec lui pendant la première partie de sa vie, les fautes sur lesquelles il pleurait si amèrement et qu'il qualifiait de *crimes*, n'étaient que des folies, des erreurs de jeunesse, dont tous plus ou moins s'étaient rendus coupables, et pour avoir été peut-être un peu plus loin que les autres, Eugène Devéria ne leur paraissait pas « si noir ». Il lui eût suffi, pour être complètement blanchi à leurs yeux, de faire *une bonne fin*, de se ranger, comme la plupart d'entre eux l'avaient fait, de couper les ailes à cette exubérance de vie et de passion qui emportait toujours au delà des bornes son cœur impétueux, et eût-il, pour atteindre ce but, abandonné l'enfant à laquelle il avait cru devoir donner son nom, qu'aurait-il fait là de si blâmable ? Point n'était besoin d'étaler si hardiment un repentir si excessif, d'en donner des preuves si visibles, de se charger aux yeux de

---

(1) Ire Épitre de saint Paul à Timothée, chap. 1, 15-17. — Bibliothèque de Pau. *Ma mère*. Vol. IV. Écrit à Pau en 1849.

tous du fardeau d'une culpabilité que ses contemporains rejetaient si volontiers sur les circonstances et les mœurs du siècle. A quoi bon, surtout, adopter sans restrictions ces nouvelles idées religieuses qui bouleversent si profondément la quiétude, l'indifférence et le sans-gêne dans lesquels il est doux de se plonger ? Assurément, si le pauvre artiste eût été jusqu'au bout, et se fût jeté à la Trappe ou chez les Carmes, il eût moins ennuyé et agacé ceux qui au moins auraient pu l'oublier. Mais il s'obstinait à vivre, à aimer, à travailler; il s'obstinait surtout, par sa conduite et ses supplications, à condamner leur parfait repos. C'en était trop, les uns s'irritèrent, les autres rirent, aucun ne lui pardonna jamais « ses obsessions ».

Après cinq mois de séjour à Paris, passés à frapper à toutes les portes et à les trouver closes, Eugène Devéria revint à Pau, convaincu qu'il n'était plus « bon à rien ». Cependant le sentiment de sa force combattait en lui le découragement; à vrai dire, il ne l'abandonna jamais complètement, et jusqu'à la fin de sa vie il ne cessa de lutter. Il essaya encore une fois de percer la lourde indifférence amoncelée sur lui, et envoya à l'exposition de 1847-48, la *Mort de Jeanne Seymour*. Rien n'y fit; la conspiration du silence est une des plus terribles qu'ait inventées l'animosité des contemporains. Voyant ses rêves de gloire s'envoler l'un après l'autre, Eugène Devéria essaya de réduire son ambition au gain du pain quotidien, mais il ne put, et ne cessa jamais de tenter de remonter le courant, relevant, par la persévérance de ses efforts, ce que sa carrière artistique eut désormais de terre-à-terre.

Malgré l'amertume causée par ces échecs répétés, Eugène Devéria vécut alors les années les plus paisibles et les plus heureuses de sa vie. Elles furent courtes, mais du moins il connut quelques-uns de ces moments où l'âme, en paix avec elle-même, avec ses entours, avec son Dieu, déborde en action de grâces. Sous l'influence du doux climat dans lequel il s'était définitivement fixé, sa santé achevait de se rétablir; entouré de considération et de respect, il était incontestablement l'hôte le plus distingué d'une petite colonie d'hiver, vivante, hospitalière et aimable. Dans son intérieur, dans son *home*, mot délicieux pour lui, il trouvait toujours prêtes à l'accueillir par un sourire celles qu'il appelait « *ses aimées* ». C'était, d'abord, sa femme, qu'il croyait encore pouvoir amener à considérer le passé au même point de vue que lui, et à partager son repentir pour partager aussi ses espérances ; il s'efforçait de penser à elle comme à *sa compagne* et l'appelait « sa pauvre amie ». C'était, ensuite, une nièce de

Mme Eugène Devéria, fille de sa sœur, qu'elle avait fait entrer avec elle dans la famille de son mari. La jeune fille appartenait comme lui à la religion protestante, ce qui semblait à l'artiste devoir établir entre eux des liens plus puissants que les liens du sang. Il fréquentait avec elle les assemblées religieuses, avec elle il instruisait les enfants à l'école du dimanche ; il l'appelait « sa fille », elle lui disait « père » ; beaucoup de personnes la prenaient, à tort, pour la fille aînée.

Enfin et surtout « *l'aimée* » par excellence, était cette Marie, cette fille unique et adorée, qui formait le trait d'union entre ces natures et ces cœurs si divers. Pour la mieux défendre contre la malveillance du monde, Eugène Devéria avait étendu sa protection sur tout ce qui la suivait. Pour l'amour d'elle, son nom les couvrait toutes trois ; et il y avait dans sa vie une dignité si simple et si vraie que, dix ans à peine après ses pires folies, nul ne soupçonnait qu'il eût pu les commettre. Tout était nouveau en Eugène Devéria, ses sentiments, ses croyances, ses affections, sa vie. Jamais l'image de la seconde naissance employée par l'Écriture ne fut mieux justifiée. En vérité, il avait tort de s'épuiser en efforts pour convaincre les siens de l'efficacité et de la puissance de sa foi. La plus éloquente des prédications, c'était lui-même

A ses « *aimées* », M. Devéria joignit bientôt un jeune garçon, le fils de son frère, Théodule des Indes. Il lui ouvrit sa maison, en fit son fils, partagea sa chambre avec lui, se remit pour lui à ces études de grec et de latin auxquelles il avait si peu mordu autrefois, heureux de pouvoir prendre sa part des devoirs et des charges de sa famille. Sa vie s'écoula dès lors avec une régularité qui, au début, ne lui fut point pénible. Le travail à l'atelier, les promenades à la fin du jour dans le beau parc de Pau, étaient les occupations journalières de *l'artiste*. *Le chrétien* en avait d'un autre ordre dont il nous faut dire quelques mots.

L'Église protestante de Pau, à laquelle s'était rattaché Eugène Devéria, était alors singulièrement vivante. Elle appartenait à la fraction dite *évangélique*. Plusieurs hommes distingués, venus de différents côtés attirés par le doux climat de ce pays charmant, prêtaient au pasteur jeune et actif le concours de leur piété personnelle, et tous, mettant leurs talents et leurs lumières en commun, édifiaient les fidèles par une union chrétienne des plus remarquables (1). Sous l'influence de ces sentiments si rares et d'une ferveur réelle, les réunions de prières, d'instruction, de conversations religieuses se

---

(1) M. Buscarlet, pasteur, MM. P. Schlumberger, Charles Eynard, de Meuron, etc.

multiplièrent. Il y en avait au temple, chez le pasteur, chez les particuliers, dans la journée, et le soir. Avec l'ardeur d'un néophyte, Eugène Devéria se nourrissait de tout cet enseignement. Peu à peu encouragé par ses frères, il en vint à y prendre part lui-même par la prière ou l'explication de l'Évangile, rarement cependant et non sans une sorte de malaise moral dont il parle souvent sans se l'expliquer.

Par suite d'une exagération, inévitable dans un changement aussi brusque de vie et d'atmosphère, lui, le compagnon des Musset, des Hugo, qui avait coudoyé toutes les jeunes gloires du siècle, en arriva, avec ses nouveaux amis, à regarder comme *perdue* toute heure de loisir, toute soirée qui n'était pas exclusivement employée à l'étude de la parole de Dieu, au chant des cantiques. Chez lui cette erreur ne dura pas; il revint plus tard dans la sûreté de son jugement sur cette prétention de certains chrétiens à rogner à leur petite mesure tout ce qui les approche, et revendiqua souvent les droits de l'intelligence, de l'imagination, de l'art, trop méconnus dans ce petit cercle. Mais à l'époque dont nous parlons, il commença par subir les conséquences de cette déplorable erreur. Si l'homme ne vit pas de *pain* seulement, s'il n'est pas tout *matière*, il n'est pas tout *âme*, et ceux qui, plus sages ou plus imprévoyants que Dieu, veulent réduire notre être moral à une nourriture purement spirituelle, ne tardent pas à le voir s'atrophier, s'affaiblir et perdre ce parfait équilibre, indice de force et de bonne santé. L'église de Pau en fit la douloureuse expérience. Des divergences d'opinion se firent jour. Les uns, rétrécissant de plus en plus leur horizon, en vinrent à condamner tous ceux qui refusaient de se laisser enfermer dans le cercle toujours plus étroit tracé autour d'eux. Les autres, à force de ne regarder qu'un certain point de la doctrine chrétienne, le grossissaient hors de toute proportion et au détriment des autres; tous, enfin, érigèrent en principe que chaque chrétien qui voit son frère errer, a le devoir de le reprendre, et s'il refuse de s'amender, doit se séparer de lui. Sans remarquer avec quelle modération et pour quel genre d'erreur les apôtres avaient exercé ce droit, les membres de l'Église de Pau élevèrent la *répréhension fraternelle* à la hauteur d'une doctrine; de là les discussions blessantes, les déchirements, le morcellement de cette petite assemblée si unie et si fidèle; certes, si la foi d'Eugène Devéria n'avait été qu'un entraînement passager, une simple adhésion de son esprit, elle n'eût pas résisté au scandale que lui causa la vue de ces discussions stériles. Il ressentit toutes les fluctuations du petit troupeau, et ne vit pas sans douleur se désunir ces hommes qu'il aimait et estimait également ; mais il resta ferme. Il sut faire la part de l'humaine faiblesse et demeura fortement attaché à ce qui, malgré toutes les apparences, faisait encore la base et le fond de l'espérance éternelle de ces chrétiens momentanément séparés.

Néanmoins, comme nous l'avons déjà fait entrevoir, cette fâcheuse doctrine de la *répréhension fraternelle* exerça à son insu une influence trop grande sur l'artiste chrétien ; il ne discerna pas tout d'abord le principe d'orgueil qui y est perfidement caché. Regardant sa vie passée à la lueur de la loi divine, il se disait, ce qui était assez naturel, que ceux qui avaient péché comme lui avaient besoin de se repentir de même, afin d'avoir part au même salut. Ce n'étaient pas là pour lui, non plus que pour nous, de vaines abstractions, des spéculations plus ou moins philosophiques, mais des réalités poignantes. Il lui semblait, vraiment et sans figure, avoir été arraché à la perdition et voir tous ceux qu'il aimait s'acheminer, les yeux fermés, vers l'abîme où il avait failli tomber. De là un désir ardent de leur révéler ce qu'il lui semblait si doux, si simple de croire, et un étonnement douloureux des résistances qu'il rencontrait ; de là aussi ces essais sans cesse renouvelés : ces lettres dans lesquelles, ne se contentant pas d'expliquer sa foi nouvelle, il osait prendre le rôle de juge, et s'efforçait de prouver à son interlocuteur les causes multiples qu'il avait de rechercher, comme lui-même, la miséricorde divine. Rien n'était ménagé; avec une logique impitoyable et le zèle d'un apôtre, il déchirait tous les voiles, dans ces terribles lettres, appliquait aux péchés des autres les mêmes qualifications qu'aux siens, et parlait ouvertement de toutes ces actions cachées que l'on soupçonne parfois dans la vie des hommes, mais que, par bienséance, l'on feint d'ignorer. Il y avait au milieu de tout cela des supplications si ardentes, un amour si vrai, si profond pour ceux auxquels il s'adressait, que le désobligeant en était bien mitigé. Mais, hélas! « *les répréhensions fraternelles* » sont plus faciles à administrer qu'à recevoir, et les lettres que le pauvre Eugène Devéria s'obstinait à adresser tour à tour à son frère Théodule, à des amis, à son frère Achille, même, quoique avec plus de modération, firent beaucoup plus de mal que de bien. Il s'en rendit compte plus tard, trop tard, et en éprouva un amer chagrin. Il essaya de réparer la faute, mais en vain. Rien ne put effacer l'impression reçue; l'amertume resta, surtout dans le cœur d'Achille qui, ainsi que nous l'avons dit, froissé, blessé au delà de toute expression, se renferma dans un dédaigneux silence, et répondit de moins en moins aux lettres de son frère.

Nous ne prétendons pas faire un panégyrique et nous n'essaierons pas de cacher notre opinion : l'on ne se refait pas en un jour, et il y avait encore en Eugène Devéria cette impétuosité de cœur, cette raideur d'allures, ce premier mouvement hautain et absolu, que la vie, les épreuves répétées et surtout la puissance et la sincérité de sa foi devaient seules assouplir. Il ne se trouva pas malheureusement, autour de lui, un seul de ses amis chrétiens pour le rappeler à la discrétion, au silence, à la modération qui sied au nouveau converti, et que l'apôtre saint Paul lui recommande; on le poussa sur une pente où il avait de la propension à glisser, et ce fut sa conscience seule et son bon sens qui lui firent à la longue apercevoir le danger.

Toutefois sa foi était si sincère, son désir de bien faire si ardent, que Dieu aura peut-être exaucé ses supplications passionnées et leur aura fait produire des fruits que la vie éternelle révélera seule.

Cette opposition systématique de tous ceux qu'il eût voulu prendre dans ses bras pour les porter au Sauveur, les imperfections qu'il ne pouvait s'empêcher de voir dans les chrétiens en qui il avait mis sa confiance, quelques nuages intérieurs, des divergences de nature, impossibles à éviter dans une famille composée d'éléments si hétérogènes, la soif secrète et inavouée de ces satisfactions d'art qui lui étaient nécessaires, telles furent les premières ombres jetées sur le chemin d'Eugène Devéria. Elles allèrent en s'épaississant et avec les années lui cachèrent tout espoir de bonheur terrestre, pour ne lui laisser ouvertes que les perspectives sur l'infini. Il commençait à se sentir *seul* dans cette maison où l'union des âmes était plus factice que tout le reste, seul aussi dans l'église où il ne pouvait suivre ses amis dans les subtilités qui remplaçaient de plus en plus les saines instructions, et comme il arrive souvent en pareil cas, pour épancher le trop plein de son cœur il songea à écrire un journal. Ce fut le 21 mai 1848 qu'il le commença ainsi (1) :

> « *Enseigne-nous à tellement compter nos jours que nous puissions en avoir un cœur rempli de sagesse.* »
> (Psaume xc, 12.)

« Puisse le Seigneur, toujours fort pour les faibles, me donner la persévérance dont j'aurai besoin pour surmonter ma lâcheté à certains moments. Que son esprit soit sur moi pour m'apprendre à juger sans pitié chacune de mes actions, si peu intéressantes aux yeux des hommes, mais si graves et si sérieuses aux yeux de Celui qui regarde au cœur. »

Dès lors il inscrivit chaque jour dans ce recueil la méditation d'un verset de la Bible, par

---

(1) Bibliothèque de Pau. *Journal.* Vol. I, p. 3.

laquelle il commençait sa journée; les plans pour le travail du jour, ce qu'il avait exécuté ou négligé de ceux de la veille; les grâces qu'il avait reçues, les petits désappointements ou les gros chagrins, et toujours quelque observation sur le portrait, sur le tableau en voie d'exécution. Sa famille y est fréquemment mentionnée; on sent qu'elle lui était une source de joie et de peine. Il y parle encore, au début, avec affection, surtout avec compassion, de sa femme « qui souffre toujours ». On y voit déjà poindre ce pénible sentiment de solitude qui devait s'accentuer de plus en plus :

22 mai 1848. — « ... Ces faits me rappellent une observation qui parfois me préoccupe douloureusement. Jeune, mes mœurs étaient tellement en dehors des allures de ma famille que j'allais le plus souvent au dehors chercher des distractions, des joies, des fêtes que je ne trouvais pas chez mon père; et vieux et affectionné aux choses du ciel qui sont mes plus agréables distractions, après le travail, je suis encore obligé d'aller au dehors chercher ce que je ne trouve pas chez moi. Aussi je m'en prive le plus souvent, afin de ne pas donner à la famille l'exemple de la dissipation en dehors du cercle des affections domestiques (1). »

9 juin 1848 — « ... Je n'ai jamais éprouvé que des douleurs communes, celles qui sont le

---

(1) Bibliothèque de Pau. *Journal*. Vol. I.

partage de tous les hommes, et qui, éprouvées au temps de la dissipation, n'ont véritablement laissé aucune trace dans cette vie pleine de fêtes. Oh! que mon Dieu ne permette pas que j'oublie que tout ce bonheur me vient de Lui, qu'à Lui doit en revenir la gloire ou l'action de grâces jusqu'au jour où il Lui plaira de me soumettre à ces douleurs amères, partage de l'humanité déchue, me souvenant alors que l'Éternel qui a donné, a le droit de reprendre.....

« Je sens le besoin que j'ai d'un pardon toujours renouvelé pour des fautes sans cesse renaissantes. Une belle analogie du péché si multiplié et si vivace dans l'homme est le commencement du « Feu du ciel » dans Victor Hugo :

« ... La mer, partout la mer! des flots, des flots encor !
L'oiseau fatigue en vain son inégal essor.
Ici les flots, là-bas les ondes ;
Toujours des flots sans fin, par des flots repoussés,
L'œil ne voit que des flots dans l'abîme entassés
Rouler sous les vagues profondes..... »

« Oh ! péché, c'est ainsi que tu remplis l'homme, comme les flots remplissent le fond de la mer. Heureusement les compassions de Dieu en Jésus-Christ sont par-dessus toutes ses œuvres. »

19 juin 1848. — « ... Je compte commencer demain un tableau de grandes proportions, de ceux que je dois à l'archevêque de Bourges (jadis d'Avignon) ; ce sera ici l'occasion de parler de cette affaire dans laquelle il y a des accidents fâcheux, mais aussi de grandes bénédictions ; et puis ce que je dirai de ces peintures sera probablement tout ce qu'il en restera dans quelques années, de celles du moins qui sont faites sur le mur, et cela gardera le souvenir d'une des heures les plus folles de ma vie. D'ailleurs c'en est le point culminant ; c'est là que se rattache ma conversion, c'est ma vie passée qui m'avait comme contraint d'aller dans cette ville pontificale. C'est donc comme le centre d'une existence dont la première partie est une longue série de péchés, la seconde une suite non interrompue des bénédictions du Seigneur. »

20 juin 48. — « Ce soir je suis allé promener mes enfants au Parc, et nous avons assisté au plus beau coucher de soleil qu'il soit possible de voir....... C'est une ravissante promenade que je crois très salutaire aux malades qui viennent ici chercher la santé du corps. Quant au spectacle que nous avons eu ce soir, [il me semble] capable de rapprocher de Dieu... J'ai encore eu un jour de bonheur et de paix... Oh ! Dieu, compte les pareils à ma pauvre amie qui souffre ! Pitié pour elle, Seigneur ! hâte le moment de la réhabilitation de ton image dans son cœur lassé !... garde-la durant les nuits d'insomnie... et tiens-toi à sa droite afin qu'elle soit [fortifiée]... »

La grande ressource d'Eugène Devéria à cette époque était dans les portraits, le plus souvent au pastel, que les étrangers lui faisaient faire. Heureux et reconnaissant quand une commande nouvelle venait lui apporter du travail, il n'en ressentait pas moins, à chaque nouveau portrait, une crainte cachée et ne l'entreprenait qu'en tremblant. Peintre d'histoire avant tout, fait pour les grandes compositions auxquelles son goût naturel, son imagination aussi bien que ses études spéciales, l'avaient préparé, la lacune qui existait dans son éducation artistique se faisait sentir quand il était devant la nature ; il avait peine à se débarrasser de certains partis pris, d'habitudes des yeux, dans sa façon de voir et de comprendre le visage humain. Les portraits de femmes surtout lui donnaient une peine infinie, rarement il arrivait à une ressemblance suffisante pour satisfaire la famille, plus préoccupée de cette ressemblance que de la question d'art : et ces insuccès lui étaient une cause d'humiliation et de chagrin. Dans ce journal où il écrit au jour le jour les événements de sa vie monotone, il mentionne chaque matin le progrès en bien ou en mal, du ou des portraits en train. Il demande à Dieu son secours pour l'aider dans cette tâche qui lui semble ingrate, parce qu'il n'a aucune liberté dans la façon dont il l'accomplit; obligé de couper les ailes à tout ce que l'art aurait exigé pour l'arrangement pittoresque, limité par le prix dérisoire, par les dimensions exigées, gêné par les opinions et les conseils de tous, le plus souvent en contradiction avec ses idées, il lui semble être changé en une sorte de machine.

4.

Et puis, lui, il fait comme il voit, il ne voit pas comme les autres. Il a les yeux encore remplis des types au milieu desquels s'est écoulée sa jeunesse ; il ne peut supporter la laideur, la maigreur lui est odieuse; il ne peut s'empêcher de réagir contre ce que le modèle a de trop défectueux ; c'est pour lui un véritable supplice que de reproduire certains visages d'une banalité criante ; il en souffre comme souffrirait un bon musicien qu'on forcerait à exécuter une symphonie de Beethoven dans un ton faux.

Pour se consoler de ce travail, sans charme pour lui parce que là n'était pas sa vocation, il compose des aquarelles, costumes des Pyrénées, scènes du pays, sujets d'imagination, dans lesquels la richesse et la puissance du ton rappellent le peintre coloriste; ces compositions se vendaient assez bien dans la colonie étrangère, étant plus à la portée de tous par leur prix et plus faciles à mettre dans une malle qu'un tableau. Enfin, pour complaire à sa femme, qui avait le tort de se préoccuper uniquement de la question pécuniaire, il avait ouvert trois fois par semaine son atelier à des enfants, des jeunes filles, auxquels il enseignait les débuts du dessin, et passait à cette occupation, qui lui répugnait horriblement, le plus clair de son temps. Malgré le courage que le pauvre artiste puisait dans ses convictions puissantes et dans sa tendresse pour

« *ses aimées* », comment s'étonner si, de temps en temps, une lassitude sous laquelle on sent la révolte lui fait pousser des cris de détresse? L'art se débat en lui sous tout ce commerce qui l'écœure; il s'efforce de le ressaisir, et lorsque, par les journées plus longues de l'été, il entrevoit la possibilité de commencer *un tableau*, c'est une jouissance intime qu'il ne se lasse pas de mentionner. Il compte avec une sorte d'allégresse et un soin jaloux les heures des plus longs jours de l'année dont il espère bien faire un bon usage, avant de partir pour les Eaux-Bonnes; sa santé l'obligeait encore à aller y faire une cure, et pour y mettre à profit ses loisirs, il y reprenait son « métier de portraiteur ».

22 juin 1848. — « J'ai travaillé toute la journée à mon grand tableau destiné à Avignon. C'est toujours trop amusant la grande peinture. Mais, hélas! il faut retomber dans la bimbeloterie. Amen! (1) »

23 juin 1848. — « Hé bien! le voilà passé, ce premier des plus longs jours de l'année..... Qu'ai-je fait? Quelle misère! qu'il y a loin de là à ces jours où, plein de force, de santé et d'ardeur, (je travaillais alors pour la gloire qui vient des hommes), je faisais de trois heures et demie du matin à huit heures et demie du soir un tableau de cinq pieds pour l'ami Bainvel, de

---

(1) Bibliothèque de Pau. *Journal.* Vol. I, p. 210 ou 212.

Sèvres ! L'homme n'a-t-il donc d'ardeur véritable que pour le péché ? Ne peut-il retrouver pour Dieu.....

> ... Quelque reste assoupi de cette antique flamme
> Qui l'embrasait pour son pays ?.....
> (C. Delavigne.)

...... « Je voudrais que ceux qui liront ces lignes ne soient pas trop fâchés, s'ils les voient prendre la physionomie de mémoires, de confessions. Voici, les jours que je passe maintenant sont d'une platitude, d'une égalité absolues ; si je.... ne retourne pas un peu en arrière pour donner quelques récits succincts de mes jours passés, je ne pense pas qu'il vaille beaucoup la peine de continuer. Du reste, sans vouloir discuter l'opportunité de la chose, je dirai seulement que c'est à l'intention de mes enfants que je le fais, afin qu'ils sachent au moins l'histoire de leur père et quelque peu celle de leur famille (1).

Cependant cette existence « d'une platitude absolue « n'empêchait pas l'artiste de s'intéresser à la grande ville où il avait passé sa jeunesse et que les révolutions bouleversaient. Jamais la politique ne paraît avoir eu pour lui l'intérêt capital qu'elle a pour certaines natures. Les artistes, vivant dans un monde supérieur aux passions politiques, sont sujets à ne les ressentir

---

(1) Nous expliquons une fois de plus que lorsque Eugène Devéria parle de « ses enfants », c'est pour bien marquer la sincérité de son adoption morale, et par une sorte de fiction : il n'a eu qu'une seule enfant vivante, Marie, sa fille unique.

que de loin et comme adoucies. Cependant toutes les graves questions qui mettaient Paris en émoi étaient loin de laisser Eugène Devéria indifférents. Des Eaux-Bonnes, où il était, il suivait avec anxiété les événements dont les nouvelles n'arrivaient que lentement au fond de ces vallées, et confiait au papier les espérances, les utopies généreuses qu'il nourrissait pour son pays. On était au mois de juillet 1848. La monarchie de 1830 venait d'être emportée et la république proclamée, il écrivait :

8 Juillet 1848. — « ... J'ai été carbonaro tout comme un autre, j'avais 16 ou 18 ans ; mais ci-après j'ai reconnu que ces rêves étaient tout au moins intempestifs..... J'étais donc royaliste à la chute de Charles X, quoique je n'aimasse pas *le roi*. Je l'étais encore à la chute de Louis-Philippe, et cette fois j'aimais *l'homme*, ce qui ne m'empêchait pas de juger sévèrement le roi. J'étais royaliste quand la France accepta la république. Mais quand la Prusse, l'Autriche, l'Italie eurent, chacune à leur tour, chassé leur souverain, aussi facilement que l'on chasse des serviteurs devenus fâcheux, quand j'ai vu les plus illustres politiques, rois et ministres, surpris par des circonstances qu'ils n'avaient su..... ni prévoir, ni maîtriser,... quand je les ai vus comme le capitaine de la *Méduse* se jeter les premiers dans les chaloupes et quitter la scène où tout était trouble par suite de leur aveuglement, je me suis dit : Le temps des rois est passé... et je suis devenu républicain, comme on le voit, républicain de la semaine suivante… mais, il me semble, républicain sincère et désireux de faire ce qui est à ma disposition en faveur de cette pauvre enfant si chancelante encore. Malheureusement je ne puis parler en public ni lui prêter le secours de mon bras, ma poitrine est trop détraquée ; mais j'espère pourtant, avec le secours de mon Dieu, n'être pas à toujours un membre inutile de mon pays, que Dieu bénisse (1)… »

Et telles étaient ses préoccupations pour cette jeune république, qu'avec la naïveté des âmes droites il se décida à écrire au Général Cavaignac, dont il admirait le noble caractère, pour l'inviter à se mettre « à l'abri du Rocher des siècles. » Malgré les bonnes intentions d'Eugène Devéria, si le Général se donna la peine de lire cette épître, qui était fort longue, il dut la trouver bien étrange. Il y avait, dans ces lignes, des vœux si ardents pour le bien du pays et pour son propre bonheur à lui, un tel mélange de doctrines religieuses et politiques, des avertissements si peu habiles concernant la fragilité de l'homme en général et de Cavaignac en particulier, opposés à la force que donne la foi en Dieu et à la sagesse qu'Il ne refuse pas à ceux qui la lui demandent ; tout cela exprimé dans ce lan-

---

(1) Bibliothèque de Pau. *Journal.* Vol. I, p. 305.

gage scripturaire qui paraît aussi barbare aux oreilles françaises que la langue la plus morte ;... il y avait en un mot de si magnifiques vérités, un si grand élan d'amour et de foi, sous une forme si prolixe et si diffuse, que l'on souffre en pensant à l'effet qui dut être produit. Il est vraiment curieux de voir avec quelle rapidité Eugène Devéria s'était assimilé jusqu'au langage de ses nouvelles croyances. Au bout de dix ans, personne n'eût pu deviner qu'il n'était pas né, qu'il n'avait pas grandi, dans cette Église protestante dont il était un si ferme champion. Mais, par suite de l'infirmité humaine, en apprenant il avait trop oublié. Il ne se souvenait plus de ce que l'on pensait, ignorait, méprisait dans ce monde dont il était sorti. Il ne se demandait pas assez ce qu'il aurait éprouvé lui-même, dix ans auparavant, en recevant une lettre semblable à celles qu'il écrivait; le don qu'avaient reçu les apôtres, de parler à chacun dans sa langue, ne lui avait point été donné; il ne savait pas, selon la recommandation de saint Paul, « *se faire tout à tous*, » et se contentait de « *prêcher en temps et hors de temps* ». Voilà pourquoi la lettre au Général Cavaignac, celle au Général Bedeau, les divers petits écrits destinés au peuple, auxquels il travaillait avec un si sincère désir de bien faire, n'eurent d'autre résultat que de faire hausser les épaules aux anciens amis, en faisant tomber sur le pauvre artiste cette terrible accusation de folie, qui suffit souvent d'explication au monde pour ce qu'il ne peut concevoir.

Il avait déjà vu pourtant de tristes conséquences de ses excès de zèle, sans comprendre encore la raison de son insuccès; non seulement tous ses efforts et ses prières ne pouvaient vaincre la répulsion causée par les appels adressés à tous ses bien-aimés au loin, mais la séparation morale entre lui, sa femme et ses filles, s'accentuait au lieu de s'effacer ; et la situation devenait si pénible qu'il commençait à envisager la nécessité d'une séparation momentanée, pour donner aux petites blessures le temps de se cicatriser.

Il y avait cette année-là, aux Eaux-Bonnes, un artiste du nom de Blanchard, ancien ami des Devéria, moins fermé que les autres aux idées religieuses. Aussi quelle joie pour lui de trouver enfin quelqu'un qui l'écoute sans le repousser, avec lequel il peut à la fois parler religion et art, parcourant avec lui la montagne, prenant les mêmes sites, épanchant ses préoccupations, ses espérances, ses chagrins ; quelqu'un surtout qui connaît tout son passé, devant lequel il n'a rien à dissimuler, et qui peut juger par lui-même du chemin qu'il a parcouru. Mais comme tout cela renouvelle le souvenir de l'ami, du confident de sa jeunesse !...

10 juillet 1848, Eaux-Bonnes. — «... O Seigneur, quand est-ce que le frère que j'ai offensé, chagriné, navré, consentira, sous l'influence de ta grâce, à me pardonner et à m'embrasser du fond du cœur? Quand demeurerons-nous ensemble comme Jacob et Esaü, dans le sentiment de nos torts respectifs, ne regardant plus à ceux de notre frère? Les temps sont en ta main, Seigneur, tu le sais. Oh! m'est-il permis de hâter de mes vœux ce jour béni qui ne peut avoir lieu sans que ta grâce ait touché ce cœur si rebelle? Pardonne, ô mon Dieu, si je désire une joie que tu ne veux peut-être pas que je goûte (1)..... »

16 juillet 48, Eaux-Bonnes. — « ... Hier, je suis allé à pied dîner aux Eaux-Chaudes, avec la femme et les enfants que je n'avait pas vus depuis plus de trois semaines. *Nous* (Blanchard et lui) sommes arrivés à six heures, et nous avons été reçus comme toujours, c'est-à-dire avec le sourire de la joie, qui se manifeste si volontiers sur les visages comme preuve des sentiments de cœurs pleins d'amour. C'est une joie souvent renouvelée dans ma vie et toujours charmante pour moi, quand j'aperçois ces trois ou quatre faces rieuses. Je sens qu'il y a pour tous, dans ce moment, un bonheur réel dans lequel il n'y a pas la moindre goutte d'amertume..... »

Sa femme et ses enfants étaient installés aux Eaux-Chaudes, où la vie était plus paisible et

---

(1) Bibliothèque de Pau. Vol. I, p. 327.

beaucoup moins coûteuse qu'aux Eaux-Bonnes. Lui, restait aux Eaux-Bonnes, et trouvait à s'y occuper en faisant une série de portraits qui ne réussissaient pas toujours à son gré.

12 juillet 48. — « ... Le portrait est commencé et l'on est content, de sorte que j'espère m'en tirer à leur satisfaction. Cela console et encourage ; non que je me dépite à ce point de la [mortification] de ma vanité, mais parce que je crains que des [échecs répétés] ne me ferment cette porte qui est la seule, maintenant, à laquelle je puisse frapper avec quelque peu de succès, quant au pain quotidien. Mais Dieu, qui veille sur ses enfants, me permet de réussir parfois, au goût des gens, afin que mes petits ne crient pas la faim sans avoir de quoi mettre sous la dent. Voici une des plus grandes humiliations, je trouve, pour les artistes ; c'est de voir que, malgré les bonnes chances qu'ils ont pu avoir, ils soient obligés de courir ainsi après un morceau de pain ; qu'ils ne puissent pas avoir le temps d'être malades, ou la possibilité de mourir, sans laisser derrière eux la misère et son accompagnement obligé, la honte d'un nom qui a fait un moment du bruit sur la terre ! Et cela pour n'avoir pas compris d'assez bonne heure les devoirs auxquels nous oblige notre part dans l'intelligence et les dons de la fortune. » . . . .
. . . .

« Oh ! chefs des nations, enseignez Christ et vous n'aurez plus de peuple paresseux, qui veut posséder quand même, parce que vous aurez des riches qui ne penseront qu'à l'œuvre du Seigneur, dans la personne des *petits* du monde, pour qui seront toutes leurs affections, comme membres souffrants du Christ. Oh ! dotez le pays d'institutions basées sur la sagesse et la justice des siècles. Prenez la grande religion des apôtres avec sa vie, sa sainteté, son amour, et vous aurez ce que vous désirez, et à quoi vous n'arriverez pas tant que vous vous servirez des mêmes éléments. On ne bâtit pas une bonne maison avec des pierres nitrées (à preuve la métropole d'Avignon). Les fondements de vos sociétés européennes sont pourris. Changez-les ; prenez Christ, et vous verrez des fruits que l'humanité ne connaît pas encore (1). »

12 août 48, Eaux-Bonnes. — « Non, non... le talent n'a pas été donné à l'homme pour le réjouir (2)... C'est une lumière qu'il porte au milieu du monde, mais qui s'éteint au souffle des passions désordonnées. Presque jamais les arts ne devancent la civilisation... ils la suivent en général, ils en sont comme le reflet... Ainsi l'art moderne né d'une civilisation dévergondée est dévergondé comme elle. Est-ce lui qui agit ? Non, c'est lui qui reçoit, il n'est que la *lune* des faits accomplis, jamais le *soleil*. L'art n'a jamais rien changé dans les mœurs, il en est la représentation. Seulement, comme un verre grossissant, il concentre les objets et hurle quand la société ne fait que crier... Les princes [vivent] dans l'adultère, un peu en cachette peut-être,

(1) Bibliothèque de Pau. Vol. 1 p. 514.
(2) Pour qu'il s'en amuse.

et Victor Hugo fait : *Le Roi s'amuse...* La société entière marche dans la boue des mauvaises mœurs, et les Dumas, les Eugène Sue, les F. Soulié, mettent la chose en romans.... Où voyez-vous là un soleil ? Ceci n'éclaire rien, mais concentre la lumière, je devrais dire, les ténèbres qui l'environnent. Or comme l'art n'est que la contre-épreuve des civilisations, quand le Seigneur dans sa colère châtie les peuples qui se sont éloignés de lui, et raccourcit leur temps, il entraîne dans la même ravine tous ces histrions qui n'ont fait qu'annoncer à la porte ce qui se passait dans la salle... C'est ainsi que sont morts jeunes encore tant de noms qui, commencés en 1824-25-26-27, sont endormis à l'Académie ou dans quelque coin ignoré... O péché ! que de mal tu fais à la terre ! Et les grands, et les illustres de ce monde ne le veulent pas croire ! Mais comment donc expliquer ce que nous voyons chaque jour !... Quelques fous honnêtes croient pouvoir changer le monde par l'art ! Hélas ! Souvenez-vous des leçons du passé et changez le monde pour que l'art se purifie. Que la vérité de Dieu, sa parole, sanctifie le monde, et l'art surgira honnête et pur. Mais ne mettons pas la charrue devant les bœufs. Les peuples et la civilisation d'abord, l'art ensuite. Il est l'historien : donnons-lui donc une belle histoire à écrire, et certes il ne faillira pas à sa tâche. Amen (1). »

C'était des Eaux-Bonnes qu'Eugène Devéria écrivait tout ce qui précède, soit qu'il continuât

(1) Bibliothèque de Pau. Vol. I.

la plume à la main quelque discussion entamée avec un ami, ou qu'il inscrivît les impressions suggérées par les événements d'un temps devenu historique. La saison s'écoulait cependant. Les étrangers se faisaient rares. La famille de l'artiste avait regagné la ville, et, sa série de portraits terminée, il se disposait à en faire autant. Il emportait dans son portefeuille, les aquarelles, fusains, études de toutes sortes, destinés aux hôtes que l'hiver amènerait à Pau ; mais, à cette heure, la ville, encore chaude en septembre, était absolument déserte ; on était encore en plein dans la morte saison. Ce n'était jamais sans un certain regret qu'Eugène Devéria quittait ces montagnes dans lesquelles il avait retrouvé la santé du corps et celle de l'âme, sans compter que c'était sans enthousiasme qu'il allait reprendre le collier de misère dans son triste intérieur. Il résolut donc de s'arrêter quelques jours à Laruns, gros village ou petite ville situé au pied des Eaux-Bonnes. Il faut avoir contemplé, du haut de la *Promenade Horizontale,* la vue qui s'étend du côté de la plaine, pour comprendre l'attraction exercée sur l'artiste par ces villages, ces hameaux pittoresques répandus dans la fertile vallée. Le Gave, ou torrent qui descend des Eaux-Chaudes, la traverse comme un ruban d'argent ; la grande croix brisée, dessinée par Laruns, se détache en gris sur la fraîche verdure, et lorsque le soleil jette sur tout cela son éclat à la fois chaud et doré, rien n'est lumineux et paisible comme ce paysage : au delà du premier plan formé par la vallée de Laruns, au fond du défilé qui mène à Louvie, par dessus les coteaux de Cévignac, on aperçoit l'horizon infini qui s'en va jusqu'aux Landes. Rien n'arrête le regard, les montagnes qui vous environnent se renvoient l'une à l'autre l'écho des cloches des villages, le silence est plein d'harmonie, et l'on éprouve les impressions recueillies et solennelles des hautes cimes, sans en avoir l'écrasement. M. Devéria se logea dans une petite chambre de l'auberge de Laruns, et là, en pleine nature, étudiant sur le vif les paysans, leurs mœurs, leurs types, il fut heureux quelques jours. Bien que la solitude fut pour lui toujours accompagnée d'une certaine amertume, Eugène Devéria éprouva en effet alors des jouissances artistiques très vives. Son génie vint le visiter et pour un instant il échappa à « l'affreux métier » auquel il ne se soumettait qu'avec une sorte d'humiliation. Nous retrouvons un souvenir de ces jours de détente morale dans les lignes suivantes extraites de son journal :

6 septembre 1848, Laruns. — « Crébillon a écrit :

» ... Et mon rêve a fini par un coup de tonnerre...

moi j'écris : *Ma séance* a fini par un coup de tonnerre, accompagné d'une pluie soignée. Comme je revenais sous quelques grosses gouttes, voyant Laruns dans un rideau de pluie et *Pon* (1) encore sec, je me suis dirigé sur ce dernier, qui était quasi sous ma main. Je suis entré au rez-de-chaussée chez des paysans, pauvres, je pense. Le rez-de-chaussée, dans ce pays et même dans l'auberge où je vis, sert d'écurie ; au premier, la salle commune avec lit, cuisine, etc... Or je suis resté longtemps au rez-de-chaussée chez mes paysans, croyant que la pluie allait finir. Mais voyant qu'elle durait toujours, je me suis décidé à monter au premier, sur l'invitation pressante des bonnes vieilles gens. J'ai reçu tant en haut qu'en bas une excellente leçon de peinture. Il y a longtemps que je n'avais vu quelque chose d'aussi saisissant comme art. Cette lueur d'orage, entrant dans de grandes salles par d'étroites ouvertures, donnait aux lumières étroites d'ailleurs une puissance incroyable. Les ombres étaient immenses, d'une obscurité veloutée délicieuse. Là pas de variété dans les chairs, clair et ombre, monochrome; mais quelle ampleur, quelle épaisseur, quelle suavité ! Pas de contours, pas de séparation entre le clair et l'ombre, tout ça passe de l'un à l'autre, d'une manière insensible. Je crois que j'ai assez fait fin. Je dois pouvoir faire plus épais sans me perdre. Les paysans s'applaudissaient de la pluie, et je m'en applaudissais aussi. J'ai vu là quelque chose qui vaut l'école vénitienne absente. Si je vis encore l'an prochain, j'accomplirai décidément autant

---

(1) Petit hameau tout près de Laruns.

que possible mon projet de vivre ici et d'aller aux Eaux-Bonnes comme accident. Il me semble qu'il y a progrès probable au milieu de cette nature puissante et dorée comme un Titien (1). »

7 septembre 1848. — « Le temps est à la pluie ; je retourne à la maison. J'ai fait depuis quatre heures jusqu'au dîner, un souvenir de ce que j'ai vu hier. C'est un dessin au fusain, sur gros papier gris. Je crois que c'est très bon ; jamais je n'avais pensé à cela. Il a fallu que le Seigneur me poussât vers ces cabanes, par une grosse pluie qui m'a barré le passage, pour me donner l'idée que j'ai heureusement exécutée aujourd'hui. Une bonté de plus ! Je crois qu'Il m'a ouvert une porte intellectuelle ; que son nom soit béni !... »

Revenu à Pau, en attendant le retour de sa fille Marie, en visite chez des amis, M. Devéria alla passer quelques jours chez M. Reclus, pasteur à Orthez. Il paraît avoir beaucoup joui de l'hospitalité de cet homme excellent, et rend compte ainsi qu'il suit d'un culte accompagné de la célébration de la Cène. Le temple était une pauvre ferme, l'assemblée se composait de quelques paysans, protestants disséminés dans ces campagnes :

16 octobre 1848, Orthez « ..... Nous entrâmes dans une grande salle basse où les instruments

---

(1) Bibliothèque de Pau, vol. I, page 616.

de travail rangés dans les coins, le long des murs délabrés, témoignaient de la rude [vie] des assistants. De grands bancs de bois grossier, quelques vieilles chaises, une table à pieds ornés et vernis sur une marche volante, tel était l'ameublement du temple où le nom du Seigneur allait être invoqué par des cœurs humbles et doux. Heureusement le Sauveur sait ce que c'est qu'une étable; Il sait ce que sont ces pauvres êtres qui travaillent aux champs, puisque ce sont eux qui les premiers ont baisé ses mains enfantines. La poule qui passait avec ses poussins ne déplaît pas à Celui qui est né entre le bœuf et l'âne.

« D'un côté étaient assis les hommes, de l'autre les femmes; aux deux bouts, une porte ouverte sans crainte des courants d'air; la table est placée entre la porte par laquelle entre le soleil, et une petite fenêtre où pénètre, à travers les feuilles, un rayon furtif, et derrière la table est l'ami, le frère qui va nous donner la nourriture de l'esprit en attendant que le Seigneur nous donne... la nourriture de l'âme.

« Jamais je n'ai rien éprouvé de pareil. Ce recueillement au milieu de la pauvreté, la simplicité de cette assistance, la parole ferme et sonore du pasteur, le chant monotone et affectueux de ces hommes sans étude, qui tous le savent par cœur, la prière onctueuse et évangélique de ce laboureur qui pleure en priant devant Dieu pour un membre de l'Eglise dans la souffrance, tout cela me pénètre de joie et d'amour; et quand est venu mon tour de prier pour tous, j'ai prié avec bonheur; j'ai pleuré, je crois que je n'ai pas pleuré seul. Je ne sais ce que j'ai dit, mais je suis sûr que Dieu l'a entendu, car certainement le Seigneur était là et tous paraissaient le savoir.... »

Lettre à Achille.

Pau, 22 octobre 1848.

« Il y avait plusieurs jours, cher ami, que je me disais que c'était bien stupide, des frères ne s'écrivant jamais, et je me proposais, en le remettant toujours à demain, de t'écrire n'importe quoi ou comment pour t'engager à reprendre quelque peu de correspondance, afin de n'être plus l'un à l'autre les plus étrangers des habitants de France et de Navarre. Aussi ai-je été bien content de recevoir une lettre de toi où tu consentisses à causer avec moi comme au temps où j'étais un vaurien. Je t'en remercie..... Il me semble, comme tu le dis, que, quand des frères prennent la plume, hommes de peu de loisir d'ailleurs, mais cependant d'intelligence, ce devrait être pour se communiquer ces pensées, ces observations, etc., qui font la base de la conversation intime; et, disons-le, les sujets ne manquent pas dans les jours quelque peu rudes que nous traversons. Quand je reçois une lettre de ceux que j'aime où sont traitées les questions importantes, du beau temps, de la mort du petit chien, etc... il me semble que, pour me consoler de l'absence de quelqu'un qui m'est précieux, on m'offre son chapeau ou sa canne, sa robe ou son ombrelle, ce qui, je l'avoue, ne satisfait

(1) Bibliothèque de Pau. Vol II, p 101.

pas aux exigences de mon affection altérée. Aussi j'ai tout lieu de me réjouir de ma correspondance avec Théodule; il y a là du pittoresque; tout nous est bon. Quand il me trouve trop bête, il en est quitte pour me le dire, mais au moins nous nous touchons par l'intelligence, et souvent par le cœur, malgré nos petites chicanes, ou du moins *ses* petites chicanes, car pour moi je lui reconnais le droit de tout dire; tout m'est bon de mon frère, et si celui pour qui sont ces lignes, veut être assez gentil pour m'ouvrir un livre depuis longtemps fermé pour moi, celui de son cœur, où je savais si bien lire quand je commençais ma carrière, mes pas suivant ses pas, je m'en réjouirais fort, aujourd'hui que le temps me manque pour lire les livres imprimés. Tu trouveras que c'est ici de la sentimentalité absurde, mais quoi ? n'as-tu pas besoin parfois de dire à d'autres certains sentiments qui te gênent, pourquoi donc ne pas me les communiquer, surtout quand ils me regardent ?..... Une preuve entre autres..... P. G. me raconte, aux Eaux-Bonnes, l'histoire de ton cœur que tu lui as montré tout entier, au point qu'elle me disait ce que je sais bien, hélas.... que tu m'aimes plus que je ne t'aime. Hé bien, n'y avait-il pas là sujet à lettres entre deux frères qui devraient s'aimer, toi parce que tu m'as été père et que les pères aiment leurs enfants en raison de la peine qu'ils leur ont donné, moi parce que, malgré ma forme brutale, je me plais à déplorer les circonstances qui nous ont séparés de cœur plus que de corps. Tu crains les reproches que tu serais obligé de m'adresser, et qu'est-ce à dire? mieux vaut me les faire et guérir ton cœur, que les faire à d'autres et garder le sentiment douloureux de tes blessures.

« Mais tu diras, ou tu répéteras, que tu ne peux causer avec un imbécile de ma sorte, que mon langage puritain t'ennuie... etc. Qu'est-ce que tout cela veut dire? C'est de l'enfantillage. On prend ses amis comme ils sont, ses enfants surtout, et on les aime tels. Pourquoi s'imposer un texte de conversation? Moi je t'aime, moins ton incrédulité que je ne t'empêche pas de manifester à ton aise. Aime-moi donc avec ma foi au Sauveur et laisse-moi me réjouir en Lui du pain quotidien qu'Il nous donne à tous. Où tu verras d'heureux hasards, je verrai moi des bénédictions providentielles... tu en seras quitte pour me trouver ridicule, et moi je déplorerai devant le Seigneur l'ingratitude de celui qui, aimant tant de gens qui ne valent pas grand'chose et pour qui il a tout fait, n'aime pas le Père qui le garde tous les jours de sa vie. Où sera le mal? Après tout cela, peut-être ferons-nous un pas chacun et serons-nous tout étonnés d'avoir pu si longtemps nous tenir loin l'un de l'autre, quand il nous eût été si doux de nous rapprocher. Voici, la République, que Dieu garde et bénisse, nous mettra dans peu de temps les lettres à bon marché; crois-moi, soyons de ceux qui lui prouveront les premiers qu'il y aura bénéfice pour l'administration à ouvrir la porte aux communications entre le monde.....

» Le livre de Dieu dit au Psaume CXXXIII: » *Oh! que c'est une chose douce que les frères s'entretiennent ensemble!* » Serait-il possible que ces belles et saintes paroles, pour être tirées du livre de Dieu, ne puissent trouver grâce devant toi? J'espère que tu retrouveras dans ton cœur de 48 ans « quelques restes assoupis de cette antique flamme » qui l'embrasait pour moi, pauvre indigne de tant d'amour. Qui sait si tu iras jusqu'à la fin de cette lettre? Je la vois au feu avant d'être lue, la supposant stupide parce qu'elle ose prononcer le nom de Dieu : mais qu'importe? Il est de mon devoir d'aller jusqu'au bout et de la livrer au sort qui l'attend.

Il me reste donc à répondre à ta dernière phrase relative à ma prospérité. Je la trouve suffisante quant à moi ; le Seigneur nous donne chaque jour le pain quotidien, auquel nous bornons nos prières, et, n'étaient les longues et persévérantes souffrances de la pauvre femme, nous n'aurions qu'à louer Celui qui nous garde, au milieu de tant de troubles douloureux, ou tout au moins inquiétants pour tant de monde.

« Jusqu'ici nous n'avons encore eu aucun moment bien difficile, mais notre espérance est basée [pour l'avenir] sur les promesses de Celui qui nous dit « *qu'à chaque jour suffit sa peine* » et que « *demain prendra soin de ce qui le regarde* ». Une seule chose me vexe, c'est probablement, outre l'obligation de travailler beaucoup pour la marmite, de ne pouvoir rien vendre pour m'acquitter envers ma sœur... Si les portes se ferment en France, il me reste autre chose, et il y aura [sans doute] bientôt [nécessité] à aller à l'étranger, ce que notre paresse à quitter le coin du feu nous a fait ajourner jusqu'à ces jours mauvais. Je crois que j'ai maintenant assez de connaissance pour espérer un heureux résultat du départ pour l'an prochain. Tu vois, cher ami, que je pense aux choses de la terre, quoique sous cette condition que nous recommande saint Jacques : « *Si le Seigneur le permet.* » Or je crois que non seulement Il le permettra si nous vivons d'ici là, mais qu'Il l'*ordonnera*. Que sa sainte volonté soit faite..... Je vais rouvrir mon atelier (atelier de demoiselles) qui me donnera peut-être, comme l'an passé, le courant, et je travaillerai intercalairement à des tableaux en train, petits et grands. Je collectionne aussi les dessins, sépias, etc., pour le jour de la vente qui reviendra, je pense, avec l'affermissement de notre pauvre République qui semble avoir tant de peine à établir sa constitution.

« J'espère que ton Théodule fait des progrès dans la pratique du métier. Lui fais-tu essayer du petit tableau qui est un si bon moyen pour les jeunes gens, il me semble ? Amitiés à tous ceux qui t'entourent, femme, sœur et mioches, qui doivent tous pousser à la sauterelle. Que la paix de Dieu soit sur toi et les tiens, au saint nom de Christ par l'efficace de l'Esprit. Amen.

» Ton frère,
» Eug. Devéria (1). »

(1) Bibliothèque de Pau. Vol. II.
Le chagrin qui rendait Achille Devéria silencieux, vis-à-vis de son frère, ne l'empêchait pas d'élever ses enfants dans le respect de leur oncle et de ses croyances. Voici quelques lignes de deux lettres adressées par lui à un de ses neveux, que nous citerons avec plaisir :
— « Cher ami, tu dois aller voir ton oncle Eugène, et tu fais bien. Toutefois, il est bon que tu saches plusieurs choses : il n'est pas à Avignon, mais à Pau en Béarn, d'où il va parfois aux Eaux-Bonnes qui n'en sont pas loin. En second lieu, mon frère, meilleur si c'est possible qu'autrefois, n'est pas le même homme que tu as connu. Depuis la maladie où il a manqué laisser ses os, toutes ses méditations se sont tournées vers la

24 octobre 1848 — «... Seigneur, qui vois au fond des cœurs et qui les incline selon ta volonté, ouvre tous ces cœurs de pierre à la douceur de ta vérité, et si ton pauvre serviteur est incapable de faire l'œuvre à laquelle il semble que tu le pousses, oh! envoie de meilleurs ouvriers dans ton champ, ou donne-moi par ta grâce ces accents qui amollissent les cœurs et les rendent à leur destinée, qui est de t'aimer, de t'adorer, de te servir dans un excellent esprit d'amour et de liberté (1) ..... »

25 octobre 1848. — «... Je veux tout ce que tu voudras, mon Dieu ! donne-moi seulement pour ces chers êtres, chair de ma chair et os de mes os, des paroles qui ne les découragent pas et ne les repoussent pas, comme, hélas ! il m'est déjà arrivé de le faire, et qu'ainsi, mon Dieu, ton nom soit glorifié dans ma famille... et ne permets pas que je désespère tant que la prière me reste ...»

29 octobre 1848. — « ... En sortant du culte, j'ai touché la main à Henri de Triqueti qui vient

religion. Notre catholicisme n'a pas satisfait son esprit. Il suit la foi protestante purement évangélique. La Bible est sa lecture habituelle, et la pratique de sa religion lui paraît si nécessaire qu'il fait ostensiblement sa prière en se mettant à table et en en sortant. Tu es un garçon assez sensé pour que je n'aie pas besoin de te recommander de respecter les mœurs quelconques de l'homme dont tu serais l'hôte. »

Et à la fin d'une seconde lettre Achille Devéria ajoute :

«..... Ceci... est un avertissement de la position dans laquelle tu vas te trouver auprès de ton oncle, dont l'affection me paraît une chose aussi désirable que quoi que ce soit au monde.
                                  « Achille Devéria ».

(1) Bibliothèque de Pau. vol II. Suivant immédiatement la citation précédente.

passer l'hiver avec nous... Je suis fort aise de me retrouver avec un des hommes de notre époque qui ait le plus de talent et de goût. C'est une chose rare dans notre petite ville et ce me sera surtout agréable, je le présume au moins, puisque notre connaissance s'est refaite au temple, ce qui lui a fait dire (nous étions jadis catholiques et libertins) : « Quelle chose étrange de nous retrouver dans cette ville et *ici!* » Oui, quand le Seigneur le veut Il fait des choses qui surpassent l'entendement. [Il nous a faits] tous deux passer par les mêmes voies, de l'incrédulité à la foi. Henri de Triqueti a fait les belles parties de la Madeleine, moi la décoration de la métropole d'Avignon, et nous voici tous deux dans une communion iconoclaste (1) ... »

(1) Après la mort d'Eugène Devéria, M. de Triqueti dans une conférence adressée à des jeunes gens, parla de lui dans des termes que nous aimons à placer à côté des lignes que M. Devéria lui consacre.

« J'ai connu intimement Eugène Devéria... A mon début dans les études de l'art, je l'ai rencontré ; nous avons longtemps, fréquemment travaillé ensemble. Il était doué d'une facilité remarquable, et je me souviens encore combien j'enviais cette précieuse faculté qui lui permettait de faire en un jour ce qui me coûtait une semaine. Mais si l'on pouvait lui envier ses dons naturels, il eût été impossible d'être jaloux de ses succès tant il était bon, aimable, inoffensif. En outre, son étonnante rapidité dans ses études ne lui donnait point l'envie de perdre son temps. Il travaillait bien, et travaillait constamment. Qu'en arriva-t-il ? qu'à vingt-deux ans, il fit un tableau tellement remarquable qu'il fut acheté par le gouvernement et placé au Luxembourg, où vous pouvez le voir encore. Ce tableau est exécuté avec la science consommée d'un peintre arrivé à la perfection de son talent. Quoique ce fût son premier ouvrage, il en peignit chaque figure au premier coup, sans y rien corriger, tandis qu'il nous arrive sans cesse de recommencer, trois fois, six fois, dix fois, et de n'être pas content au bout. Je me souviens encore de l'avoir trouvé triste et préoccupé un matin. Il avait peint la veille la tête de Jeanne d'Albret, mère d'Henri IV ; sur le beau visage de la jeune femme, il avait voulu représenter à la fois la souffrance et la joie d'avoir un fils. Il était mécontent de son travail,

9 novembre 1848. — « Aujourd'hui j'ai usé quelques-uns de mes moments de la matinée chez mon pauvre ami R,.... qui a perdu son plus jeune enfant, hier à 10 heures du soir. Je retardais à aller chez lui dans ces circonstances si pénibles, où la voix de l'homme est si peu faite

il l'effaça et le remplaça en peu d'heures par celui qu'on voit aujourd'hui. C'est le seul changement qu'ait subi le premier jet de sa pensée, la première touche de son pinceau.

« Ce début extraordinaire d'un jeune homme plein d'énergie, d'ardeur, d'amour de son art, annonçait la plus brillante carrière. Doué, en outre, d'avantages physiques remarquables, d'un caractère facile et aimable, nous lui présagions tous la plus rapide fortune et tous les honneurs que le talent peut donner dans le monde ; mais il avait bien des écueils à craindre ; c'étaient ceux que le succès fait naître, les plaisirs, les distractions, les entraînements qui ne manquent jamais dans la carrière dangereuse des artistes.... Au milieu de sa vie, dans la force de son talent, Devéria fut atteint d'une maladie d'épuisement qui le força de suspendre ses travaux et d'aller chercher dans l'air et les eaux des Pyrénées un rétablissement douteux. Il y trouva plus qu'il n'avait demandé : la santé de l'âme et celle du corps. Il lut et médita l'Évangile et devint protestant. Il se mit à étudier la Bible avec la ferveur d'un pasteur, à pratiquer la charité avec l'amour d'un disciple de Christ, à enseigner l'Évangile avec la persévérance d'un apôtre.

« Comme lui, quelques années plus tard, je dus aller demander au doux climat de la ville de Pau la guérison d'une maladie bien grave, et j'y retrouvai mon ancien ami. Il s'était complètement retiré du monde bruyant où il avait passé sa jeunesse..... dans son atelier, à côté de son chevalet, sa Bible était constamment ouverte. Il la méditait sans cesse et s'y formait à la prédication et à la prière afin d'être toujours prêt à suppléer le pasteur, ou à expliquer l'Écriture aux enfants : il est devenu ainsi l'instrument de toute une génération qui suivait avec respect sa parole..... Je l'avais laissé dans Paris, artiste jeune et fier, brillant et recherché, pensant beaucoup à la gloire du monde, je le retrouvais humble et modeste..... toujours laborieux, toujours énergique, mais dirigeant son travail et son énergie vers ce but qui ne périt point..... Il poursuivit sa laborieuse existence sans relâche et sans repos, jusqu'au bout, y trouvant chaque jour un intérêt et un bonheur plus grand. Il travailla ainsi jusqu'à sa dernière heure, qui sonna pour lui lorsqu'il était encore dans toute sa force..... C'est parce que je l'ai vu et admiré à la tâche que je vous dis avec douleur et confiance : Il vient de mourir un ouvrier selon Dieu !... — (*Les ouvriers selon Dieu, et leurs œuvres*, par Henri de Triqueti, 11ᵉ série, 1866.)

pour accomplir l'œuvre de la consolation. Mais j'ai su que sa fille se mettait au lit de la même maladie et je suis allé pleurer avec lui. Il a été admirablement soutenu par sa foi. Puissè-je trouver dans la mienne au jour de l'amertume toute la force dont il jouit. Il est venu livrer son cher enfant à la terre; ses cendres ont été mêlées à celle du père de M. R..... qui s'appelait Joseph comme son petit-fils. Il a tout regardé avec fermeté, et nous a ramenés au pas accéléré chez lui, où le rappelait sans doute la pensée qui lui faisait dire le matin : Nous ne sommes qu'au commencement! Depuis ce temps il se soutient au milieu de ses rudes inquiétudes et le nom de Christ est glorifié.....

« Je reviens de la prière, et en arrivant j'apprends que la petite fille va mieux. Le Seigneur, espérons-le, aura pitié des pauvres amis et ne leur donnera pas douleur sur douleur en voyant avec quelle soumission ils acceptent le rude coup dont Il les a frappés. Espérons et souvenons-nous que la porte reste toujours ouverte à la prière, qui va de bas en haut et retombe du ciel sur nous, en bénédiction de force, de patience, de paix, de joie par l'efficace du Saint-Esprit... (1) »

On se souvient qu'Eugène Devéria avait un frère aîné, Théodule, qui, après s'être embarqué comme marin, s'était établi aux Indes et s'y était marié. Son fils aîné, nommé aussi Théodule, d'abord accueilli dans la famille de M. Achille Devéria, se vit ensuite comme adopté par son

(1) Bibliothèque de Pau. V. II. à la suite.

oncle Eugène, après la mort de sa grand'-mère. Il faisait partie, de cette « chère compagnie » dont le pauvre artiste parlait si souvent dans son journal. C'est avec ce frère des Indes que M. Eugène Devéria correspondit le plus souvent et le plus longtemps. Prenant au sérieux le ton ironique et railleur des réponses qui lui venaient d'outre-mer, il se donnait la peine de reprendre point par point, avec une persévérance et une patience infatigables, les moqueries dont le criblait ce frère, pour qui ses croyances les plus chères n'étaient que des billevesées. Eugène Devéria le traitait d'incrédule. C'était lui faire beaucoup d'honneur. L'incrédulité, digne de ce nom, suppose un certain fond de recherche et d'intérêt pour les hautes questions discutées. L'esprit qui domine dans les lettres du frère Théodule est, nous regrettons de le dire, absolument cynique, et bien que le silence d'Achille fût très douloureux, il prouvait cent fois plus de respect pour les opinions de son frère que les missives prolixes de Théodule. Eugène Devéria perdait ses peines ; il fut long à s'en apercevoir ; reconnaissant de ce qu'au moins celui-ci lisait ses lettres jusqu'au bout, il multipliait ses efforts sans se lasser.

Lettre à Théodule.

... « Ceci me ramène à Chaumont ; tu l'as connu

joyeux compère, comme vous disiez ; eh bien ! il a été aussi converti par l'esprit du Seigneur... il a été amené à Christ par la parole de F. Chalmers, ministre écossais, qui a fondé la liberté de l'Église écossaise, et, chose étrange, c'est un livre de ce même Chalmers qui a levé tous mes doutes sur l'authenticité divine des saintes Écritures.

« ... Pascal avait déjà beaucoup fait en moi, mais quand j'eus lu Chalmers, je m'avouai que sans la plus insigne mauvaise foi je ne pouvais plus repousser la vérité de l'inspiration du livre sacré. Pascal ! Newton ! voilà des esprits carrés ! Deux grands mathématiciens, deux esprits profonds, et pourtant ils ont cru que « *Dieu a tant aimé le monde qu'il a donné son Fils unique au monde afin que le monde fût sauvé par lui* ».

« Tu as pour toi Volney, Voltaire, et Rousseau et Parny, et Béranger sans doute ; j'ai pour moi les deux ci-dessus nommés... même saint Vincent de Paul... Une chose me plaît dans la comparaison. Ceux-ci ont vécu et sont morts dans la sainteté, ceux-là ont vécu dans le péché et sont morts dans le désespoir. Je reste avec ceux-ci.

« Mes filles seraient fort embarrassées pour t'écrire, cher ami. Elles n'ont pas été habituées à se considérer comme de la famille. Jamais elles n'ont eu de rapports avec notre mère, ni avec Achille. Ma sœur (Désirée) est pour elles une amie de la maison, plutôt qu'une tante, de sorte que tu dois comprendre combien il leur serait difficile de causer avec des hommes qu'elles ne connaissent pas. Tout ceci est fruit de mon [triste] passé. Qu'y faire? se soumettre... Les jours viendront peut-être où les barrières tomberont et permettront une correspondance qui d'ici là serait trop incomplète pour valoir la peine d'être mise en train. Je suis habitué à me considérer comme seul devant ma famille. Le Seigneur fait bien ce qu'il fait. Le châtiment à qui pèche... »

8 janvier 1849. — « ... Il est vraiment déplorable qu'une vie soit usée, comme la mienne, à ne presque rien faire, à cause de la nécessité de gagner le pain de chaque jour par un moyen aussi ridicule que celui de cet atelier. C'est ici la meilleure preuve de l'obligation où je suis de partir pour un pays quelconque où, je puisse vivre en produisant quelque chose de meilleur. Si ma vie était remplie ici par du travail véritable, et que j'y fusse à même de gagner de quoi acquitter toutes mes dettes de cœur et d'argent, je ne verrais pas la nécessité pour accroître un bien-être bien suffisant, de quitter ma famille et l'influence que j'y puis avoir. Mais je ne puis suffire aux choses qui sont d'obligation pour ma conscience en restant ici, et de plus je ne suis bon à rien à ceux qui dépendent de moi, quant aux conseils; à peine osé-je croire que mon exemple leur soit de quelque utilité. Ma femme accepte sans se plaindre, mais aussi, je pense, sans plaisir, mes instructions religieuses. Ma fille aînée (sa nièce), est plus influencée par des étrangers que par moi, dans la voie que nous suivons ensemble, et ma fille Mary n'a avec moi aucun point de contact religieux, moral ou instructif, les directeurs à robe noire étant tout pour elle. Il n'y a que sous le rapport du dessin que je puis la servir, et je regrette dans ce cas de la quitter avant qu'elle soit plus ferme dans la science. Mais je pourrai encore veiller sur elle de loin. Elle m'a laissé la direction de son esprit. S'il était vraiment possible de tenir la position en restant dans ma famille mal organisée, je supporterais sans me plaindre les suites de mon péché. Mais il n'est vraiment pas convenable, quand il y a tant de portes ouvertes, de rester dans cette belle patrie où il est si difficile de [joindre] les deux bouts (1) ..... »

11 janvier 1849. — « Les journaux contiennent une lettre de M. Louis Napoléon au ministre de l'Intérieur. Ceux qui ont voté pour lui dans l'intention de faire cesser la République doivent se frotter les mains en présence de manières aussi *Louis Quatorzième*. Je conçois que M. de Malleville et mon honnête camarade Bixio n'aient point voulu gouverner sous un despote pareil. Si le peuple persévère dans son admiration pour le fils... de la reine Hortense, malheur à nous (2)... »

Dans ses efforts pour établir dans sa famille une union réelle, M. Devéria avait institué chez lui le culte de famille ; et il semble qu'en effet, autour de la parole de Dieu et dans la prière, toutes les dissensions dussent être oubliées, car Eugène Devéria ne faisait jamais de polémique (3). Mais

---

(1) Bibliothèque de Pau. Vol. II, p. 398.
(2) Bibliothèque de Pau. Vol. II. p. 408.
(3) Il cherchait à amener les siens à la foi chrétienne, plus qu'au protestantisme, et sa femme et sa fille *catholiques* si elles avaient

soit par l'indifférence des unes ou l'hostilité cachée de l'autre, ce qui aurait dû faire la joie du père de famille faisait son tourment. En vain, jour après jour, venait-il au milieu de celles qu'il appelait « *ses aimées* » verser tout son cœur devant Dieu et l'implorer pour le pardon de tous. Peut-être était-ce justement, hélas, la confession qu'il faisait de fautes que personne ne voulait avoir commises, qui fermait les cœurs au lieu de les ouvrir. Marie même, cette fille qui devait à son père plus qu'elle ne le savait elle-même (1), par un manque d'égards inexcusable, avait pris l'habitude de travailler pendant la lecture de la parole de Dieu, et l'explication qui la suivait. Était-elle poussée par sa propre indifférence ou obéissait-elle à un conseil donné par « ces directeurs à robe noire » qui l'avaient si bien « prise » ? Toujours est-il que cette conduite amena une crise décisive dans cet humble intérieur ; nous en laisserons le récit à M. Devéria :

Janvier 1849. — « Plusieurs fois dans mes instructions ou dans la prière, j'avais fait une allusion indirecte à ce manque de conscience dans

voulu le suivre sur le terrain qui leur était commun, se seraient rencontrées avec lui, comme plus tard sa belle-sœur, M⁰ᵉ Achille Devéria, dans une intimité, qui lui eût suffi.
(1) Cependant Marie avait plus de dix ans lorsque le mariage de M. Devéria le mit en possession de ses droits de père. Intelligente comme elle l'était, elle devait se souvenir et comprendre, et l'on reste confondu devant tant de froideur.

une œuvre importante, mais tout fut inutile, et lundi, lorsque j'allais lire la Parole, cherchant à me recueillir avant de commencer, pendant que je demandais au Seigneur de nous donner des cœurs bien préparés, mon malheureux œil s'arrêta sur Mary continuant son travail (une chaîne de soie) sans donner la moindre attention à ce que je faisais. Une petite objection me fut arrachée. « Si Mary était à l'église, je ne pense pas qu'elle continuât son travail pendant la prière. » Je crus que j'avais fini. Mais... quand vint la prière, mon cœur, gonflé de pensées amères, accumulées pendant de longs jours, éclata devant le Seigneur. Je lui demandai de me rendre celle qu'on m'avait dérobée, je confessai mon péché pour lequel il me châtiait. Je pleurai devant lui sur la dureté de ce cœur qui ne pouvait se décider à recevoir Christ dans sa simplicité. Je dis tout ce que me suggéra Celui qui nous donne tout, larmes, soupirs, prières, et quand je me relevai avec l'intention d'embrasser mes trois aimées dont j'avais entendu les pleurs sans les distinguer, ma femme se détourna pour s'en aller chez ses filles... Le moment était mal choisi pour une conversation ; je les laissai et m'en allai travailler dans mon atelier. Aucune parole n'a été échangée, quoique je n'aie pas fait hier un culte auquel je renonce, puisqu'il produit, après trois ans de si effrayants paroxysmes de douleur, et j'attends encore, de l'une des trois, un mot... Pourquoi faire ? Je sais à peu près ce qui se passe en chacune d'elles ; quel besoin de parler pour rentrer peut-être dans des conversations douloureuses ? J'ai persévéré trois ans. Je n'ai dit, en trois ans, que ce qui m'a été dit par les hommes et par la parole de Dieu pour me convaincre ; tout a été inutile. Il me reste la prière. Évidemment je n'ai pas ce qu'il faut pour parler aux inconvertis absolus. A qui veux-tu que je parle, Seigneur ?... Ou plutôt ne ferai-je pas mieux de me taire ?... »

25 janvier 1849. — « Personne n'a encore parlé de la suppression du culte de famille. Pas même C. pendant notre retour d'hier soir. Chacun a peur d'aborder une question où il sent de l'amertume. Quant à moi, je n'en parlerai pas le premier. C'est là une de ces occasions où il faudrait que notre parole fût « *accompagnée de grâce*, » et j'ai trop d'amertume au cœur pour croire à la possibilité de l'injonction de l'Apôtre. Je pense livrer pour samedi les trois dessins et tableaux qui nous feront vivre pour quelque temps. Ah ! je pense que justement demain à 8 heures je dois aller chez M. Begué, le marchand de toile, pour apprendre comment lui faire un dessin. Il n'y a pas de petite affaire par le temps qui court (1). »

Le pauvre artiste semble avoir traversé alors des temps difficiles. Le cœur meurtri par le manque de respect et de sympathie qu'il trouvait chez celles-là mêmes auxquelles il avait sacrifié sa gloire et son bonheur, il lui fallait se livrer, pour subvenir à la vie matérielle, à des travaux aussi répugnants à ses goûts que peu profitables.

(1) Bibliothèque de Pau. Vol. II.

Cet atelier composé d'élèves absolument commençants, payant peu et prenant le plus clair de son temps, les dessins, aquarelles, portraits que les étrangers achetaient et commandaient facilement et qui ne rentraient guère dans son genre, voilà ce qui absorbait ses forces et continuait à miner sourdement ce talent qui avait fait concevoir de si brillantes espérances. Cependant il ne faillit jamais à son devoir, et pour que sa famille ne manquât de rien, il accepta même les travaux les plus humbles, et nous l'avons vu faire allusion, plus haut, à un de ceux-là. Un des grands fabricants de toile du Béarn lui avait commandé un dessin pour une nappe. Non seulement il mit tous ses soins à cette composition, qui fut d'une rare élégance (elle représentait une chasse à l'ours entourée de riches rinceaux dans lesquels les armes de la vallée d'Ossau, étaient enlacées,) mais l'artiste, qui avait entendu un moment Paris tout entier célébrer son triomphe, dut, faisant l'ouvrage d'un ouvrier, préparer ce dessin pour le tissage, au moyen d'un long et fastidieux travail, dans lequel il se faisait aider par ses filles, et qui le laissa harassé de corps et d'esprit. Le profit était si mince et le temps employé si considérable qu'il renonça à ce genre de travaux, et fit bien.

29 janvier 1849. — « Je vais me mettre à

travailler espérant que jour à jour et moment à moment, le Seigneur me donnera force, soumission, patience et persévérance pour surmonter les milles petites difficultés de ma vie de portraiteur (1)...... »

« *6 février 1849*. — A quatre heures, je suis allé me promener au Parc. C'était un coucher de soleil, le spectacle le plus admirable qu'on pût voir... Tout cela me semblait plus beau que jamais, et ce n'était pas sans une certaine tristesse que mon esprit se reportait au jour, qui s'approche, où je ne pourrai plus entendre mes deux chères filles, leur bras sur mon bras, admirer ce splendide spectacle. J'avais grande envie de pleurer, et en ce moment où j'écris il ne faudrait pas grand'chose pour me mettre les larmes aux yeux... et cependant il est bon que je m'en aille : tant que je serai ici je serai assiégé de pensées mauvaises. Il y a une infinité de causes de trouble pour mon âme. De loin, tous ces nuages disparaîtront et je ne verrai plus que les chères aimées sans autre idée attristante que d'être éloigné les uns des autres pour quelques jours plus ou moins longs. Le Seigneur semble préparer les voies pour le départ ; il me semble qu'il me pousse « loin de mon pays et de ma parenté » vers un inconnu où sa main me gardera comme ici, où je serai plus près de lui, où je goûterai mieux sa communion loin des pensées... qui m'éloignent de lui. »

---

(1) Bibliothèque de Pau. Vol. II.

15 février 1849. — « Quand je pense que ma pauvre fille Mary est victime de ces faux chrétiens auxquels on donne toute croyance, alors ma tristesse spirituelle est prête à se changer en angoisse. Heureusement l'espérance me reste, et j'ai peine à croire que le Seigneur, qui m'a sauvé de l'abîme du péché, où il m'a pris « *à main forte et à bras étendu,* » ne fasse pas pénétrer un rayon de sa lumière dans les ténèbres de la pauvre enfant, pour l'arracher à cette œuvre de péché, la confession, qui me fait trembler surtout au moment où je crois m'éloigner pour longtemps. Ce n'est pas que j'espère rien de sa confiance en cas de malheur. Ces gens-là savent trop bien fermer la bouche et le cœur de leurs victimes pour que rien n'en transpire, mais enfin j'aurai, tant que je suis ici, une espèce d'inspection, au lieu qu'une fois absent... Que le Seigneur me garde de ce que je crains, et puisse la lumière se faire dans ce cœur avant que le péché y jette ses lueurs funèbres. Oh! si je pouvais lui tout dire, pour l'arrêter sur le bord du précipice. Mais, hélas! elle ne me croirait pas et se hérisserait de toutes ses répulsions, pour rire de l'amour du seul homme au monde qui aime son âme et pleure sur elle. Que de preuves n'en ai-je pas eu, pendant les trois ans de déboire, auxquels j'ai mis un terme ces temps derniers, sans que personne m'en ait ouvert la bouche, non pas même ma fille aînée! O Dieu! que tu châties bien ceux que tu aimes! Que j'ai bien mérité ce que tu me donnes, et que je te trouve juste quand tu juges (1) !... »

(1) Bibliothèque de Pau. Vol. II.

18 février. — « O Dieu ! exauce ma prière, pour ma femme, ma fille et tous ces amis dont je joins les noms au leur dans les moments où je pleure et prie devant toi... »

26 février 1849. — « Aujourd'hui, à la sollicitation d'amis de ma femme, j'ai consenti à ce que Mary devînt maîtresse de dessin chez Mlle Bernet ; ce que j'avais refusé il y a quelque deux ans... j'aurais voulu que Mary fût encore un peu plus forte ; mais les élèves vieillissent si peu dans cette pension que la classe de dessin est toujours très commençante. Ainsi soit faite la volonté de Dieu, j'espère ; c'est, quant à présent une bénédiction temporelle. C'est du pain pour la chère enfant, mais l'avenir nous dira si c'est une bénédiction spirituelle. J'ai pleuré devant le Seigneur, en pensant à la force que cela pourrait donner à la puissance qui la mène déjà dans des voies éloignées du Christ. Puissent mes prévisions ne pas se réaliser par trop. J'espère que la prière fervente la gardera des pièges du malin, et qu'un jour je pourrai encore la voir se rapprocher des voies véritables de la vie éternelle. Que le Seigneur nous bénisse (1). »

2 avril 1849. — « Ma Mary a aujourd'hui 18 ans. Je voudrais bien savoir si elle est encore enfant..... ou si elle est sérieuse ; c'est un problème qui me paraît insoluble, et pourtant il y a là de bien graves questions d'avenir pour elle et pour moi, sans compter, hélas ! le présent. J'ai passé la journée hier à peindre à mon grand

(1) Bibliothèque de Pau. Vol. II.

tableau. Ce sera plus long que je ne comptais ; à mesure que les détails se présentent, cela se ralentit. J'ai travaillé avec Mary sans trouble d'élèves, c'est bien bon ! je sens que la vie sans ce trouble, peu profitable, serait bien plus agréable. Pourtant, Seigneur, si tu ne juges pas convenable qu'il en soit autrement, je ne veux pas me plaindre. Il y en a tant d'autres qui voudraient avoir ce trouble ; et puis il y a ici un reste d'amour pour la gloire qui vient des hommes. En effet, pas d'atelier, pas d'élèves, je ferais de la peinture me rapportant de l'honneur et peut-être de l'argent, tout au moins du plaisir. Donc je ne suis pas content de mon lot, je veux autre chose que ce que le Seigneur me donne (1). »

7 avril 1849. — « Ce soir à dîner nous avons parlé poésie à propos du *Prisonnier de Chillon*. J'en ai régalé la société à haute voix, après le dîner, au grand succès de l'Immortel. Mary a pleuré. Quant à moi, c'était aussi neuf pour mon âme qu'au premier jour. J'en ai joui comme un jeune homme. De quelle puissance cet homme était doué et pourtant qu'est devenue son âme ? Est-il possible que Dieu juge ces hommes étonnants comme nous, pauvres nains ? Napoléon, Byron, Cromwell, serez-vous pesés à la même balance que ces pauvres hères, mendiant un peu de gloire au monde qui passa sans les voir ? Ne serez-vous, dépouillés de vos auréoles terrestres, que de pauvres âmes d'autant

(1) Bibliothèque de Pau. Vol. II, p. 685.

plus pécheresses et coupables qu'il vous aura été plus confié ? O Seigneur, aie pitié ! ! ! (1) »

22 avril 1849. — « Je veux profiter de ce que l'amour de Dieu m'a protégé jusqu'à ce jour, pour jeter un coup d'œil sur ma vie si mal faite, et initier à cette connaissance ceux qui y ont quelque intérêt, soit enfants, neveux, amis... le monde même auquel appartient une vie qui a fait quelque bruit, afin de manifester une fois de plus les voies du Seigneur pour la conversion des pécheurs et ses trésors de miséricorde (2) ..... »

19 mai 1849. — « Il y a sans doute dans mon caractère, quant à la religion, quelque chose de soupçonneux, de triste, de contredisant, quelque chose de mauvais, enfin, qui m'empêche de juger sainement certains faits. Ainsi, par exemple, plus je vois Mary s'appliquer aux œuvres de charité, plus je vois son avenir avec tristesse. Elle me fait l'effet de s'enfoncer de plus en plus dans un bourbier inextricable. En voici la cause : elle est dame de charité avec des dames archi-catholiques qui ne l'entourent de leurs soins et de leur admiration que pour la soustraire à toute influence de sa famille et qui ne réussissent que trop bien !... Aussi comme la porte de son âme est bien close ! Qu'y a-t-il entre nous ? Je lui donne quelques conseils d'art qui ont trop souvent déjà le malheur de froisser sa vanité. Je gagne son pain quotidien, mais du reste, que

(1) Bibliothèque de la ville de Pau. Vol. III, p. 67.
(2) Bibliothèque de la ville de Pau. Vol. III, p. 155.

suis-je dans sa vie ? Quel avis me demande-t-elle jamais ? En quoi lui ferai-je faute quand je ne serai plus là ? Dieu soit béni, il est bon qu'il en soit ainsi, la séparation, sous quelque forme qu'elle arrive, nous sera moins pénible. Mais il reste pour chacun au fond du cœur une pensée triste... A quoi servent ces cris amers ? Ils me l'ont prise ; elle est bien perdue [pour moi]. Je n'ai plus que la prière. Que j'apprenne donc à pleurer avec Dieu sans initier davantage les hommes aux tortures d'un cœur pour lequel ils ne peuvent rien. »

Ce fut au milieu de ces tristesses croissantes qu'Eugène Devéria se prépara à quitter cette famille tant aimée, qui lui était une si grande cause de déception. Il est probable qu'il n'était pas seul à souffrir. Rien n'est douloureux, en effet, comme l'absence d'harmonie sur les sujets qui tiennent à toutes les fibres de notre âme, entre personnes que le même toit rassemble, que la même affection lie, que la vie commune met sans cesse en contact. On trouvait, sans doute le père de famille sévère, austère, on ne comprenait rien à ses exigences;... peut-être ne faisait-il pas une part suffisante à la différence d'âge et de caractère. Sa tendresse un peu jalouse le rendait susceptible. Mais il n'en est pas moins vrai, et nous l'avons vu, qu'il ne trouvait chez aucune de *ses aimées*, non pas même en sa fille chérie, les égards, les respects, l'affection à laquelle il avait largement droit. Tout aurait dû être sacré, pour ces trois femmes, dans l'homme qui les avait si généreusement couvertes de son ombre, jusqu'à ses manies, s'il en avait eu ; à plus forte raison sa juste autorité. Elles avaient trop oublié tout ce qu'elles lui devaient ; lui, avait le cœur trop haut pour le rappeler ; d'ailleurs, l'amour seul aurait dû suffire à leur montrer leur devoir et à le leur rendre doux, et, le douloureux sentiment de la grande lacune qui existait sur ce point, était, pour Eugène Devéria, la goutte la plus amère de sa coupe. Il lui eût suffi de bien peu de chose, un élan vers lui, quelque confiance, quelque ouverture de cœur, et il aurait oublié toute sa souffrance ; mais ce bon mouvement n'eut pas lieu ; chacun continua à se renfermer dans le silence, et la plaie du pauvre père resta ouverte et saignante, hélas ! toute sa vie... Quelle était cette crainte étrange qui semble le hanter comme un cauchemar, à l'époque où il allait quitter son foyer ? quel danger menaçait sa fille bien-aimée ? Jamais, lui qui écrivait tout, n'a osé donner un corps à ses terreurs. Était-ce la mort prématurée du cloître qu'il redoutait pour « sa chère belle » ?... Ce n'était pas ainsi qu'il devait la perdre.

Avant de laisser Eugène Devéria raconter son voyage, il est nécessaire de dire en quelques mots ce qui le décida à commencer ses pérégrinations par la Hollande. Il avait connu à Pau une dame hollandaise, nommée Mme Tinne, dont la sœur, Mlle Van Cappellen, était dame d'honneur de la reine des Pays-Bas. Mme Tinne avait une fille qui pouvait, présumons-nous, avoir à ce moment-là entre 10 et 15 ans et qui avait suivi à Pau, en qualité d'élève, l'atelier d'Eugène Devéria. Il devait s'être attaché à cette jeune fille d'une affection particulière, car il l'appelait familièrement « Pussy » (petit chat), nom qu'il réservait ordinairement à ses favorites parmi les enfants dont il aima toujours à s'entourer. D'après la manière affectueuse et reconnaissante dont Eugène Devéria parle de la mère et de la fille, il paraîtrait que ces dames avaient apporté beaucoup de grâce et de délicatesse dans leurs rapports avec lui. Le pauvre artiste, qui n'était point gâté par trop d'égards, jouissait plus qu'il ne le savait lui-même d'être traité, dans cette maison, suivant sa valeur, et non suivant sa modestie, et lorsque Mme Tinne l'invita à venir tenter la fortune dans son pays, espérant, par ses relations, lui procurer de bons et larges travaux, il se laissa aisément convaincre d'essayer. Peut-être même se flattait-il de trouver assez d'encouragements dans la patrie de Rubens, pour ne pas avoir besoin de passer la mer et de s'en aller en Écosse, premier but de son voyage.

Il n'était point possédé, en partant pour cette expédition aventureuse, d'un amour de l'argent qui a toujours été bien loin de lui, mais ses dettes de famille lui étaient un cruel souci ; la pensée qu'il pouvait mourir sans s'être acquitté et laisser sa fille sans ressources le remplissait de trouble. Enfin il n'avait pas perdu le sentiment de sa force et de son talent; il aurait voulu s'affranchir suffisamment des mesquines préoccupations de la vie matérielle pour pouvoir se consacrer à l'art pur, l'art dont il était las de faire un métier. Ce fut donc avec un cœur agité de crainte et d'espoir qu'il partit, s'arrachant pour l'amour d'elles, à celles qu'il aimait.

Il quitta Pau le 31 mai 1849, et ce fut de Rotterdam le 9 juin qu'il reprit son journal :

9 juin 1849. Rotterdam. — « Je viens de couper ma barbe. J'ai une figure à peu près comme tout le monde. Je n'aurai plus, pour encore un peu de temps, que mon grand chapeau contre moi. En arrivant à la Haye, je le change contre un *tuyau de poêle*, et si après cela ils ne sont pas contents, ils tâcheront de s'y habituer (1).

M. Devéria retrouva à la Haye Mme Tinne, et les premiers jours furent consacrés à la visite des musées :

(1) Bibliothèque de Pau. Vol. III p. 188.

Samedi 12 juin 1849, La Haye. — « J'ai eu, au musée ancien, une grande déception et un grand étonnement. La première devant le *Taureau* de Paul Potter, que je crois une misérable chose, la seconde devant la *Leçon d'anatomie* de Rambrandt, si belle, mais si différente de la somme ordinaire des tableaux du maître. Paul Potter m'a prouvé, dans ce grand tableau, ce que m'avaient fait soupçonner ceux de Paris, que ce n'était qu'un *copieur* sans art véritable. C'est un tas mal placé de grosses et de petites bêtes, commençant à bœuf et finissant à grenouille. Le taureau n'est pas même d'une belle espèce, la vache est détestable. C'est rond en général, sans anatomie, sans ombre, sans vie. Le ciel a l'air d'un grand mur gris, l'arbre est à fuir... le tout est sans sacrifice et ne peut pas, selon moi, être compté comme l'œuvre d'un maître. A l'autre bout de la salle il y a un *Wœnix*. Ah! quelle différence! C'est cela de l'art! C'est là que les sacrifices obligent l'œil charmé à s'arrêter sur les choses importantes, tout en lui permettant de poursuivre ces mille détails où se déploie véritablement la délicatesse intelligente d'un homme de premier rang. Le centre est un cygne immense avec un cerf et un chevreuil. Mais que de choses avec ça, que de jolies choses, que d'oiseaux, que d'objets de chasse au tir, au vol! Et puis ces lueurs incertaines du fond, ces vastes ombres où se perdent des lignes d'architecture dans des arbres qui font rêver. Puis là-bas, bien loin, les chasseurs acharnés préparant de la besogne pour le grand peintre. Ah! c'est de la peinture... Mais Paul Potter... n'est, je le répète, qu'un copieur, et pas fort encore.

« L'étonnement que j'ai éprouvé devant la *Leçon d'anatomie* a eu lieu quand je l'eus regardée de près. De la porte où je la vis pour la première fois, c'est admirablement frais, gris, brillant, quelque chose qui rappelle Don Diègo de Velasquez, et c'est là ce qu'on n'est pas, ce que *nous* ne sommes pas, nous, de Paris, habitués à trouver dans Rembrandt. En approchant, ce n'est pas cette peinture si étrangement profonde et inoubliable du vieux rêveur. Ce cadavre, si étonnant dans la lumière verte, est lisse comme un Gérard Dow. Cette tête est visible comme de la peinture à la cire, sans une seule retouche ; ces têtes sont presque d'une vérité absolue. C'est simple, c'est doux, c'est à la superficie. Il semble vouloir laisser voir une fois comment il s'y prenait (comme Taglioni qui touchait la terre pour laisser croire qu'elle était une femme). Mais vous vous reculez de nouveau et vous retrouvez cette lumière suave, ces ombres profondes qui surprennent toujours devant le Maître. Un moment je me suis dit : Ce sont des hommes que je n'entends pas parler... C'est du bien bel art... (1) »

C'était, ainsi qu'il a été dit plus haut, à l'instigation de Mme Tinne, que M. Eugène Devéria était venu en Hollande. En attendant les commandes et pour se faire connaître, l'artiste travaillait, comme toujours, à des aquarelles et à des dessins de genre qui se plaçaient facilement chez les amateurs. Il passait une grande partie

(1) Bibliothèque de Pau. Vol. III, p. 234.

de son temps chez Mme Tinne, qui semble avoir apporté la bonté la plus délicate à lui faciliter les choses. Grâce à elle et avec elle, il parcourait les galeries d'art, même celles interdites au public, et paraissait en jouir beaucoup. Pour lui témoigner sa reconnaissance, il dessinait dans l'album de la jeune fille à laquelle il continuait ses leçons.

« *Vendredi, 22 mai 1849.* — « Je suis allé chercher Mme Tinne et nous avons été ensemble voir la collection du feu roi, dans le vieux palais. C'est une merveille. Nous y sommes restés deux heures et demie, mais si j'avais été seul je n'en serais sorti que pour dîner. J'ai éprouvé les plus excellentes sensations qui se soient fait jour en moi depuis longtemps. Pendant une heure, j'ai regardé les plus beaux specimens des écoles du Nord et du Midi, au son de l'orgue. La plus grande salle est une espèce de chapelle gothique moderne où se sont faits des mariages, etc. La collection des dessins de Maîtres m'a paru magnifique (1) ..... »

Cependant le travail espéré ne venait pas, et l'artiste découragé pensait avec tristesse à celles qu'il avait laissées en arrière. Ses réflexions n'étaient guère consolantes, et l'inaction forcée dans laquelle il vivait ne faisait que les rendre plus amères.

(1) Bibliothèque de Pau. Vol. III, à la suite.

15 juillet 1849. — « En six semaines, j'ai reçu une lettre des trois à la fois, deux de ma femme, au commencement de ma route, et le reste... des journaux !... Quand je partis il fut convenu que lorsque je n'aurais pas le temps d'écrire, j'enverrais un journal quelconque, et voilà que justement, peu occupé, je puis écrire, et que ce sont elles qui sont si distraites par le travail, sans doute, qu'elles ne peuvent faire plus que de m'expédier des journaux ! Et pourtant que de fois je leur ai vu écrire de longues lettres à leurs amies ! Je n'envie pas celles qui ont fait plaisir aux autres, mais je les voudrais un peu plus exigentes envers elles-mêmes lorsqu'il s'agit de moi. Mais quoi, tout ce que Dieu fait est bien fait. Quand je serai bien convaincu que je ne leur manque pas ou que je ne leur manque que peu, j'aurai moins de peine à m'en aller. Quand je m'éloignerai d'elles je n'aurai que mon chagrin, rassuré que je serai sur leur paix, et j'aurai moins de peine à me consoler. Après tout je suis pour *elles*, et non pas *elles* pour moi... Nous ne causons jamais ensemble à la maison, il n'est donc rien d'étonnant que les pauvres enfants n'aient rien à dire à celui qu'elles considèrent comme un tuteur peu aimable. Et pourtant je les aime, et pourtant je pleure en pensant à cette étrange position ! Mais non, il faut qu'il en soit ainsi, d'abord parce que j'ai trop de propension à me retenir à ces chers objets d'idolâtrie, et puis... oh ! il me faut bien le dire, je n'ai pas été cause de joie à ma pauvre mère ; il est bien juste que le Seigneur me châtie dans mes enfants.

« Ce serait un beau triomphe pour mes frères

et sœurs..... chez qui l'affection de la famille tient tant de place, de voir ce triste résultat de la connaissance du salut par Christ. Car, hélas, c'est trop vrai qu'il en est ainsi. Le catholicisme pur sang de Mary l'empêche naturellement d'avoir des rapports ultérieurs avec des protestants. La religion bâtarde de ma femme la met dans un état incertain; pour des causes que je ne saurais expliquer, C... n'a jamais eu confiance en moi, et quoique nous soyons de la même Église, il y a dans mon rigorisme quelque chose qu'elle n'a jamais osé regarder de près et qui lui fait peur. Il résulte de tout cela que je suis quelque peu capot lorsqu'on me demande si j'ai reçu des nouvelles de chez moi et que je suis obligé de dire non, et de parler d'un journal. Nous mentons si bien au public ! on nous croit si heureux, tous tant que nous sommes, dans nos affections. Nul ne voit les larmes que chacun de nous verse dans la solitude, sous le regard de Dieu. Je suis sûr de celles de ma pauvre amie... j'y suis pour quelque chose... Je suis sûr de celles de C... Je ne répondrais de celles de Mary que si elle me disait qu'il en est ainsi. Son catholicisme a trop bien les caractères secs qui le caractérisent chez les débiteuses de chapelet. C'est là un de ces cœurs qui ne tirent rien d'eux-mêmes. Les prières leur sont dictées, le nombre en est fixé, après quoi tout est dans l'ordre. Et pourtant [ce] cœur [était] tendre quand il est sorti des mains de Dieu; c'était là quelque chose de doux, de délicat, de sensitif. Enfant, sa vie était mêlée à la mienne, et sa jalouse mère n'en était pas jalouse. Oh! qu'alors il fallait de petites distances entre nous pour oppresser son bon petit cœur. Alors quelles folies au retour ! et cela a duré longtemps ; de 1831 à 43 environ ; mais alors, hélas, ma foi n'avait encore aucune force, et des vœux stupides, que j'ai respectés (il ne faut pas me juger avant de savoir le pourquoi ; hélas ! tout cela est punition du péché qui a souillé ma vie), m'ont obligé à laisser pénétrer chez moi un prêtre de l'Eglise romaine. Peu, bien peu de temps après, Mary était perdue pour moi. Oh ! qu'instinctivement je me défiais de ces hommes à l'air doux, et que douloureusement j'ai fait l'expérience de la vérité de mes pressentiments. J'aurais dû ne confier en rien cette chère plante à qui que ce soit, et quand il s'est agi de la portion la plus importante de son instruction je me suis retiré (1) ..... »

M. Devéria avait l'habitude de transcrire, dans ce qu'il appelait son journal, les lettres qu'il écrivait à ses amis, à ses parents, souvent celles qu'il en recevait ; c'est ainsi qu'elles nous sont restées. Un seul parmi tous ses correspondants, à cette époque, semble avoir compris la noble nature de l'artiste, le cœur chaud et sincère qui voulait le bien éternel de ceux qu'il aimait. C'était M. R....., celui qui avait joué un rôle important dans la conversion d'Eugène Devéria et dont la famille était restée, depuis, intimement liée avec la sienne. Dans une longue

(1) Bibliothèque de Pau. Vol. III, p. 450.

lettre que l'artiste lui écrivait de la Haye, nous transcrivons ce passage.

A M. R...

« CHER AMI,

... « Vous ne savez peut-être pas combien je vous aime et pourquoi je vous aime. C'est parce qu'un jour que j'allais à tâtons sur la voie du salut vous m'avez éclairé. Je me dévoyais, vous m'avez remis sur la voie. C'était un jour que nous travaillions à votre portrait ; vous me dîtes, prenant en pitié mes indécisions, que le meilleur moyen pour moi d'en sortir, était de prendre les grandes vérités l'une après l'autre et de les résumer à fond, par ordre, au lieu de courir plusieurs lièvres à la fois. Vous m'avez, par un mouvement de l'Esprit, sans doute, engagé à me convaincre d'abord de la vérité des saintes Écritures. J'ai fait selon votre conseil et le Seigneur l'a béni (1)... »

Et M. Devéria ajoute pour lui-même :

« ... J'ai fini de recopier, pour l'expédier demain, ma lettre à M. R... A quoi bon ! jamais mes lettres n'ont fait de bien aux incrédules ni aux catholiques...; quel bien puis-je espérer faire à celui-ci qui sera si fortement repoussé par le fait de recevoir la chose d'un protestant ? C'est pour cela que je ne me pressais pas de l'expédier, et pourtant aujourd'hui, je me suis senti comme poussé à la finir, quoiqu'il y en eût long encore.

(1) Bibliothèque de Pau. Vol. III, p. 341.

Je déclare que je ne crois pas aux pressentiments ; ce qui m'a poussé est sans doute pure vanité, et une malheureuse manie d'écrire des lettres gigantesques, qui, comme le dit mon ami Brun, pourraient tenir en quatre pages. J'espère pourtant qu'il y avait un bon sentiment dans mon cœur lorsque je l'ai écrite. Il n'en saura rien et ne le soupçonnera peut-être pas, mais le Seigneur le sait et c'est tout ce qu'il me faut, quoique, hélas ! je sente que ce n'est pas suffisant pour l'œuvre que je me propose, celle de consoler un cœur aussi malade que le sien peut l'être... »

Rendu méfiant et craintif par la manière dont ses lettres étaient généralement accueillies, il me semble que M. Devéria dut être heureux, en recevant, plusieurs mois après, la réponse suivante que nous rapprochons à dessein de la citation qui précède.

Réponse de M. R.....

29 septembre 1849.

«... Ne dites plus, mon bien cher ami, que vos lettres n'ont jamais fait de bien à personne, car celle que vous m'avez envoyée a été pour moi une véritable et une abondante source de consolation. Oui, mon cher ami, je sais qu'il faut souffrir, qu'il faut imiter en cela notre divin Maître. Je sais que sa volonté est toujours bonne à suivre et que, par conséquent, nous ne pouvons jamais mieux faire que d'y soumettre notre cœur. Mais l'enfant d'Adam murmure et l'esprit n'a pas assez de force pour le dompter complètement. C'est au milieu de ces luttes, que vous devez connaître, que la parole d'un ami est la bien venue ; même lorsqu'elle ne parle que le langage humain, elle console et allège nos douleurs ; à plus forte raison lorsqu'elle se fait l'écho des excellentes et divines leçons du grand *Livre*. Mon Dieu ! il est ouvert toujours et à tous et nous savons bien que nous pouvons y aller puiser nous-mêmes à chaque instant. Mais quand il y a désordre dans le cœur, quand il se refuse à accepter les épreuves, il semble se révolter aussi contre la consolation, et c'est alors que la voix d'un ami nous la fait accepter ; comme les caresses d'une tendre mère aident l'enfant à accepter le breuvage qui doit le guérir.

« Vous m'aimez, dites-vous, pour les conseils que je vous ai autrefois donnés, et moi je vous aime comme celui auquel on a rendu un grand service et auquel on s'attache en proportion du bien qu'on lui a fait. Dieu n'a pas voulu que, jusqu'ici, vous ayez entièrement suivi la voie que je vous avais ouverte. Il a permis que partant du même point, désirant arriver au même but, nous marchions par des sentiers différents. Mais je sais qu'Il a promis d'être avec ceux qui le cherchent sincèrement ; je sais aussi, et c'est un article de ma foi, que, s'il Lui a plu de vous présenter la lumière dans des circonstances telles, que les efforts de votre esprit, la droiture de votre cœur, vous montrent invinciblement comme le meilleur le chemin que vous suivez et que vous avez choisi, non par aucune considération humaine, mais uniquement à cause de Dieu, je sais, dis-je, que vous irez dans la céleste patrie où je dois avoir l'espoir de vous rencontrer.

« Au moment où votre lettre m'est parvenue, mon cher ami, il avait plu à Dieu d'abréger nos jours d'épreuve, après l'avoir poussée au point où nos forces étaient peut-être au moment de défaillir. C'est ainsi qu'Il agit toujours. Il châtie ses enfants, mais Il ne les accable pas. Les jours de paix qui ont suivi ces épreuves n'ont été que plus doux...

« Adieu, mon cher ami ; qu'il me soit permis de vous féliciter de l'honorable et juste distinction qui vous a été accordée. Elle récompense le mérite qui est l'œuvre de Dieu. Vous devez donc vous en réjouir en rapportant à l'auteur de tout bien la cause première de l'honneur que vous avez reçu.

« Comptez toujours, cher ami, sur notre affection la plus sincère et la plus dévouée. Je vous embrasse de cœur comme un frère (1). »

C. R.....

« Artez, 30 septembre 1849. »

La distinction à laquelle cet excellent ami faisait allusion, nous allons voir dans le journal de M. Devéria quelle elle était. Nous touchons à une époque qui fut particulièrement douloureuse pour l'artiste. Après un espoir très vif et très fondé de voir sa fortune se relever avec son talent, il éprouva la plus cruelle des déceptions ; l'honneur dont M. R. le félicitait se changea en une pénible humiliation.

Sa protectrice, Mme Tinne, l'avait laissé à la

---

(1) Bibliothèque de Pau, vol. III.

Haye, et avait été rejoindre au Loo, résidence royale durant l'été, sa sœur qui était, comme nous l'avons dit, dame d'honneur de la reine. Peut-être en s'éloignant avait-elle laissé deviner à Eugène Devéria quelque chose de l'espoir qu'elle caressait pour lui ? Voici comment il raconte les événements qui suivirent.

Dimanche 5 août 1849, du village d'Appeldoom. Le Loo. — « Vendredi j'étais là seul dans ma nouvelle petite chambre, pensant de temps en temps à Mme Tinne, partie pour le Loo, résidence d'été de la cour, avec toute sorte de bon vouloir pour son pauvre peintre ordinaire, et je me disais, comme le dormeur éveillé : Je reçois une lettre de Mme Tinne me disant : « Partez à lettre vue, et venez ici faire le portrait de la reine » ... folies qui souvent me poursuivent... J'entrevoyais donc la lettre, et je repoussais cette idée, dans les moments de repos d'un travail peu amusant ; se copier soi-même. Ainsi se passa le jour et ma raison avait vaincu. Je me mis à table au milieu de mes Hollandais habituels... Je venais (de m'asseoir) quand le domestique me donne une lettre. Elle était de Mme Tinne... J'en savais le contenu. C'était bien celle qui m'avait poursuivi toute la journée. Je devais partir le lendemain pour le Loo afin d'être présenté à la reine. J'étais stupéfait, je me réjouissais, j'avais peur... En sortant de table je rentrai dans ma chambre et je me sentis tellement oppressé que, pendant une demi-heure, je priai en pleurant et riant, remerciant Dieu pour mes aimées, Lui demandant pardon si j'avais péché, et me relevant soumis à ce qu'Il déciderait. Si je réussis c'est qu'Il aura pitié de nous. Sinon... que sa volonté soit faite;.. je me sauve porter ailleurs ma honte et mon *beau* talent, comme on dit.

« Je suis parti hier samedi, à 7 heures du matin, par le chemin de fer. J'ai vu Leyden, Haarlem, Amsterdam, Utrecht, et à cinq heures et demie je suis arrivé à l'auberge de l'Aigle, où j'ai écrit à Mme Tinne pour lui faire savoir que son peintre, plus qu'ordinaire, était arrivé. Je pensais ne recevoir de réponse que ce matin. En effet, vers huit heures et demie, quand je venais dans la prière et l'action de grâce de me remettre entre les mains du Seigneur, et que je lisais, auprès de la fenêtre ouverte, la parole de Dieu, j'ai vu venir un homme en casquette bleue et rouge. C'était une invitation à être vers dix heures chez Mme Tinne, pour y savoir par sa sœur Sara (Mlle Van Capellen) les décisions royales à mon égard.

« Je me suis fait de mon plus beau, et je me suis dirigé vers le Loo par une longue route, toute garnie de belles et jolies maisons jusqu'à l'enceinte royale. L'air était parfaitement doux et paisible... Je m'assis sur l'herbe au milieu de cette solitude et je lus un chapitre des Proverbes en l'appliquant, à haute voix, à ma vie. Je priai tout haut encore sous la voûte des arbres, entouré des chers petits oiseaux qui priaient peut-être aussi, et je me remis en route vers dix heures. Je trouvai ma chère protectrice que je remerciai de mon mieux. Sa sœur vint et m'annonça que je verrais la reine à midi et demi... Donc j'ai vu une reine ! elle est gracieuse, presque jolie... Je reste, après l'avoir vue, avec toute ma peur. Si le Seigneur allait me laisser seul, pour m'apprendre à désirer des choses trop élevées pour moi ! La chose est décidée, je commencerai demain. Pastel !... Oh ! Seigneur, que ta volonté soit faite ; que seulement ta bénédiction soit sur mes mains !

« Pendant que j'attendais dans le salon à thé, avec la dame d'honneur, Mlle Van Capellen, un domestique passa une table. Je frissonnai à l'idée de commencer par un refus, mais bien décidé à ne pas commencer aussi avec mon Dieu par un acte d'infidélité. Pendant la conversation nous étions près de la table, sur laquelle un valet de pied apporta de la mie de pain. Je dis à la reine qu'elle avait peut-être compté que nous commencerions aujourd'hui, mais que cela ne me paraissait pas possible. Elle me répondit qu'elle le savait, mais que la table était pour elle (1).

« En la quittant je remontai chez la tante Sara où je trouvai deux autres dames d'honneur... l'une des deux est fort belle, et je disais que j'étais très fâché qu'elle ne fût pas la reine... L'autre est laide, mais a une physionomie aimable et intelligente. La jolie sortit un moment, et revint en chapeau. Son retour fut annoncé par un grand bruit ; elle entra, et avec elle un garçon de huit ans environ, à grande bouche et à beaux yeux. Il fut reçu comme un enfant gâté de toutes ces dames, joua sur les bras et les genoux

---

(1) C'était un dimanche, et M. Devéria était un fidèle observateur du repos dominical.

de chacune d'elles, de sorte que je ne vis en lui qu'un enfant ordinaire et bien-aimé. En descendant l'escalier avec ces dames, comme il [glissait] le long de la rampe comme le ferait le simple fils d'un peintre, je demandai à Mme Tinne qui il était. C'était le prince d'Orange, l'héritier du trône ! Je ne me suis pas même levé devant lui. La faute en est à ces dames qui ne m'ont pas prévenu et je n'ai pas vu son auréole ! Une autre fois je lui montrerai plus de respect.

« Pendant que, chez la tante Sara, nous attendions les personnes qui devaient aller voir la fête nautique, nous parlions d'affections, et quelques paroles sentimentales m'amenèrent à exprimer ma pensée sur les deux amours que l'on rencontre chez l'homme. L'un tout charnel, dans lequel chaque partie engagée ne pense qu'à puiser pour sa satisfaction personnelle. Celui-ci est sans l'ombre de dévouement, quoique dans certaines circonstances il soit susceptible d'actes fébriles qui y ressemblent, tels que duels, assassinats, empoisonnements, suicides par la mort ou par le couvent. Mais tout cela ne manifeste qu'une irritation de perdre l'objet de sa jouissance, en tout ou en partie. L'amour paternel ou maternel, quand il est purement charnel, est de cette catégorie. C'est l'amour qui rend fier de la beauté et du talent de l'enfant aimé et honteux du contraire, sans que nous ayons rien fait pour mériter le premier, et que souvente fois nous ayons à nous reprocher le second. C'est l'amour qui nous porte à être indulgents pour le péché de peur d'attrister le visage qui nous rend joyeux. C'est l'idolâtrie, l'orgueil et l'égoïsme qui, plus tard, ajouteront aux maux de la terre leur part, petite ou grande. L'autre amour, au contraire, fruit de la doctrine de la vie, est un échange admirable où chacun ne pense qu'à donner. C'est l'amour qui faisait dire au Sauveur : « *Il est plus doux de donner que de recevoir* ». Là, le bonheur consiste, non pas à trouver une réciprocité que nous ne devons pas toujours rechercher. (*Donnez*, nous dit le Sauveur, *sans espérance que l'on vous rende*), mais simplement à faire notre devoir sous les yeux du cher Maître, Dieu et Père qui contemple toujours ses enfants.

« Mais, disait la tante Sara, il y a souvent de l'amertume [dans cet amour-là] ».

« Hélas ! c'est le résultat du péché qui ne nous laisse aucune joie sans une goutte de fiel. Dans quel bonheur humain n'y en a-t-il pas ? Mais celui-ci est certes celui qui en a le moins, car, pour compensation, nous avons l'amour de Dieu qui nous a été donné gratuitement, sur lequel nous tâchons de nous modeler...

«... Le premier de ces amours est celui que j'ai éprouvé pour ma femme et mes filles et pour tant d'amis, qui ont servi à me procurer des bonheurs qui n'avaient que moi pour objet. Le second est celui qui maintenant me chasse loin de chez moi et m'exile pour aussi longtemps qu'il plaira au Seigneur. Le bonheur que j'éprouve n'est pas un bonheur direct de l'œuvre elle-même sur mon cœur. Ce point-là, au contraire, est douloureux ; ce bonheur consiste en ce que je me donne pour eux, en ce que, par la grâce de Dieu, je me tiens à Christ, en ce que je reçois de Lui les consolations qu'Il prodigue à ses amis. Mon bonheur enfin est de penser au bonheur de mes bien-aimés. Qu'importe qu'en la partie matérielle de mon âme et directement je ne me sente pas joyeux, pourvu que dans la partie spirituelle je me sente tout plein de fête ? Désormais je ne puis avoir de mécompte. Donc je suis aussi heureux que l'homme peut l'être de ce côté-ci de la tombe (1) ... »

Avant d'aller plus loin dans ce récit, nous ferons remarquer que nul moins que M. Eugène Devéria n'était fait pour la tâche qu'il allait entreprendre. Le talent ne suffit pas, en des cas semblables ; il y faut l'assurance, l'autorité que donne la bonne opinion qu'on a de soi, et une réputation qui s'impose. L'orgueil démesuré que l'on trouve chez certains artistes, n'aurait pas ici été de trop ; peut-être aurait-il fait respecter *le peintre* par son royal modèle. Or, outre qu'Eugène Devéria luttait par principe contre ce sentiment qui l'avait autrefois possédé comme un autre, il avait, malheureusement, perdu confiance en sa force, il doutait de lui-même, de sa puissance, de son talent. Mais tout en ayant si faible idée de lui, il n'en était pas pour cela plus flatteur pour les autres ; l'adulation plate, l'art du courtisan, lui étaient absolument étrangers. La vérité sortait toute seule de sa bouche ; il l'eût dite plus volontiers à une reine qu'à une servante, et son pinceau ou son crayon n'étaient pas plus

(1) Bibliothèque de Pau. Vol. III, p. 419.

disposés à mentir, que sa langue. A côté de cette double cause d'insuccès, il y en eut d'autres. Il n'osa pas, comme un artiste plus fier de lui-même l'aurait fait, choisir et imposer le genre de son œuvre ; il subit le pastel, dans lequel il excellait et qui prenait, sous sa main, une puissance de tons remarquable, mais qui ne comportait ni les grandes dimensions, ni les richesses du costume, ni les accessoires dans lesquels le peintre d'histoire aurait retrouvé ses moyens et se fût senti à l'aise. Les portraits aux pastels de M. Devéria étaient tous de la même dimension ; un ovale contenant la tête et le buste grandeur naturelle, rarement les mains. Leur prix était d'une modicité qui les mettaient à la portée de tous. Tout fut mesquin dans cette affaire, la façon dont elle fut engagée, comprise et terminée par celle qui y jouait le principal rôle ; il n'y eut de royal que le titre du modèle, et d'après les quelques mots poliment découragés de l'artiste il est facile de voir que l'apparence même de ce modèle n'était pas beaucoup plus princière que ne le furent les procédés.

« *Lundi, 6 août 1849.* — Aujourd'hui je commence le portrait de la reine des Pays-Bas (1).

« *Mercredi, 8 août 49.* — Lundi j'ai donné

(1) Bibliothèque de Pau, Vol. III, à la suite.

ma première séance à la reine. Elle a très mal posé. Elle a lu les journaux et m'a tenu, tout le temps, dans l'anxiété de ne savoir pas si elle allait partir. Elle a en tout posé environ une heure 1/4. Je n'ai fait qu'un tracé pâle qui m'a tout laissé à refaire pour le lendemain. En me quittant elle m'a invité au thé pour 9 heures.....

» La reine n'était pas encore au salon. J'ai pu saluer ces dames et quelques messieurs déjà vus. Quand la reine fut assise elle prit à côté d'elle Mme Tinne et mangea quelques fruits, en adressant la parole à l'un et à l'autre jusqu'à ce que mon tour vint. Je me suis trouvé bien sot et bien empêché. Quand elle alla au salon pour laisser la place aux mangeurs, j'allai avec elle et elle me fit voir un ouvrage très curieux. Des peintures monochromes de Wanderworf qui ont servi à graver les portraits de l'histoire d'Angleterre dont je connais quelques-uns. C'est un charmant recueil. Elle y a joint une petite collection de copies, à l'aquarelle miniaturée, de quelques-uns des portraits de la galerie des peintres à Florence. Après quoi nous eûmes ensemble une longue conversation sur l'art et les artistes. Quand elle me congédia elle joua aux cartes avec des dames et des messieurs ; ...La reine nous a dit adieu à minuit et je suis parti et me suis trouvé à minuit 1/2 sur la grande route, regagnant mon lit.

« Hier, je suis allé au château plus tôt, pour travailler un peu avant ma séance et commencer le portrait de tante Sara. A deux heures, séance de la reine ; même genre que la première. Mais si elle ne manifeste pas une grande aptitude à poser, elle montre un grand amour pour ses enfants, Guillaume et Maurice. L'aîné le prince d'Orange, vif, enjoué, bruyant, un peu désobéissant et toujours prêt à se faire pardonner par des caresses aussi vives que le reste de ses faits et gestes. Le second d'un naturel plus faible, moins aimable en apparence et cependant aussi câlin, prenant grosse part dans les caresses de sa mère, qui paraît faible pour tous les deux. Je trouve ravissante une reine aussi *maman* que ça, quoi que je pense qu'elle pourrait un peu plus se souvenir qu'ils sont appelés à gouverner des peuples et que c'est une chose difficile, qui demande une étude très serrée, de je ne sais quoi, mais de quelque chose qu'ils me paraissent peu empressés d'apprendre.

« J'étais rentré chez moi après la séance, bien content de pouvoir me coucher de bonne heure, quand une invitation me vint pour le thé. Je commençais à trouver comme le Bailly de Suffren « que c'était bon, mais qu'il y en avait trop. » Pourtant j'y allai encore, pensant que peut-être je serais présenté au roi que je ne connais pas encore. Pas du tout; j'y ai vu le frère du roi, le prince Henri, capitaine de vaisseau. C'est une figure, bonne, sans rien de saillant. Après une partie de cartes, la reine vint au petit salon pour causer. Elle me fit asseoir auprès d'elle et nous causâmes avec les autres, d'Italie, de Suisse, etc... elle est très entière dans ses jugements et ses appréciations. Elle connaît peu de milieu. Rubens, Lawrence, Reynolds, etc. sont des misérables. Il est vrai qu'elle affectionne fort d'autres grands noms que les postérités successives sanctionnent. Pourtant je l'avoue, cet *entiérisme* me faisait peur, car enfin mon tour devait venir !... J'ai pu quitter vers 11 heures, quand la reine retourna au salon des cartes. Je me suis couché mécontent, dans un état de fatigue et de somnolence bien antipathique à la prière. »

« *Jeudi, 9 août 49*. — Hier matin, la chère Mme Tinne nous a quittés sans pitié... J'y perds comme société affectueuse, mais non au point de vue du portrait, car elle aurait fait chorus avec les mécontents. Après son départ, je suis allé chez tante Sara travailler tout seul à mon royal portrait. La séance a eu lieu à 1 heure 1/2 parce qu'on devait dîner au parc. Cette fois la reine tricota et lut les journaux, puis elle vint voir les progrès d'une œuvre qu'elle suppose, il paraît, devoir s'améliorer sans sa participation. Elle n'en fut pas contente en général, et voilà que dans l'intention d'ajouter à la ressemblance je m'avise de faire un gros signe qu'elle a contre le menton. Son œil tombe dessus. Je sens que j'ai fait une bourde, que les reines ne doivent pas avoir de ces choses-là, et quand j'avoue honteusement que j'avais cru voir ce malencontreux signe sur le menton de Sa Majesté, elle manifeste son horreur par un « *shocking* » anglais, admirable. Ce fut comme un éclat de la foudre. Il y avait un accompagnement de rire nerveux à faire trembler un plus brave. J'aurais voulu me sauver dans les entrailles de la terre, et il me fallut rester sous les yeux qui semblaient toujours devoir me foudroyer. Or, le résultat de la séance fut qu'elle ne se trouvait nullement ressemblante. Le tout en anglais, mais tante Sara en bonne dame d'honneur disait amen, naturellement, et engagea une petite conversation anglaise dans laquelle [le mot « *fat* »] tenait beaucoup de place. Je demandai si elles supposaient mon portrait trop « gras ». Elle dit oui, et la reine sourit singulièrement en me demandant si je comprenais l'anglais, vu qu'elle avait fait ses critiques dans cette langue. Tante Sara ne me donna pas la peine de répondre.

» Quand la reine fut partie, un valet de chambre entra pour ramasser les journaux et donna un coup d'œil au portrait qui était resté par terre. Je l'engageai à regarder comme il faut. Il croisa les mains en disant extatiquement : « Oh ! c'est exactement la reine. » Je suis sûr que son jugement ignorant est juste, et cependant je n'en demeure pas moins condamné. La reine en me quittant m'a dit : « Je ne suis plus jeune, il est vrai, mais vous me faites par trop vieille. Rajeunissez-moi pour laisser à mes enfants un souvenir aimable de leur mère ». J'avais cru qu'elle était chrétienne et reine... ce n'est qu'une femme comme il y en a tant !...

« Je suis remonté chez tante Sara un peu découragé, je l'avoue. Je sentais peser sur moi le châtiment du Seigneur qui ne m'a exaucé que pour me punir de mon ambition. J'aurais voulu mettre un terme à tout, en partant ; mais alors j'aurai manifesté un orgueil froissé qui n'existe pas en moi. J'attendrai donc. Quand j'aurai fait tout ce qui est en mon pouvoir je m'en irai honteusement, plus encore pour pauvre Mme Tinne que pour moi... mais qu'y faire ? Le prix du portrait sera chose difficile à régler si la reine me demande ce qu'elle me doit. J'espère qu'elle me donnera ce qui lui semblera bon, et qu'il y aura toujours plus que ça ne vaudra pour elle. Si elle allait trop loin, je suis décidé à ne pas accepter..... Je voudrais bien m'en aller!!!....

Il resta pourtant. Nous croyons qu'il eut tort. Après la scène inconvenante, racontée avec une si mordante vérité dans les lignes qui précèdent, l'artiste aurait dû, pour sa propre dignité et par respect pour son art, ne pas accepter la situation qui lui était faite. Mais il voulut lutter encore. Ce fut en vain, soit, que dans sa vanité et son amour-propre blessé, la femme qui voulait « être rajeunie », ne pardonnât pas, soit que le portrait fut réellement manqué. L'échec fut complet. Sans hésiter davantage M. Devéria repartit pour la Haye où il alla attendre le bon plaisir de la cour. Ce qui rendait la situation plus douloureuse, c'est qu'il ne s'agissait pas pour lui uniquement de gloire. La terrible question d'argent s'imposait dans toute sa rigueur et ayant dépensé son temps au service de la reine, qui ne lui avait jamais fait l'honneur de le prendre assez au sérieux pour lui accorder une heure de pose véritable, il lui paraissait juste d'être désintéressé de sa peine. Considéré et traité comme un ouvrier vulgaire, il était en droit d'attendre son salaire. Il lui était pourtant amer de ne pas le gagner. Avec cette persévérance qui résista chez lui à tous les revers, il proposa à la reine de recommencer. Il fit de mémoire, en attendant le retour de la cour à La Haye, une esquisse, dans une autre pose qui, parut d'abord plaire à Sa Majesté. Elle se montra un peu plus gracieuse, mais ce second effort ne réussit pas plus que le premier, il fut même plus nul encore, car il est aisé de voir que la première fois l'artiste considérait la sentence comme injuste, tandis qu'il fut le premier à condamner la seconde épreuve.

« *Lundi, 10 septembre 49.* — Donc j'ai eu une dernière séance de la reine. Oh! laissez-moi partir! que j'aille n'importe où, cacher ma misère, hélas! et pourtant il me faut encore rester ici une huitaine..... Allons, allons, pour aujourd'hui, c'est fini! Demain aura soin de ce qui le regarde. Jeudi, tout sera terminé encore une fois, et si je vis, je recommence sur nouveaux frais. Je vais écrire à ma femme avant de me coucher..... »

Nous avons vu qu'Eugène Devéria avait prévu le cas où la reine voudrait royalement terminer une transaction, qui avait si complètement échoué, en l'indemnisant trop largement de ses peines. Il ne paraît pas qu'il ait eu cet excès de générosité à repousser. On lui fit remettre une décoration (un des ordres de Hollande) et puis, sans doute, peu de chose avec, car Mme Tinne, dont la position dut être fort pénible en toute cette affaire, connaissant la situation précaire de l'artiste, s'ingénia pour lui prouver que tous les Hollandais n'avaient pas la main aussi fermée. M. Devéria avait exécuté pour elle divers petits travaux afin de reconnaître ce qu'elle faisait pour lui ; il avait donné des leçons à sa fille et mis dans l'album de celle-ci quelques souvenirs de son passage. La mère sut lui montrer le prix qu'elle attachait à ces choses et se montra aussi généreuse que la cour l'avait été peu.

Tout dut être douloureux, pour M. Devéria à cette époque. Recevoir là où il avait voulu donner, le froissait autant et même plus que de se voir refuser ce qu'il croyait avoir gagné. Chaque fois qu'il faisait allusion plus tard à ce moment de sa vie, son grand front pâle, pâlissait encore, et sur ses traits et dans son rire un peu amer, on voyait passer le ressouvenir de ce qu'il avait souffert. Ce supplice avait duré un mois. Il resta encore un peu, terminant diverses choses commencées, et quitta enfin la Hollande, s'en allant plus loin, à la poursuite du pain quotidien, avec un peu moins d'espérance et une désillusion de plus.

III

1849. — 1857.

Il traversa l'Angleterre, presque sans s'arrêter et se rendit directement à Édimbourg, où l'attendait son oncle Chaumont, le « petit oncle » de sa jeunesse. Par suite de diverses circonstances, ce jeune homme, fixé depuis longtemps en Écosse, y avait subi la même transformation morale qu'Eugène Devéria. Après être, par conviction, devenu protestant, il s'était marié et vivait entouré de l'estime générale. Ce fut chez lui qu'Eugène Devéria fut reçu à son arrivée; ce fut là qu'il passa la première partie de ce premier séjour, qui fut long. Il resta, en effet, en Écosse du mois d'octobre 1849 au mois de juillet 1851, sans interruption. Il s'y fit de nombreux amis qui l'initièrent à toutes les manifestations de cette piété écossaise, plus vivante et cordiale que large. Il crut d'abord avoir trouvé l'idéal, mais, là comme ailleurs, les imperfections, inévitables dans tout ce qui est humain, lui firent éprouver un désenchantement. Il eut une crise d'oppression morale dans ce milieu, dont l'atmosphère très pure était comme raréfiée. Plus tard, ce qu'il y avait de parfaitement droit et de profond dans les sentiments religieux de ses frères étrangers, le frappa de nouveau ; il fit au milieu d'eux quelques expériences salutaires qui eurent pour résultat de l'inviter à garder pendant assez longtemps, le silence dans l'Église.

Cependant, ne perdant pas de vue le but de son voyage, Eugène Devéria se mit courageusement à l'œuvre : il travailla beaucoup, escomptant l'avenir, s'efforçant de ressaisir cet insaisissable succès qu'il avait atteint un jour en se jouant. Dès les premiers mois de son séjour en Ecosse, il fut appelé à faire le portrait de la grande-duchesse Stéphanie de Bade, belle-mère du duc de Hamilton. Ce fut dans la résidence princière de Broodick-Castle, dans l'île d'Arran, qu'il passa la fin de 1849 et le commencement de 1850. L'année suivante, il eut la première atteinte du mal terrible qui devait le terrasser quinze ans plus tard. Nous citerons sur cette époque de l'existence de notre artiste, les fragments suivants :

« *Mardi, 16 octobre 1849. Édimbourg.* — ..... Nos visites ont fini chez un peintre de portraits appelé Gordon Watson. Il a un talent réel pour les têtes d'hommes. Il ressemble, en inférieur, à sir Thomas Lawrence et a, dans cette ville, une réputation méritée qu'il escompte à beaux deniers comptants. J'avoue que je n'ai nullement la prétention de lutter contre lui ; je ne suis pas si *cruche* que de me frotter à un pareil *pot-de-fer*. Mais il y a beaucoup de place en dessous de lui, et à une grande distance. C'est là tout ce que je veux. Il se fait payer ses portraits avec mains, 200 guinées, il est certain que je les ferais volontiers pour 50 (1). »

Ce fut alors qu'il partit pour l'île d'Arran, pour faire le portrait de la grande duchesse Stéphanie ; ce fut là qu'il finit l'année 1849.

« *31 décembre 1849. Hamilton place.....* Je suis allé, après la séance, chez un certain Sir William Maxwell que j'avais vu ici. Je me bornerai à mentionner deux portraits qui étaient le but pour lequel le marquis m'avait engagé à aller avec eux. L'un en pied, est bon. C'est un officier de cavalerie rouge et blanc appuyé sur son cheval noir, éclairé par derrière du côté de l'oreille droite. La tête est excellente, cependant l'ensemble du tableau ne me paraît pas très bon. Le second, du même artiste, mort maintenant, (et qui a fait il y a quelque trente-cinq ans le portrait enfant du marquis qui est charmant) est un portrait mi-corps d'un officier d'infanterie, en rouge aussi; la main gauche sur la poignée du sabre, la droite appuyée par le pouce dans la ceinture.

(1) Bibliothèque de Pau. Vol. III, p. 691.

C'est une des meilleures peintures que j'aie jamais vues. La tête est peinte avec une fermeté que n'avait pas toujours sir Thomas Lawrence, et les habits sont rendus avec une largeur qui rappelle tout à fait le superbe sans-façon des Maîtres véritables. Quelle différence entre cette belle liberté du talent et notre misérable esclavage du détail caractéristique, [esclavage] de la médiocrité qui cherche dans le trompe l'œil à pallier sa petitesse. J'avoue que mon ambition n'irait pas plus loin que ce portrait. Je pense que celui qui pourrait fournir une carrière un peu longue, remplie d'œuvres semblables, placerait son nom auprès des plus illustres que la postérité prisera. Au déjeuner, j'ai demandé au marquis le nom du peintre en question ; il s'appelait Rœburn. Son nom est peu connu même en Angleterre parce que, Écossais, il n'est jamais allé au dehors, demander à la Renommée de le faire résonner dans sa trompette menteuse...

Ainsi voilà encore une année finie pour la terre, encore un grand pas de fait vers l'éternité, encore une addition de péchés et de misères de toutes sortes écrits au livre qui sera lu devant tous ; encore un poids ajouté au fardeau d'iniquités qui, dans la balance de la Justice Éternelle ne peut être emporté que par le poids adorable de la justice du Saint Éternel. C'est un jour où il serait doux d'être avec des frères pour s'occuper ensemble de la vanité de la vie, bénir le Dieu qui nous a gardés jusqu'à ce jour et lui demander la bénédiction dont nous avons besoin pour mieux user des jours qu'il nous comptera encore (1) ».

(1) Bibliothèque de Pau. Vol. IV, page 326.

A son retour à Édimbourg, Eugène Devéria s'occupa de divers tableaux de moyenne dimension qu'il supposait, par le choix des sujets, devoir plaire aux Écossais. Une *Ophélie*, la *Sunnamite* tenant sur ses genoux son fils mourant, et *la mort du duc de Rothay* (tiré de : *La jolie fille de Perth*). Mais tout ce travail ne lui faisait oublier ni sa famille ni son pays.

« *25 janvier 1850*. — ……..…Je me suis mis à lire le discours de M. de Montalembert sur le projet de loi de l'instruction [publique ?]… comme c'est suivi, comme c'est paisible, plein de bonnes et douces pensées. On voit… que des hommes comme celui-là veulent faire du bien. Ils paraissent vouloir bâtir et s'ils se trompent, ils le font avec une bonne foi [évidente]; aussi auront-ils gain de cause (1). »

« *20 février 1850, Exposition d'Edimbourg.* — ….. Les portraits ne sont décidément pas très bons. Celui de Rœburn les condamne tous, et parmi les peintres de figures, il manque, quoiqu'ils en disent, une qualité dont je ne sais pas me passer, la composition. Un seul a ce quelque chose, un M. Thomas Fead ? — Ses tableaux sont spirituels ; c'est un peu beaucoup ce qui manque à la généralité. Beaucoup de facultés d'acquit, peu de ce goût indéfinissable, mais sans lequel il n'y a pas d'Ecole. Les classiques ne valent pas Ingres ou Delaroche ou Couture,

(1) Bibliothèque de Pau. Vol. IV.

et les hommes de facilité sont loin d'Horace et de sa queue. Ce qu'il y a de plus remarquable, sans contredit, est un tableau de Landseer appartenant à la reine, intitulé fort impertinemment : « *Free church* », représentant trois chiens et quatre têtes d'hommes et de femmes dans l'attitude du recueillement. C'est admirable, voilà tout : même les hommes sont peints avec une aisance qu'on ne peut comprendre qu'en la voyant (1). »

« *Dimanche 10 mars 1850.* — .... Me voici, écrivant ces quelques lignes, plus dégoûté que jamais des assemblées libres et de l'orgueil que j'ai dans le cœur et qui m'empêche de me trouver bien, là où tant de gens paraissent se plaire, parce que sans doute ils y apportent des sentiments meilleurs que ceux que je porte en moi. Je suis bien curieux de savoir si c'est aussi ennuyeux en français et si c'est là le plat que je sers à ceux à qui je parle et j'ai beaucoup de propensions à le croire. Ça doit les ennuyer copieusement..... Je veux donc apprendre à me taire, ce qui me paraît une œuvre qui ne peut qu'être agréable à Dieu. Je ne veux plus que m'occuper de ce qui regarde mon salut, dans le recueillement et la solitude. Je ne veux plus même écrire ces lettres qui ont fait plus de mal que de bien à ceux à qui je les ai écrites..... Dieu me pardonne l'orgueil que j'ai probablement manifesté depuis que je marche dans la voie à à laquelle je renonce (2) »

(1) Bibliothèque de Pau. Vol. IV, p. 482.
(2) Bibliothèque de Pau. Vol. IV, p. 525.

Lettre à Achille.

12 mars 1850.

« Il y a neuf mois que j'ai quitté la France, neuf mois que je t'ai vu pour la dernière fois, neuf mois que le plus cher, le plus aimé de mes amis ne m'a donné signe de vie. Il est vrai de dire qu'il y a aussi neuf mois que je ne t'ai écrit, et je ne m'habitue pas à cette étrangeté. Quand je me demande quelle est la cause d'un fait semblable, il me semble me rappeler des choses si bizarres, que j'ose à peine croire que ma mémoire ne soit pas folle à lier. Imagine-toi qu'il me semble que tu m'as dit, que j'étais trop bête pour que tu eusses des communications avec moi, que tu ne me répondrais pas tant que mes lettres auraient le même caractère, que sais-je ? des sottises enfin, qui ne peuvent être sorties de la tête d'un homme que l'on croit sage..... ni du cœur d'un frère qui a été plus qu'un frère..... En sorte que je me dis qu'il faut que j'aie fait quelqu'une de ces bourdes qui ont ameuté contre moi, toute ma vie, des gens que je ne pensais pas du tout avoir offensés. Le nombre s'en rapetisse, la mort les moissonne, les uns ont pardonné, les autres ont peut-être emporté leur colère dans la tombe parce que je ne me suis pas assez hâté de demander pardon. Or je ne veux pas qu'il en soit de même entre nous..... Si j'ai dit ou fait quelque chose de fâcheux, si j'ai encore froissé ton cœur, allons, ne garde pas cela, pardonne et ôte cette goutte d'huile brûlante qui entretient ta douleur. C'est en toute sincérité que je condamne tout ce qui peut t'avoir offensé. Tu le sais, j'ai longtemps été un brutal, comme disait Paulin, je joue comme l'âne ou comme l'ours de La Fontaine sans penser au mal que je fais. Il me semble qu'il y a quelques changements en moi, mais enfin, on se fait illusion à soi-même, et d'autres peuvent ne pas les voir. Voyons, sois indulgent; tu peux avoir besoin d'indulgence un jour qui n'est pas loin. Dépêche-toi. Nous devenons vieux, l'écheveau se raccourcit, il est peut-être plus près de sa fin que nous ne le voudrions, que nous ne nous y attendons. Il serait pourtant pénible de nous quitter dans des circonstances pareilles.

. . . .

« ..... Je rencontre parfois des gens qui me parlent des plaintes que tu leur fais à mon sujet. Mais c'est à moi, ami, qu'il faut les faire; au lieu de parler une demi-heure, écris de temps en temps, une demi-heure et au bout d'un peu de temps j'aurai un charmant petit volume à lire. Maintenant les lettres ne sont pas chères, on peut s'en écrire de longues; enfin tu peux bien donner quelques moments dans ta vie à celui à qui tu as déjà tant donné. Il y a quelque chose de très favorable dans l'échange de deux pensées aussi longtemps unies que les nôtres l'ont été. Nous vieillissons, nous vieillissons. Si nous nous frottions un peu, ça redeviendrait plus brillant; nos idées n'ont plus de saveur, toujours sur le même sol, elles se vivifieraient, peut-être encore, en s'échangeant..... Essayons, frère, d'échanger nos pensées, cette graine de nos âmes, et nous y trouverons décidément un grand bénéfice.

« J'ai beau faire, je ne puis comprendre comment tu peux bouder si longtemps ; ce n'est pas la conduite d'un homme. Si c'était moi qui eusse renoncé à notre amitié, je comprendrais... Les fils, les obligés sont souvent ingrats. Mais non ! c'est celui qui a donné, qui a aimé le premier, celui qui s'est sacrifié, qui va s'aviser de cesser d'aimer. C'est une anomalie en psychologie.

« Théodule est plus homme que toi ; nous nous écrivons depuis cinq ans, nous causons, nous discutons ; je lui donne des raisons, il me répond des duretés, et puis, quand il a fini, il est encore mon frère comme par le passé. Il ne regrette pas de me donner, et c'est ma propriété, une heure de temps en temps. Il me trouve, aussi, bête et ridicule, mais alors il me montre sa sagesse et comme cela je vis avec lui à deux milles lieues, plus que s'il était en Europe, probablement. Pourquoi ne pas faire comme lui ? Tu me répondras que tu n'as pas de temps à perdre à des sottises inutiles, et je dirai que tu n'as pas le droit de me repousser quelque mal que j'aie fait ; car tu prétends m'avoir pardonné, et tu ne dois pas donner de moi au monde une idée plus mauvaise que je ne la mérite ; il est évident que chacun croit que c'est moi qui me suis retiré, tandis que c'est toi qui me ferme la porte de ton cœur.

« Allons, frère, je ne veux pas t'en écrire plus long, bien qu'il y ait beaucoup à dire encore, il y en a assez si tu veux comprendre. Si tu es décidé à ne le vouloir pas, j'accumule en vain les phrases.

« Donne-moi audience, ami, et ne te joins pas à tous ces fous enfants, qui m'ont pris en grippe parce que j'ai eu quelque envie de leur montrer le trou qui est devant eux..... Sois courageux ; ne laisse pas cette lettre sans réponse, et laisse-moi assister aux sensations d'un cœur qui a été si longtemps un livre ouvert pour moi........ Voyons, frère, nous avons encore un petit bout à marcher ensemble, causons en attendant que le soleil se couche ; ce ne sera pas long probablement et si tu ne me trouves pas aussi spirituel que tu le voudrais, hé, songe qu'il faut un peu d'indulgence, sans quoi le monde s'éparpillerait par le mouvement actif qui l'entraîne. Nous sommes un peu vieux, et cependant j'aimerais encore t'embrasser, comme quand nous avions des cheveux et qu'ils étaient noirs, aussi bien que tes mioches qui doivent être tout étonnés que tu ne reçoives jamais de lettre de l'oncle Eugène. Pense à tout cela, et laisse-nous être encore les deux frères d'autrefois (1). »

Réponse d'Achille.

« Margaritas ante porcos. » Cher ami, on m'a dit que ta lettre est charmante et je t'en remercie, mais j'ai vu que c'était trop long pour moi. J'ai compris que c'était de la bonne affection, et tu as bien raison. Quant aux pourquoi de plus ou moins de lettres, c'est bien simple. Je ne lis pas les lettres que je reçois. Je me fais dire ce qu'il y a dedans, et je ne m'en laisse dire que les faits, et moi je n'écris jamais ou enfin je n'écris que lorsque je ne peux pas l'éviter.

« De plus, nous avons chacun des monomanies

(1) Bibliothèque de Pau. Vol. IV, à la suite.

plus ou moins désobligeantes. J'évite de parler des miennes et je compte sur la même discrétion de la part des autres. Il est de notoriété que chacun de nous a fait pour l'autre ce que sa puissance lui a permis de faire. Ce bon vouloir de chacun de nous est incontestable, mais stérile aujourd'hui. C'est un grand regret pour moi. Chacun de nous est aujourd'hui un chef de file qui veut bien se rappetisser pour les jeunes. Mais de se faire des m'amours entre barbons qui s'aimen,t ne me paraît pas indispensable. Nos besognes et les sollicitudes que nous inspirent les établissements possibles pour nos enfants, pourront nous servir d'excuse.

« Théodule est en progrès dans les études d'archéologie orientale, j'espère qu'il arrivera à quelque chose. Les autres vont bien.

» Tout à toi,

« Ach. Dévéria »

De Mme Achille Devéria. — Même lettre.

« Son affection vous est restée entière, cher Eugène; vous en seriez convaincu si vous entendiez ses exclamations de regret que vos deux vies n'aient pu s'arranger côte à côte, et vos idées s'étager les unes sur les autres. Vous êtes bien les deux frères; même richesse d'imagination, mais quelle différence dans l'emploi : Chez vous, elle a produit l'enthousiasme religieux qui absorbe et dépasse toute chose dans cette vie; chez Achille, elle produit cette fièvre de travail qui le fait se passionner pour les collections. Pour lui hors de là, la vie n'a ni but, ni charme, il ne veut pas comprendre la façon de voir des autres et les repousse avec les sarcasmes, comme vous, cher frère, avec les tristes prévisions. Vivant l'un près de l'autre, vous seriez-vous modifiés l'un et l'autre ? Je crois que non. Soyez indulgent, cher Eugène ; ne me traitez pas d'impie de comparer les préoccupations d'Achille aux vôtres. Hélas ! Dieu reçoit chaque jour mes tremblantes prières. Le sort de mes enfants est entre ses mains, et je sens combien je mérite peu qu'Il leur envoie le bonheur. Croyez surtout, Eugène que j'approuve l'élévation de vos préoccupations. Vous êtes l'un et l'autre de nobles créatures du Seigneur, et l'ami revient toujours s'abriter avec bonheur, près de vous, près de lui, si éloignés des turpitudes des autres hommes.

« Mes enfants grandissent. Simples et bonnes sont mes filles. Théodule est très travailleur et ne doit pas quitter la maison ; des hommes sérieux en font leur camarade d'étude. Il apprend le cophte dans les Bibles imprimées pour les peuples qui parlent cette langue. Il étudie aussi l'arabe, le grec et devient savant Égyptologue.

« Bien cher Eugène, le silence, l'éloignement ne seront jamais suffisants pour nous désapprendre à vous aimer. Priez pour moi, priez pour eux (1).

« CÉLESTE DEVÉRIA. »

Édimbourg. Journal. — 23 mars 1850.
« Je regrette fort d'avoir tant tardé à reprendre le récit de ma vie ; je voudrais avoir le temps de

(1) Bibliothèque de Pau. Vol. IV

le finir. Plus je vais, plus je sens l'influence de mon passé sur mon présent. Aussi plus je sens le besoin de laisser ce triste souvenir après moi. Il est vrai que je ne sais qui le lira. Mary ne s'en souciera guère ; C... n'est pas de la branche solidaire de mes fautes ; ma femme n'aura probablement jamais la fantaisie d'y mettre le nez. Elle ne se soucie pas de regarder, par ma lorgnette, dans un passé qu'elle ne veut pas trouver aussi laid que je le vois. En sorte que je ne sais vraiment pas pourquoi je perds ainsi mon temps. Car ces papiers n'iront pas même à mes neveux, qui se hâteraient d'en faire du papier Blanchard (pour le nettoyage des palettes). Et pourtant je suis tellement seul que j'ai besoin de revivre un peu, au milieu de ceux que j'ai tant aimés. Je me plairais à ressusciter ma belle, ma bonne, ma chère Octavie (ma sœur) à vivre quelque peu avec elle, de cette vie où l'on pleurait parfois, mais aussi où l'on était si gai, qu'on se prend à la regretter à mesure que l'on avance en âge. Ma sœur Désirée a renoncé tacitement à m'écrire. Achille m'a écrit hier qu'il ne se donne pas la peine de lire mes lettres, encore bien moins d'y répondre, si ce n'est pour me dire quelques mots comme ceux que l'on dit, le plus doucement possible, à celui sur lequel on referme sa porte pour ne plus la rouvrir. Hyppolite m'a repoussé comme hérétique. Serres a peur de moi, Alexis ne daigne pas même répondre à ma dernière lettre si pressante, et, pour combler la coupe des petites amertumes, il y a près de trois mois que mes filles ne m'ont écrit, et ma femme ne m'écrit que des choses dans lesquelles l'âme et le cœur ne prennent pas la moindre place.

« Mes amis spirituels m'ont dépassé et ne m'écrivent, à grand'peine, que quand je les sollicite par mes lettres, ce que je n'ose plus faire parce que je ne les comprends presque plus, en sorte que je vis dans une vraie solitude... n'ayant aucune communication avec mon oncle, qui n'a jamais mis le pied dans ma chambre pour causer un peu intimement. Ma tante est une Écossaise qui ne parle pas de religion ; le plus souvent elle parle anglais avec ses enfants, et alors je suis plus seul que jamais, car je n'y comprends pas plus que le premier jour.

« Je vis donc face à face, avec moi-même et mes toiles. Je renonce aux instructions qui me sont pierre d'achoppement ;.... tout ce que je puis faire est de vivre dans ce passé..... qui m'humilie, afin de venir, toujours plus soumis et plus petit, au trône de la miséricorde, et de trouver de plus en plus, dans le livre de Dieu et dans la prière, ce quelque chose qu'Il veut me donner en échange de ce qu'Il m'a retiré.

« J'aime autant ne pas écrire plus longtemps ; je finirais par ne dire que des bêtises, en exprimant l'étonnement que j'éprouve à n'être pas aimé, quand, cependant, je suis si convaincu de n'être pas aimable.

« J'espère que Dieu m'aime ; je ne crois pas qu'une aussi mauvaise nature que la mienne puisse l'aimer, si peu soit-il, sans qu'Il lui eût donné des preuves incontestables d'un amour heureusement inaliénable. La seule chose qu'il y ait en moi, à l'état de sentiment au moins, puisqu'il paraît que le monde ne s'en aperçoit pas, c'est une indulgence absolue pour les pécheurs. Je ne me suis pas oublié et je crois tout possible quant à eux par la puissance du Saint-Esprit. Aussi insisterai-je toujours avec mes amis et mes parents, afin d'accomplir un devoir, mais sans m'étonner et me fâcher de mon manque de succès (1) ... »

Lettre de Mary à son père.

Pau, 1ᵉʳ avril 1850.

« Cher père,

« Tu me rappelles, dans ta dernière lettre, quelque chose que je cherche à oublier, c'est que je vais avoir dix-neuf ans. J'ai beau y réfléchir sérieusement, je ne puis pas encore y croire, quand je pense que toutes les demoiselles qui sont autour de moi sont si sages, si raisonnables, et que moi je suis encore si enfant et si peu grande personne. Cela me fait honte. Cependant ce n'est pas faute de bonnes résolutions, mais elles échouent toujours au moment de l'exécution. Maintenant je ne veux songer au mauvais passé que pour mieux employer les années qui me seront encore données dans l'avenir ! Mais si le Seigneur ne sanctifie pas mes bonnes résolutions que puis-je faire par moi-même ? Rien du tout. Aussi, si je fais quelques progrès pendant cette nouvelle année en sagesse et en raison, je Lui en reporterai toute la gloire......

« J'ai reçu, il y a quelque temps un des albums de ma tante Laure. C'est une œuvre admirable. J'ai frémi en pensant au chemin que j'avais à faire avant d'approcher de l'imitation, moi surtout qui avais le *toupet* de dire que je dessinais

(1) Bibliothèque de Pau. Vol. IV, p. 568.

les fleurs. Pourtant je ne me suis pas découragée et je me suis mise au travail ; la première a été très mal, la seconde un peu moins, et la troisième, à laquelle je suis, va assez bien. Tu juges de ma joie ; je les fais assez passablement, maintenant, pour avoir accepté une leçon que je donne, trois fois par semaine, à Mme de Floirac? cousine de Mme de Chabrol. Je dessine très souvent avec M. (ou Mme) de Saint-Perrier qui a fait beaucoup de progrès en étudiant ma tante. Je suis en train de faire une des grandes fleurs en infiniment petit et Mlle Ruymer, qui part le mois prochain pour l'Écosse, te la remettra, j'espère. Je voudrais bien savoir, de toi, s'il est bon que je continue ce nouveau genre que j'aime beaucoup. Je mets une après-midi à faire une fleur d'un pouce carré, et je vais plus vite que toutes les personnes qui ont essayé ici. J'ai été très occupée ces temps-ci d'un ouvrage que nous avons entrepris, Mme de Saint-Perrier et moi. C'est de remplir un album que nous mettrons en loterie au profit des pauvres. La loterie de Saint-Vincent-de-Paul aura lieu le 11. La nôtre en fait partie et nous les tirerons le même jour ; nous avons déjà quatre ou cinq dessins, dont un de M. de Triqueti et de beaucoup d'autres dont je ne sais pas les noms. Je viens de finir d'arranger cet album ; tu ne peux te figurer le mal au cœur que j'ai, quand je pense qu'il ne me restera pas. Mme de Saint-Perrier était désolée de n'avoir pas un petit croquis de toi pour mettre au commencement. Mais je n'ai pas osé le donner sans ta permission, et il aurait fallu l'ôter du mien, j'aime autant qu'il y reste. *Un tiens vaut mieux que deux tu l'auras.* J'ai fait la femme et l'enfant dont tu as le tableau, et les deux petites femmes des Eaux-Bonnes à la chapelle, modèle appartenant à M. Schlumberger.

« Je continue à aller régulièrement à la Miséricorde. J'ai été nommée secrétaire, il y a deux mois : j'ai maintenant deux familles à visiter. C'est si peu de chose auprès de ce que la charité devrait tenir de place dans notre vie. J'ai eu l'autre jour un grand chagrin. On m'avait donné à visiter une bonne petite vieille de 98 ans; j'allais la voir toutes les semaines ; j'avais l'habitude de l'embrasser et elle se mettait à pleurer de joie. Elle m'aimait beaucoup et voulait toujours me faire dîner avec elle. Peut-être que si son dîner avait été propre j'aurais accepté; mais il était ordinairement accompagné d'une foule de toiles d'araignées, toutes plus vieilles les unes que les autres, ce qui ne me souriait pas extrêmement. Il y a trois semaines, j'allai la voir comme à l'ordinaire; j'entre et je trouve ma pauvre mère étendue morte sur son lit. Je lui ai touché la main pour la dernière fois et je m'en suis allée bien triste, car c'était la première pauvre qui s'était montrée reconnaissante des soins que j'avais pour elle.

« J'ai reçu une très jolie lettre de mon oncle de l'Inde ; je lui ai répondu le mois dernier. Il est beaucoup plus content de Théodule depuis qu'il va au collège et il me dit qu'il le laissera encore deux ou trois ans avec nous..... M. R.... me charge de te dire qu'il voudrait bien une réponse à la lettre qu'il t'a écrite ; j'ai même compris qu'il n'osait pas recommencer ne sachant pas si sa lettre t'avait fait du plaisir ou de la peine..... M. Gould, un jeune Anglais qui est ici, a découvert, il y a deux mois, une mosaïque sur la route des Eaux-Bonnes, à gauche ; c'est une belle découverte et surtout très intéressante pour le pays ; elle est devenue le but de promenade de tous les gens de la ville. Jeudi dernier il y a eu jusqu'à 3,000 ? visiteurs. On suppose que ce sont d'anciens bains ; je le croirais volontiers, car dans une des principales chambres, il y a une grande tête de Neptune, avec un trident et une auréole de poissons autour de lui. J'y suis allée deux fois : j'ai dessiné les plus beaux morceaux, qui sont au nombre de dix. Nous avons eu un hiver magnifique, ce qui a contribué à faire passer une bonne saison à maman... Adieu, cher petit père, je t'aime et t'embrasse de tout mon cœur (1).

« Ta fille,
« Marie Devéria. »

« Maman, C... et Théodule te baisent bien fort. »

« *Dimanche, 14 juillet 1850.* — *Journal...* Je me suis régalé en lisant : le « Vase de parfums » de Vinet. Quelle délicieuse musique céleste, que d'amour pour Dieu et Jésus ! quelle forme séraphique, en parlant de ce qu'il y a de plus beau et de meilleur ! Dieu soit béni pour cette dernière nourriture, si supérieure à toutes celles du jour. J'ai admiré, j'ai pleuré, j'ai aimé et j'ai été vraiment, heureux de voir que l'amour du Sauveur pouvait produire de semblables fruits dans le cœur humain, naturellement si éloigné de ces

---

(1) Bibliothèque de Pau. Vol. V, p. 85.

merveilles. Gloire à Celui qui n'a pas cessé de faire des miracles qui réjouissent son Église, et sur lesquels viennent se briser les incrédules. Il est bon de marcher quelque peu par la vue (1).

Lettre à Mary.

23 août 1850. Édimbourg.

« Chère enfant,

« Je ne suis pas comme certaines personnes qui ne peuvent se décider à répondre un seul mot aux lettres qu'elles reçoivent. Moi, je ne sais pas ainsi faire, et j'aime à suivre mes amis sur le terrain qu'ils me donnent ; toujours je puis répondre à ceux que j'aime, et béni soit Dieu, il y en a beaucoup, alors même que je ne suis pas de leur avis, ce qui ne me paraît pas absolument nécessaire pour causer ensemble.

« Je vais donc répondre à ta lettre et te donner les raisons qui me paraissent bonnes pour te refuser, ou du moins pour retarder l'accomplissement de ton désir. Depuis que j'ai reçu ta lettre, la pensée de la réponse me poursuit dans mon travail, à table, elle se fourre dans mes prières, dans mes lectures, et tout à l'heure... je me suis mis à pleurer devant mon Dieu avec qui je ne dissimule pas. Maintenant que j'ai repris mon sang-froid je vais me débarrasser de cette idée persistante. Je viens donc de relire ta lettre..... et comme elle commence par la question voyage, c'est par elle que je commence aussi.

(1) Bibliothèque de Pau. Vol. V.

Tu m'engages à y réfléchir beaucoup, mais comme ma pensée roule souvent sur ces questions, et qu'elles sont toutes solutionnées, je n'ai pas besoin de tarder plus longtemps.

« Quand il s'agit de te refuser quelque chose et de t'attrister il faut que ce soit pour une cause grave et sérieuse. Ecoute donc et juge si je suis dans la vérité.

« ……Je dis que tu ne dois pas venir et j'y vois trois raisons majeures….. D'abord ta mère ; ensuite, l'argent ; ensuite la question religieuse.

« Ta mère : comment veux-tu, à l'état de faiblesse, de maladie, de tristesse où elle est réduite, ajouter une douleur comme celle de cesser de te voir? S'il y avait une bonne raison, je ne dis pas, mais simplement pour notre plaisir ! C'est trop peu de chose. Elle a été cinq mois à se consoler de l'absence de son brutal, que serait-ce, aimée, que le départ de sa belle douce? nous ne pouvons donc pas lui retirer cette fête.

« Quant à l'argent, c'est d'une gravité immense. Songes donc que c'est là que mes péchés, mes prodigalités en tête, se montrent dans toute leur laideur, car je dois 10,000 francs !... tant que cette dette est là, tout ce que nous dépenserions au-delà du nécessaire serait vol ; il faut donc d'abord payer ses dettes. La vie est tellement chère ici, que l'adjonction de ta chère personne multiplierait coupablement les dépenses déjà si grandes. Nous avons cette année la conscription de Théodule ; Achille n'a plus de locataires, sa maison lui coûte 1,000 écus d'intérêt par an, et il n'a plus que 1,000 écus d'appointements. Il faut bien que je l'aide, si possible. J'ai payé ces jours-ci, à tante Désirée, 500 francs. Tu vois qu'il n'y a que sujets de tristesse de ce côté et que l'économie la plus stricte doit maintenant présider à toute notre vie.

« Vois un peu quels fruits amers portent les fautes de la jeunesse ; pour les réparer autant que possible, je suis obligé de vous quitter, de sacrifier le plaisir de vous voir, et même le talent que tu gagnerais peut-être si nous étions ensemble. Oh ! comprends, chère aimée, ce que nous coûtent les erreurs de ma jeunesse aveugle : je lève une grosse imposition sur ton avenir, sur la satisfaction de ma vanité quant à la part de gloire que tu aurais pu récolter de la part des hommes... mais quoi, tout n'est peut-être pas perdu. Si nous vivons nous retrouverons cela. Si nous mourons, j'espère que nous aurons une part meilleure que toutes celles de la terre, et qui ne nous sera pas ôtée.

« Quant à la question religieuse, je t'assure que tu n'y aurais que déboires et moi aussi. Nous nous imaginons que nous serions bien ensemble ; nous serions très mal. Je suis plus exagéré que jamais ; tous mes amis sont protestants et, je suis fâché de le dire, fort antipathiques à l'Église à laquelle tu appartiens. Nous nous froisserions à toute heure... Il n'y a pas de prêtre qui sache le français, il n'y a pas de pratique possible des détails de ta communion ; tu vois qu'il n'est pas possible de forcer la main de Dieu... Il veut que nous vivions éloignés... que son nom soit béni.

« Pourtant je le dis sincèrement, la question d'argent levée (ce qui ne sera peut-être pas très long), je te laisserai libre de faire ce qui te conviendra. Nous nous arrangerons avec la pauvre maman, et nous tâcherons de vivre ensemble... dans le tête-à-tête. Mais tant que cette question pèsera de tout son poids dans la balance, c'est impossible.....

« Encore quelques mois bien vite écoulés et nous nous retrouverons, comme si nous avions dormi un peu plus longtemps qu'à l'ordinaire. Jusqu'à présent malgré tes prévisions je n'ai qu'un camp-volant. Je vis à la semaine. C'est l'hiver qui va décider si je suis au goût des Écossais ou non. Les semailles poussent : en ce moment, il n'y a plus rien à faire ; il faut attendre l'heure de la récolte comme le laboureur après toutes ses fatigues. Si ce n'était pas si cher, j'aurais eu parfaitement le temps d'aller passer deux mois à Pau. Mais pendant que j'en parle, les deux mois vont être passés, et le moment du travail reviendra. Humainement parlant, il y a de bonnes chances, mais qu'est-ce que tout cela ? « *Si l'Éternel ne bâtit la maison, ceux qui la bâtissent, bâtissent en vain...* » Je vais ces jours-ci faire un petit dessin, au sujet duquel tu diras à ton album de se réjouir, tout en l'attendant un peu ; vu que cela me servira à commencer quelque chose d'un peu grand que je veux tâcher de faire pour l'Exposition de Février. Quitte à ne pas vendre, je veux leur montrer mon savoir faire ; et puis, qui sait ? ils ne veulent pas des petits, peut-être voudront-ils des grands ? Puisse, Celui qui est partout et peut partout te protéger, te garder dans la plaine et dans la montagne par son Esprit, pendant que je suis nul pour toi, et que la foi en Jésus soit pour toi source de bonheur et de paix, afin que tu puisses laisser à tes

9.

enfants (si le Seigneur t'en donne) un héritage de bénédictions, à l'opposé de ton père (1).

« Eug. Devéria ».

Lettre à Mme *Tinne.*

25 septembre 1850.

« ..... Hé bien, non, chère madame, je ne serai pas à Pau cet hiver ! L'exil dure, la fortune n'est pas faite, et il faut encore, dans la solitude, expier un peu les erreurs du temps passé. Que le nom de Dieu soit béni de nous avoir préparé un lieu où nous puissions nous réunir, après les jours de larmes et de rire absurde de la terre. Je veux encore essayer un hiver. Après quoi..... mais, patience ! nous verrons ce que nous garde Celui qui sait mieux que nous ce qu'il nous faut. Je suis, pendant que toutes les maisons sont closes, en train de faire un grand tableau qui m'amuse beaucoup. J'aurais envie de l'avoir fini pour l'exposition de Glasgow, qui offre une prime de 50 Livres au plus fort. Cela m'irait très bien, je l'avoue. J'en ai encore deux pareils à faire pour une vieille dette épiscopale à Avignon. Je me sens si fort et l'esprit si libre que je veux tâcher de me débarrasser de cette charrette. Je suis comme un cheval [remorqueur] qui, même quand il s'arrête, sent le pesant bateau qui le tire en arrière. » (Allusion aux chevaux qui tirent les bateaux le long d'un canal) (2).

(1) Bibliothèque de Pau. Vol. V, p. 300. Cette lettre n'est évidemment pas la réponse à celle que nous avons citée plus haut, mais bien à une autre où Marie avait, paraît-il, demandé à son père la permission de venir le rejoindre en Écosse.
(2) Bibliothèque de Pau. Vol. V.

Lettre à Théophile Gautier.

Jeudi, 3 octobre 1850.

« Cher Théophile, j'ai reçu ces jours-ci, dans une lettre amie, des paroles tirées du journal au bas duquel vous avez été « attaché », (dites-vous quelque part fort poétiquement, tout en pleurant la mort de votre muse), « pour aboyer et pour mordre. » Je ne m'en suis jamais aperçu; vous m'avez toujours été bon et indulgent, et je vous en remercie sincèrement. Les paroles en question avaient si bien le même ton, que je ne pense pas me tromper en vous répondant par ces lignes, auxquelles je vous prie de donner quelque peu de l'indulgence que vous avez eue pour ma peinture.

« Je ne viens pas me plaindre, ami ; si vous me grondez de votre plus grosse voix, je ne me plaindrai pas encore. Mais je viens, en vous remerciant, vous donner quelques explications, qui jetteront peut-être un peu de lumière, sur les causes relatives qui ont amené la situation actuelle et vous ont porté à parler de moi avec tant de bonté encore. Comme quelques autres de nos amis, vous semblez mettre sur le compte de ma religiosité, le naufrage de mes qualités de peintre. Il n'en est rien, mais au contraire, c'est à ces sentiments, si pleins d'élévation, que je dois d'en avoir sauvé quelques bribes.

» Je reprends de plus haut et je dis : Lorsqu'en 1827, je montrai mon *Henri IV*, public et journaux me donnèrent des louanges qui m'excitèrent à bien faire. Je m'exerçai pendant environ deux ans sur des toiles de moyennes proportions, pour le duc d'Orléans, depuis notre roi, et ce n'est qu'après ces deux ans que la Maison du roi Charles X me vint en aide avec mon plafond du Louvre qui, comme vous le dites, ne le cède pas à mon Henri IV. Je crois même que le *Louis XIV et Puget* est plus réellement la manifestation de mon talent personnel, que le premier, qui avait le défaut, selon moi, d'être un peu pastiche des Maîtres que j'avais récemment étudiés. Jusqu'en 1835, je ne fis plus rien pour la Maison du roi ; tout l'intervalle est rempli par des dessins, et d'immenses esquisses d'Eglise, que je multiplais pour vivre et pour m'entretenir la main.

« En 1837, le public vit mon *Serment de Louis-Philippe* et la *Bataille de la Marsaille*; en 1838 les *Enfants de Clodomir*, l'*Apothéose de Psychée* et puis..... je disparus. Voici le pourquoi, ami. Il y a dans ce qui suit un fait bien grave sur lequel je voudrais vous voir réfléchir et dire quelque chose.

« En 1839, je fis, à Notre-Dame-de-Lorette, deux petits tableaux qui furent diversement jugés. L'opinion de Delacroix m'est un sûr garant qu'ils étaient au moins passables. Cependant le préfet décida que, tant qu'il serait préfet de la Seine, je ne ferais plus rien pour la Ville. Il a tenu parole. Je n'avais jamais rien fait pour l'Intérieur, la Ville m'était fermée. je m'étais fait des ennemis dans la Maison du roi par mon détestable caractère, et je me trouvais à 33 ans, obligé de recommencer la guerre à mes dépens. Il me fallait, comme M. Louis-Napoléon, en appeler à l'opinion publique, par un succès : cela m'a paru trop difficile, et j'y ai renoncé, aidé par des circonstances inattendues. J'allai en 1837, voir la province d'où nous sommes originaires. Je contractai à Avignon un marché, immense pour le travail, si ce n'est pour l'argent. Il s'agissait de décorer la cathédrale à moi tout seul. Je me suis mis à l'œuvre en 1839, et en 1840, je montrai une chapelle qui eut l'approbation des vrais connaisseurs. La besogne était rude je ne m'arrêtai pas et j'allai, toujours courant, jusqu'en Octobre ; alors je craquai. Le seul aide que j'ai eu, un bon ami qui ne me laissa jamais seul sur le champ de bataille (aujourd'hui peintre sur verre, qui a surtout complété mon œuvre par la décoration de marbres magnifiques), s'y fêla aussi. Il est maintenant près de sa fin, ce semble...... Moi je fus pris par la fièvre..... En Janvier, une péripneumonie vint brocher sur le tout et en Juillet je partais pour les Eaux-Bonnes, avec peu d'espérance en moi et en mes eaux. Cependant elles me guérirent. Ma convalescence dura trois ans. Pendant ce temps de faiblesse, je fis de petits portraits pour gagner ma vie. Une bonne âme me fit faire pour l'Intérieur une *Résurrection du Sauveur* qui est à Pau, puis en 1844 ou 45 je fis une *Inauguration de la statue d'Henri IV*, par Ruggi. Je finis la chose à Paris en 1845. J'eus un instant le désir de revenir, je frappai à toutes les portes ; elles restèrent closes. Neuf ans n'avaient pas amorti les animosités. Je quittai Paris en Décembre résolu à me fixer en province, n'étant plus bon à rien ! En 1847, je fis encore un effort : *La mort de Jeanne Seymour*. Elle allait peut-être me rouvrir la porte...... 1848 l'a repoussée plus fortement que jamais. Je me suis soumis, et maintenant je vis dans l'exil, seul, pour tâcher de faire vivre moi, et les miens. Je suis à Edimbourg depuis un an, après quatre mois infructueux passés en Hollande, et je ne suis guère plus avancé. Cependant je veux essayer encore un hiver.

« Vous le voyez, Théophile, ce n'est pas ma religion qu'il faut accuser de ma décadence. Elle est venue trop tard, ma chute a commencé plus tôt. La cause est la même qui a fait avorter, Court, Gigoux, Zeigler et tant d'autres, celle qui tuera le magnifique talent de Couture avant qu'il soit longtemps. C'est la cause qui a fait avorter Alfred de Vigny, Alfred de Musset et V. Hugo ! C'est peut-être la cause qui vous a fait renoncer à la lyre un peu improductive, pour le journal qui suffit plus abondamment aux dépenses qu'entraînent certains objets de luxe...... C'est puisqu'il faut le dire, le libertinage. Cette œuvre destructive qui domine la vie de Paris, cette œuvre qui dévore le plus pur de la substance de l'homme...... que nous portons en nous, dans le travail, qu'elle entrave, au bal, au jeu, qui dévore le meilleur de notre sang ; cette œuvre qui, prétend-on poétiquement, pousse l'homme aux grandes choses et qui ne le pousse qu'à la misère, à la honte, à l'avilissement de son intelligence et à la tombe. Vous riez, Théophile, parce que malgré vos cheveux gris, vous vivez peut-être encore dans ce péché. Hé bien, c'est égal, vous verrez que je ne me trompe pas......

» Mais ce n'est pas de cela qu'il s'agit, non plus que de la mort de Maximilien. J'ai voulu défendre la religion du Sauveur qui ne peut que développer l'amour du beau et, en élevant l'esprit, donner à l'artiste, au poète, au musicien, les plus sublimes inspirations. Maintenant il est bien entendu que je ne veux plus rien pour moi. J'ai essayé d'atteindre la gloire, jeune ; cela ne m'a pas réussi ; je ne ne veux plus l'essayer maintenant que ma force est défaillie, mais je voudrais, si possible, que ceux qui l'aiment, et qu'elle aime ne fussent pas déçus comme moi. Je voudrais donc, ami, qu'au lieu de n'employer votre plume qu'à critiquer, en bien et en mal, si bien le fassiez-vous, vous puissiez la dévouer à quelque chose de plus favorable à l'art. Je suis né à Paris, place Saint-Sulpice, et, avec tout mon talent, je n'ai jamais fait que mes deux tableaux de Notre-Dame-de-Lorette. N'est-ce pas une honte, que cette étrange disposition de nos gouvernements à ne pas tendre la main aux concitoyens, à mérite égal, veux-je dire ? Florence promenait les peintures de Cimabüe et était fière de ses géants. Toutes ces villes d'Italie avaient des couronnes pour ces beaux fronts dont les émanations font encore sa gloire dans sa tombe sanglante. Mais Paris est trop cosmopolite pour faire de pareilles choses. La générosité veut que l'on héberge les étrangers avant les enfants de la maison ; hé bien, c'est là une mauvaise chose. Vous devriez apprendre aux gouvernements d'État et de villes, vous dont la voix a tant de puissance et d'expansion, que l'art est chose sérieuse dans la vie des nations et que les intelligences, un peu transcendantes, sont assez rares, pour être dorlotées par les dispensateurs des grâces. Dites-leur, qu'à défaut de religion, les arts sont favorables aux peuples, que c'est un devoir de les encourager. Je ne veux pas vous en dire plus long. Vous êtes trop habile pour que je me donne la peine de fouiller le sujet, dans lequel vous trouverez de bien bonnes idées à mettre au jour. Oh ! cherchez, ami, s'il y a quelque Français laissé dans l'ombre, tandis que des étrangers se gobergent au soleil ; s'il y a quelque Parisien qui grelotte avec la tête et les mains pleines de belles choses qui ne demandent que des murs, poussez-le, ami ; je vous prie pour lui, moi, Parisien, perdu dans la foule ; moi, pauvre oublié, je viens vous dire à vous qui ne m'avez pas oublié : Laissez-moi mourir, mais soutenez-en de plus forts que moi, qui feront, aussi, long feu si leur mère ne les garde pas avec plus d'amour.

« Et maintenant, ami, je veux vous demander pardon de vous avoir..... ennuyé de ma prose. Je voudrais comme Luc à Théophile (1), vous avoir écrit des choses plus importantes et plus douces au cœur qui les possède. Mais vous êtes d'un centre où ces matières spirituelles n'ont pas cours. Je me bornerai donc à des vœux qui peuvent valoir mieux que mes paroles, qui n'ont guère fait que du mal jusqu'à ce jour, en vous priant de me garder une place dans votre bonne volonté, comme de croire à la reconnaissance et à la bien bonne volonté de votre dévoué (2).

« Eug. Devéria. »

Par suite de diverses circonstances, son séjour en Écosse se prolongeant, M. Devéria avait quitté la maison de l'oncle Chaumont et s'était installé, seul, dans un petit logement où il éprouva

(1) Allusion au commencement de l'Évangile selon saint Luc.
(2) Bibliothèque de Pau. Vol. V, p. 356.

souvent les douloureuses impressions de l'exil et de l'isolement. Le travail pourtant était venu, et les choses paraissaient en voie de s'arranger, lorsque dans la nuit du 8 au 9 Décembre 1850, il fut saisi tout-à-coup d'un mal si violent qu'il se trouva dans l'impossibilité d'appeler même du secours. La nuit tout entière s'écoula dans d'effroyables tortures et ce ne fut que lorsque la personne chargée du soin de son petit ménage, arriva, au matin de cette longue nuit d'hiver, que le pauvre artiste put être soigné. Il avait conservé de cette agonie solitaire une sorte de terreur, jointe à une humiliation profonde. Même au milieu de la souffrance, il aurait voulu pouvoir prouver sa foi par ses hymnes d'actions de grâce, et voici que la douleur physique ne lui laissait aucune liberté d'esprit, et qu'il ne pouvait former d'autre vœu que celui d'en être délivré au plus tôt !..... Il oubliait dans son chagrin, de se souvenir que cette théorie, de chants de triomphe au milieu des angoisses de la mort, n'a pu être inventée que par des hommes qui n'ont jamais souffert. Il oublia, que le Sauveur lui-même avait été dans la détresse, que son âme avait été enveloppée de ténèbres et de tristesse, qu'aucune des paroles prononcées sur la croix n'a le caractère de la joie triomphante, et que les chrétiens exaltés, qui exigent ces glorieux témoignages comme pierre de touche d'une foi que Dieu seul peut sonder, risquent fort de faire à l'épreuve la même douloureuse expérience que lui. Ce n'est pas pour rien que la parole de Dieu appelle la mort, le « Roi des épouvantements. » C'est pourquoi la confession d'Eugène Devéria ne le diminuera pas à nos yeux. Nous lui rendrons la parole, pour raconter lui-même, cette première attaque du mal terrible qui nous l'enleva 15 ans plus tard.

Dimanche, 5 janvier 1851. — « Fidèle à la pratique du christianisme Évangélique, auquel j'ai donné mon cœur depuis le jour où le Seigneur m'a fait connaître sa vérité adorable, je sentais douloureusement, parfois, mon peu de disposition à suivre Jésus à la mort, par la voie de la souffrance et du sang. Mais, confiant dans la promesse, « *à chaque jour suffit sa peine,* », j'espérais que je recevrais, dans le moment même, ce qui me serait nécessaire.

« L'heure sonna, le dimanche 8 Décembre. Ma paix était parfaite ! j'avais toutes choses, santé, force, pour moi et les miens ; mes succès soutenus me montraient l'avenir favorable à mes aimés, dans lesquels je m'oublie si volontiers, ne demandant pour moi que le bonheur de travailler pour eux, et plein de joie je me rendis à l'église.....

« Mais la soirée fut mauvaise. Pourtant, avant de me coucher, je pus m'agenouiller et répandre mon cœur devant Dieu, en prières, supplications et actions de grâce. Il est vrai que la souffrance était encore supportable et que j'étais loin d'envisager ce formidable résultat : la mort possible dans quelques heures. Quant vint cette heure, [si redoutable] je crois pouvoir dire que je n'ai pas murmuré, mais j'étais loin de louer Dieu avec Paul et Silas, meurtris.....

« .....Il était trois heures [du matin] environ et j'avais encore trois heures à attendre du secours ; j'aurais dû les passer à prier, eh bien ! je le pouvais à peine, et mon esprit quittait ma prière commencée, pour s'égarer dans de sottes spéculations, qui toujours m'éloignaient de Celui qui, heureusement, se tenait près de moi. Le jour vint, avec lui, le secours. J'aurais eu besoin d'un ami chrétien, dont la parole me ramenât à Jésus ; pas un ! pas un qui me parlât de lui ! Ma tante vint, avec bonté, passer quelques heures, mais elle est de ceux qui ne savent pas parler de ces choses ; et toujours mon esprit flottait, sans pouvoir saisir rigoureusement le gage du salut, parce qu'au lieu de dire de suite : *Ta volonté soit faite*, je pensais à échapper à la répréhension. Pourtant je fus insensiblement porté en pensée vers la réalité probable, et vers le soir du mardi... je me souvins du psaume XXXVIII que je me fis lire par Chaumont ; je fus mieux préparé, et me soumis sans murmure, même avec une sorte de gaieté, aux petites tortures de mon brave médecin. Je regardais à Christ souffrant, et en ce moment j'y trouvais une petite consolation..... Quand le mal fut vaincu, je me réjouis devant le Seigneur, plus tôt de ce que mon désir était accompli que de ce que sa volonté était faite. Comme tout cela prouve que la doctrine de la vie a encore peu de prise sur mon âme !... Jour à jour, la paix me revint, mais je sentais toujours mieux que c'était, simplement, à cause de l'espoir du retour à la santé. Les jours pénibles se sont succédé, et à l'heure qu'il est je ne suis pas encore fameux. Le Seigneur continue l'épreuve, avec douceur, jusqu'à ce que je dise : Amen, du fond du cœur. Evidemment ma foi avait besoin de passer au feu, et comme l'œuvre n'est pas encore complète je dois m'attendre à de nouvelles épreuves. Je n'avais jamais entrevu que la mort. Il ne m'était pas venu dans l'esprit une vie entremêlée de travail et d'indispositions plus ou moins répétées. Je pense que ce sera mon lot dorénavant et ce me sera bon. Je croyais ne compter que sur le Seigneur pour toutes choses. Ce sera plus sûr encore, maintenant que je n'aurai plus de force et de santé en provision. Mais si j'avais déjà de bonnes raisons pour ne plus jouer le rôle de *prêcheur* que ne sera-ce pas, maintenant, que je sais le peu d'effet de ces saintes doctrines sur ma mauvaise nature. Comment parlerai-je, sans rougir, de la puissance et de la consolation de l'Evangile? Non, non, je dois attendre qu'il ait pris sur mon cœur une puissance véritable. Jusque-là je veux me tenir dans le silence d'une solitude que le Seigneur seul doit rompre, pour m'apprendre l'efficace de sa souffrance, de sa mort, et de sa résurrection. Puissé-je dans la contemplation du mystère d'amour trouver le détachement des choses visibles et périssables, pour ne voir plus et ne désirer plus, sous l'influence de la volonté de mon Dieu, que les choses invisibles et éternelles. Quand mon cœur éclatera en chants de triomphe, à la pensée de *déloger pour être avec Christ*, quand je saurai dire :

Merci, à mon Dieu et Père du milieu des souffrances de la chair, alors *j'ouvrirai mes lèvres dans une grande assemblée*. Jusque-là, ô mon Dieu, ferme ma bouche et apprends-moi, à m'humilier jusqu'au jour où Tu trouveras bon de m'élever (1) »......

« *14 février 1851*. — J'avais l'intention, toujours différée, de finir « Ma vie » commencée dans ce journal. Différentes causes m'en ont parfois empêché et dernièrement..... j'ai presque renoncé à écrire une [histoire] qui ne sera bonne à aucun des miens, ni surtout à ma fille Mary qui se souciera fort peu de ce que peut dire un protestant. Or je ne serais pas éloigné de croire que ma vie tire à sa fin. L'impossibilité de me relever de cette indisposition, si sérieuse, de Décembre, les rechutes répétées, les misères qui m'accompagnent presque tous les jours, me portent à croire que j'ai atteint la période où le Seigneur veut par des souffrances, me préparer pour une Vie Éternelle que j'aime encore si peu, car je préfère quelques années encore de travail pour mes aimés... années que le péché souillera, à la joie d'être avec le Seigneur..... J'espère que le Seigneur perfectionnera l'œuvre qu'Il a commencée en moi et me permettra, à une heure que [je] n'aime pas à regarder en face, de me réjouir de quitter cette terre de péché pour être avec Lui. Amen.

« Quand je cherchais, il y a peu de temps encore, dans des rêves absurdes, par quels moyens le Seigneur me détacherait de cette enveloppe

(1) Bibliothèque de Pau. Vol. V, p. 408.

souillée que j'aime tant, j'entrevoyais des morts douloureuses, des maladies, des malheurs gros comme des montagnes, et voilà que, tout simplement, le Bon Père a touché ma chair du bout du doigt et m'a mis devant la mort, que j'avais peu calculée pour moi, tant je désirais que le Seigneur me permît de payer toutes mes dettes, si en retard, à cause de mes folies coupables dans un temps odieux. Puis Il m'a permis de respirer, et je me remettais à anticiper mes années de travail assidu, toujours pour le même but, et voilà qu'au moment où je m'y attendais le moins, je me retrouve aussi bas qu'il y a un mois. Aussi j'ai commencé aujourd'hui les apprêts d'un départ, suspendu chaque fois que le mieux venait relever mes espérances charnelles. Ce départ je ne sais vraiment quel il sera. Retournerai-je dans ma patrie terrestre, ou entrerai-je dans *la terre de la promesse* ? De toutes manières, il me faut faire mes caisses, soit pour en éviter la peine à Chaumont, en cas où mes bribes partiraient sans moi, soit pour moi-même, afin que, d'un moment à l'autre, je puisse me mettre en route pour la France et aller, peut-être, mourir seul, dans quelque auberge anglaise, sans autre ami que Celui qui semble m'isoler chaque jour davantage, afin que je n'aie véritablement que Lui. En toutes manières, j'agis comme n'ayant plus longtemps à demeurer ici.

« Je me sens les yeux pleins de larmes, en pensant à ceux que je puis laisser derrière moi, pauvres par ma faute; en pensant que, depuis cinq ou six ans, ma Marie n'est plus ma fille et que nous avons été si peu sujet de joie l'un pour l'autre; en pensant que mon Achille, qui vieillit et qui craint l'avenir, sera seul, après mon départ, en présence d'un déficit dans lequel je suis pour beaucoup ; en pensant que de ceux que j'aime, si peu savent le chemin du salut et que, d'un moment à l'autre, peuvent s'évanouir tous les rêves, dans lesquels je voyais le jour, où tous ensemble, les yeux tournés vers la couronne céleste, nous nous encouragerions et réjouirions mutuellement dans nos traites pénibles du désert. Mais quoi ! le Seigneur veut que je ne me confie qu'en ses promesses. Il m'appelle comme Moïse sur le mont Nébo et m'invite à espérer, contre toute espérance, qu'eux aussi suivront le chemin sur lequel Il m'a placé le premier.

« ...Si j'avais pu finir ce que j'ai en train, j'aurais pu, mes dettes particulières payées, garder quelques sous, qui auraient été, pour mes enfants, le commencement d'un peu de bien-être. Mais non, je ne puis rien terminer. Cette alternative de demi-force et de demi-faiblesse ne me permet pas d'activer mes œuvres, et je suis entouré de portraits commencés qui ne seront peut-être jamais finis...... Eh bien, de tout cela ce que je regrette le plus, c'est de ne pouvoir être joyeux dans l'attente de Celui qui nous fera semblables à Lui, mais au-delà du Jourdain seulement. A lui soit la gloire, au siècle des siècles (1) ».

Il ne partit pourtant pas, au moins aussitôt qu'il l'avait cru, comme en fait foi la lettre suivante datée d'Édimbourg.

(1) Bibliothèque de Pau. Vol. V, p 425.

A ma Mary

« 18 juin 1851, Édimbourg.

« Chère fille, je suivrai ta lettre paragraphe par paragraphe, afin de causer avec toi comme je voudrais que vous le fissiez, tâchant de te dire toujours la vérité comme j'y suis appelé par ma qualité de père. Je voudrais faire descendre la lumière, ou plutôt appeler la lumière, dans ton cœur et dans ton esprit, où tu ne te donnes pas assez la peine de lire. Les gens du monde vivent au jour le jour, sans se donner la peine d'étudier leur vie et les causes qui l'influencent. C'est bien ; mais nous, chrétiens, nous ne devons pas vivre de la sorte et quand le Seigneur a mis à notre disposition son Saint-Esprit c'est certainement pour nous aider dans la tâche difficile de la comprendre. Je veux donc te dire d'abord, que si ma lettre t'a laissé supposer que « tu m'aies fait tant de peine » elle s'est trompée, ou tu t'es méprise en la lisant. Tout ce que j'éprouve, dans les cas où je viens à toi avec des remontrances, est un sentiment d'inquiétude pour ton avenir, dans lequel tu te trouveras, (peut-être), avec un mari ou quelque entourage, dont les sentiments ne seront pas fortement saturés d'indulgence, et qui pourrait ne pas se satisfaire aisément de ce que tu appelles « tes impossibilités. » Je te remercie de la bonne, de la trop bonne place que tu me donnes dans tes affections et je veux te montrer le moyen de manifester ce doux secret, sans t'exposer à un parlage sentimental qui n'est pas absolument nécessaire.

« Tu as une lettre de moi, assez ancienne, dans laquelle je te donnais une marche à suivre, pour les rapports que tes idées religieuses te permettent avec un pauvre hérétique..... Je te l'ai écrit alors et je te le répète aujourd'hui : Donne-moi, tous les jours, un instant dans ta vie ; c'est-à-dire, écris quelques mots qui me disent ce que tu fais, les difficultés que tu éprouves, les déplaisirs que tu peux rencontrer, les plaisirs qui te réjouissent le cœur, les mille riens qui sont la vie, dans lesquels les yeux et le cœur d'un père aiment à se plonger. Envoie-moi souvent, un croquis, un pied, une main, une tête, un portrait de quelque *museau* aimé, de mauvais vers, une pensée historique, ces mille *quelque chose* qui manifestent le travail de l'intelligence et de l'esprit et qui, préparés brin à brin pour moi, moi, amoureux et jaloux, me seront de charmantes reliques qui, à chaque courrier, me parleront de l'amour du seul être qui tienne à moi par les liens de l'amour et du sang. L'affection se montre par la pratique journalière de ces soins assidus, que tu accomplirais autour de moi si j'étais parmi vous, et auxquels il te faut suppléer maintenant par une demi-heure donnée chaque jour à l'union de nos cœurs.

Même lettre. 19 juin. — « Tu es peu habituée à ouvrir ton cœur. » C'est que vois-tu, enfant, c'est là une opération difficile et qui demande toute confiance dans celui que l'on considère comme médecin, soit que la confiance se donne à un confesseur, à une amitié hors de la maison, ou à père ou mère. Tu ouvres ton cœur, avec toutes ses faiblesses, à un homme qui n'y a aucun droit, et tu y trouves, dis-tu de la joie. Il est tout naturel que tu n'y en trouves plus avec une mère, qui devrait être ta confidente, et te donner les conseils qui pourraient t'aider dans ce monde mauvais. Faute de cette expérience, et de ces conseils d'un cœur affectueux..... on fait souvent naufrage quand souffle le vent de la passion. Cette froideur, dont tu te plains, ne vient que de ce que dans ta mère et ta sœur, qui s'est tout entière dévouée à toi, ton rigide catholicisme ne voit que deux hérétiques, avec qui tu ne crois pas possible d'échanger des sentiments, dans lesquels se mêleraient sans doute les affections religieuses. Tu diras : ce n'est pas vrai. Mais chère aimée, je n'ai qu'un mot à dire. Avant 45 tu étais fort aimable et tu savais très bien causer avec tes trois amis......

« Quant à tes croyances, je les trouve bonnes et je les approuverais presque tout à fait, si elles avaient une base scripturaire, au lieu d'une fondation tout humaine et sans solidité. Tu crois, par exemple, que le Saint-Esprit ne peut pas être avec les réformés à cause des points de désunion qui se voient entre eux. Je confesse que c'est là du péché. Je ne suis pas de ceux qui croient que c'est peu important, et je déplore un état de chose qui compromet la religion de Jésus-Christ. Mais, regardons-y de près, chère aimée ; le péché et l'ignorance qui sont causes de ces divisions coupables, ne me paraissent pas entraîner une conclusion si rude que la tienne, que celle de tous les « catholiques sincères », car ceci ne revient pas à moins que de décider, comme toujours, que nous ne sommes *pas chrétiens*, que nous sommes par conséquent *perdus* et de là tes tristesses, *ta morosité*, etc.

« L'Église est l'Épouse rachetée de Jésus-Christ, à la même condition que l'individu, par la foi. C'est le sang de l'Époux qui l'a lavée et l'a fait être sans tache. Mais tant qu'elle est sur la terre, elle est sujette aux misères humaines et est combattante. Comme donc l'Église est sauvée par grâce, de même les membres dont elle se compose, petits troupeaux, ou individus. Or, dire qu'une Église qui pèche est sans l'Esprit, c'est supposer qu'il n'y a d'Esprit que pour ceux qui ne pèchent pas et c'est là une erreur, puisque nous sommes appelés à confesser nos péchés chaque jour et que *Dieu est fidèle et juste pour nous les pardonner* et que *le sang de Jésus-Christ purifie de tout péché*......

Je suppose que tu as la foi qui sauve. Comme elle vient de Dieu, tu as comme conséquence l'Esprit de Jésus-Christ qui nous fait siens ; tu pèches tous les jours par pensées, par paroles et par actions, par omission, mais tu te repens, tu déplores tes chutes, et tu ne crains pas de demander sans cesse un pardon toujours accordé...... C'est le Saint-Esprit qui te fait pleurer sur tes péchés, et cependant tu pleureras demain. Tu fais de ton mieux, tu visites les pauvres, tu prêches le Christ par ton exemple sinon en paroles, et si tu rencontres un frère ou une sœur qui s'éloigne de la voie droite, tu pric pour lui, en te tenant à quelque distance.... Hé bien ! chère aimée ; c'est là 'le péché de la Réformation. Un peu de patience, et les frères s'entendraient, mais trop souvent on accuse rudement ceux qui, simplement, n'ont pas encore compris et comme Jean et Jacques on appelle le feu du ciel sur ceux qui ne connaissent pas encore toute la vérité.

Ceci, tu le vois, n'est pas une discussion théologique ; c'est simplement de la philosophie, et surtout de la psychologie humaine, qui n'est pas belle. Or tu dis : « Quant à nous, sincères, nous sommes dans l'unité ; » et voilà le pourquoi de ton romanisme. Mais si, un jour, tu ouvres l'histoire, qu'elle soit de France, d'Italie, d'Orient, ta foi sera ébranlée, quand tu verras que cette unité n'est qu'une illusion, ou que si elle est venue, ce que je nie, elle n'est venue pour l'Église d'Occident qu'au xvie siècle après quinze siècles de contestations. Il faut n'accepter que l'histoire du père Loriquet, ou vouloir ne pas voir, pour soutenir le contraire.

Par exemple, le grand principe de votre Eglise c'est l'infaillibilité. Où est-elle ? Dans les papes, ou dans les conciles ? Regarde l'histoire, et tu verras au concile de Constance, les théologiens français, Gerson, d'Ailly, etc... faisant triompher le principe des conciles, et des papes déposés par eux ; au contraire tu verras les Italiens et les Espagnols soutenant les papes et leur donnant toute puissance quant au dogme... Bossuet et tout le clergé français étaient pour le concile... je pense que vous autres, *sincères*, vous considérez Gerson, et Bossuet comme *sincères* ? Si j'osais, je dirais que ceux que tu appelles sincères, sont précisément ceux qui, dans notre âge, ont tant de propension à retourner à cette erreur contre laquelle Gerson, d'Ailly et Bossuet, avec le clergé gallican, ont si fort lutté. Il resterait donc deux grandes divisions, chez vous, les Gallicans et les Ultramontains. Tu le vois, l'histoire, soit que nous la prenions aux premiers siècles, au Moyen-âge ou de nos jours, nous montre, l'Église toujours divisée : Pendant les premiers siècles, jusqu'au septième, il s'agit du culte des saints, des images, de l'établissement des papes, et des conciles les condamnent successivement, suivant que dans les générations successives la piété est plus ou moins éclairée. Quand l'évêque de Rome (remarque que ce nom vient du grec dans lequel évêque se dit encore pape), veut s'ériger en primat de l'Église, l'unité cesse ; le grand schisme d'Orient prend place et l'Église grecque, qui me semble avoir d'aussi bonnes traditions que l'Occidentale, nie fortement un pape absolu, qu'elle ne voit ni dans les traditions écrites ni dans la tradition orale.

« Pendant le Moyen-âge, c'est la mort; il n'y a plus de vie que dans les cloîtres, où les hommes avides de paix, d'étude et de science, se cachent pour échapper aux querelles qui souillent la patrie, et dans lesquelles les évêques, devenus grands seigneurs, portent la cuirasse et la lame. Mais là, tu vois une division qui ressemble singulièrement aux nôtres. Les ordres se forment dans des disciplines différentes et se méprisent mutuellement pour leur pauvreté ou leur richesse. Puis viennent, avec le retour des lumières, qui, il faut bien le dire, rentrèrent par les laïques et la réforme, et non par l'Église de Rome, qui ne fit que suivre en grommelant, ces schismes effrayants pendant lesquels trois papes se disputent l'empire sous l'influence des rois, des conciles, qui les condamnent, les déposent, et qui sont fermés à leur tour par ceux qu'ils ont créés..... Ce sont là des fautes, aimée. Mais l'Église sut triompher de l'enfer et elle triomphe, puisque, plus que jamais, toutes les dénominations chrétiennes prêchent Christ, Fils de Dieu, crucifié pour nos péchés. Les uns s'appuient sur l'épître de saint Jacques, les autres sur les épîtres de saint Paul, mais quoi ? comme le dit ce grand apôtre « *de quelque manière que ce soit, soit par un zèle apparent, soit en sincérité. Christ est annoncé, et c'est ce dont je me réjouis et me réjouirai toujours* ». Or de toutes ces querelles des conciles, des papes, des moines, que reste-t-il ? Un christianisme qui aboutit à une unité que l'on veut nous faire accroire éternelle, quand l'ombre du passé s'étend sur des âges que si peu connaissent. Les taches s'effacent, on oublie les détails misérables qui tenaient à la faiblesse humaine, et l'on ne voit plus que la main de Dieu, qui sauve le navire abandonné des mauvais pilotes. Saint François de Sales et sainte Catherine, suivaient un pape différent ; selon les *sincères*, le vrai pape était celui de Rome probablement, il y en avait donc un des deux qui était hérétique, avec le pape auquel il tenait. Aujourd'hui ils sont tous deux invoqués, comme intermédiaires entre Dieu et les pécheurs. La même chose a lieu parmi nous. De pauvres hommes, qui n'ont pas été assez raisonnables pour s'entraîner au dévoûment pendant leur vie, sont tous considérés comme chrétiens, par les chrétiens protestants de toutes les dénominations ; Luther, Zwingle, Calvin, Bucer et autres, ont eu maille à partir ensemble, mais ils sont considérés comme membres d'un même corps, à présent que leurs folies d'hommes nerveux ont cessé, pour ne faire place qu'à la sagesse et aux lumières dont leurs œuvres sont remplies. Tu le vois, il y a eu désunion dans votre Église, donc péché, et cependant vous vous considérez comme éclairés par le Saint-Esprit. Appliquez-vous votre principe, ou prenez garde qu'en l'appliquant aux autres avec trop de sévérité, vous ne donniez des armes contre vous.....

« Le but de ces lignes est de détruire des préjugés, qui t'empêchent de te réjouir dans la possession de parents chrétiens, car ces préjugés jettent sur ton esprit un voile de sombres et douloureuses pensées, pas toujours exemptes de haine envers des frères qui ne voient pas avec votre lorgnette. Lis, s'il t'est permis, les trois premiers chapitres de la première épître aux Corinthiens, et tu verras déjà des divisions qui font dire à l'apôtre qu'ils sont « *enfants* de Christ », non *hommes*; considérons-nous tous comme *enfants* et aimons-nous comme tels, en celui qui nous bénira jour à jour afin que « *nous arrivions à la parfaite stature d'hommes faits en Christ* ». J'espère que tu voudras bien concéder, maintenant, que le péché dans l'Église, en diminuant la grâce du Seigneur, ne la prive pas entièrement de son Saint-Esprit, quoiqu'elle ait toujours à prier comme David après son double péché. *Ps*. LI, 7, 12.

« Le paragraphe de ta lettre sur la Trinité est presque bon. Mais, permets-moi une observation sur celui de la Vierge. C'est permis : Le père Goudelin m'a dit que ce culte, tout ecclésiastique, n'était *pas de foi*. Quelle chose malheureuse que cette introduction, tout humaine, dans une religion, dont Dieu a pris lui-même la peine de nous révéler les secrets, sous la figure de son Christ souffrant. Qu'importe qu'il soit doux de penser qu'on a une mère si, par le fait, on ne l'a pas. L'introduction de cette doctrine tient à l'oubli des textes sacrés, inspirés par le Saint-Esprit [ou tombés des lèvres] du Christ de Dieu lui-même. Lis le chap. XIV de saint Jean, et après les paroles de Jésus-Christ, dis si tu trouves place pour l'intercession de la Vierge. Aux versets 13 et 14, le Seigneur, nous montrant qu'il est Dieu lui-même, un avec le Père et le Saint-Esprit, nous dit : « *Et quoi que vous demandiez en mon nom, je le ferai* ». Il n'y a pas l'ombre d'une restriction, pas la possibilité d'un doute. Qu'il serait pourtant effrayant de penser que, quand Dieu dit une chose, l'homme lui donne un démenti et lui dit : Non, mais j'irai à Dieu par Christ, et à Christ par sa mère. — Je comprends l'erreur de la Présence réelle ; la cause en est dans les paroles du livre de Dieu. Je comprends un peu l'orgueil des œuvres, dans le texte de saint Jacques mal compris. Je comprends la régénération baptismale dont le nom est prononcé. Mais l'intervention de la mère du Sauveur m'apparaît toujours comme un blasphème, contre l'amour infini de Celui « *qui nous a tant aimés que de donner son Fils au monde.....* »

« Quant aux joies que l'on trouve dans la confession, je les sens, les connais par moi-même et les comprends pour toi, vu que c'est là le sentiment que tu te plains de n'avoir pas, dans la vie ordinaire, à savoir une confiance dans laquelle le cœur se plonge avec une ardeur quelque peu charnelle..... Pour ce qui est de la Présence réelle c'est une matérialisation d'une religion de l'esprit dont je ne vois pas la nécessité. Que devient cette joie quand un prêtre, coupable et consciencieux à la fois, ne consacre pas l'hostie, à messe basse, pendant plus de 14 ans de vie de péché ? Il doit donc nous suffire de recevoir [le sacrement] spirituellement, puisque c'est l'esprit qu'il doit nourrir. Je crois que la communion du pain et du vin, fréquente, est excellente, mais c'est de la communion de la parole de Jésus, que je pourrais dire ce que tu dis du sacrement eucharistique. Maintenant au dernier paragraphe de la portion religieuse « au reste je ne cherche pas à en avoir d'autre, je suis heureuse avec celle-ci et je prie tous les jours le Seigneur de me garder... etc... » Si, comme je le suppose, il y a une ferme décision de n'écouter, de n'accepter rien de ce qui semblerait contraire à la somme de tes croyances, (que je n'appelle pas toutes, ta foi, car la foi est la croyance en Jésus-Christ seulement) je ne puis t'approuver, car je crois qu'il n'y a de foi salutaire que celle qui a subi l'épreuve du feu de la parole de Dieu. Aussi longtemps donc, que tu ne liras pas l'histoire, pour lui demander tout ce qu'elle peut te donner de lumières sur une question si contestée (même avant la réformation), par tant d'hommes et de faits sérieux, tu seras dans la position des musulmans, des Indiens, des païens de toutes espèces, Africains, Américains, Européens, Français, même, qui croient avoir tout dit quand ils déclarent être heureux de ce qu'ils possèdent. Le principe que tu as adopté, avec tes frères, est celui qui empêche les Juifs de reconnaître Jésus, et les prive de la liberté glorieuse des enfants de Dieu. Quant à moi, je t'avoue que je ne sais rien qui puisse ébranler ma foi, aussi je ne connais pas de soi-disant vérité que je n'éprouve au besoin, même le catholicisme de Rome et que je n'adopte, si j'ai la conviction qu'elle est en rapport avec la volonté écrite de Dieu. Je suis fâché que vos croyances soient si faibles, qu'elles redoutent le choc de la vérité de Dieu, aussi bien que les mensonges de la philosophie humaine; ou qu'elles soient si outrecuidantes que, sans autre point d'appui que des opinions humaines multipliées par des siècles, elle prétende n'avoir rien à apprendre, même de la parole dictée par le Saint-Esprit ou parlée par Dieu lui-même, en Jésus-Christ. Je me demande toujours ce que peut faire une semblable foi au jour de la tentation? Le Seigneur le sait. Puisse-t-Il n'écouter pas trop ta prière et te jeter un peu de la lumière qui rendit Pascal si chrétien, si redoutable aux ultramontains exagérés; hélas, aujourd'hui, je l'avoue, sa parole puissante ne sert guère de guide qu'aux incrédules, qui voient, dans les hommes qu'il a attaqués, la personnification d'une religion qu'ils rejettent et méprisent; j'espère, pourtant qu'il y a en elle plus de bien que de mal, quelque mal qu'elle ait fait aux nations par la main des méchants. Après tout, elle a encore Dieu, Père, Fils et Saint-Esprit; et quels que soient les nuages qui nous voilent encore la sublime Trinité je veux, avec toi, nous réjouir de ce que le Seigneur a eu si grand pitié, que de nous prendre tous, quoique nous marchions par des voies différentes! Amen!....

« Rappelle-toi, chère aimée, que je n'ai jamais

été fâché contre toi. Cela m'est impossible. Je puis pleurer par toi et sur toi; mais sans jamais avoir au cœur rien qui ressemble à de l'humeur. Pourquoi? Je n'en sais rien, mais c'est comme ça. Tu n'es donc pas pardonnée, mais tu es aimée, toujours aimée (1)..... »

Ici se termine le journal d'Eugène Devéria. Durant cet été 1851, il revint à Pau, et l'automne suivant, vaincu sans doute par les instances de sa fille, il la prit avec lui pour retourner en Ecosse (2). Les voyageurs traversèrent Paris; ce fut probablement alors que Marie fit connaissance avec la famille de son père. Elle passa tout l'hiver auprès de lui à Edimbourg; et chose étrange, pendant tout ce temps, Eugène Devéria n'écrivit pas une seule ligne dans ces cahiers, qui lui servaient de confidents. Pendant l'été de 1852, le père et la fille reprirent le chemin du Midi, et cette fois Marie resta près de sa mère; M. Devéria repartit seul pour Edimbourg où il passa encore l'hiver. Il ne revint définitivement de l'exil qu'en automne 1854. Comment expliquer ce silence absolu, succédant à des épanchements si passionnés, si douloureux? Faut-il y voir une sorte d'allègement à ses

---

(1) Bibliothèque de Pau, Vol. V, p. 451.
(2) Nous tenons à constater, qu'à partir de ce moment jusqu'à celui de la mort de Marie, il y eut comme un rapprochement, comme une intimité plus grande entre le père et la fille. Plus mûre, plus indépendante, elle venait à son père, et aurait, évidemment, toujours davantage cherché son appui en lui, si elle eût vécu.

peines, ou au contraire le passage d'une de ces épreuves si amères, que l'expression même en est impossible ? L'artiste a gardé son secret, et Dieu seul a compté les heures de détresse solitaire de ces années muettes. Quoi qu'il en soit, à son retour à Pau, Eugène Devéria reprit sa vie de famille, dont malheureusement le charme et la confiance étaient désormais bannis, et avec elle le travail quotidien trop souvent pénible et ingrat. Il rapportait, de son long séjour à l'étranger, une piété plus large, plus personnelle. Ayant successivement essayé de se rattacher aux dénominations religieuses les plus strictes, il en avait touché le fond et revenait, plus disposé que jamais à mettre en pratique la parole de l'apôtre. « *Pour vous, vous n'êtes ni de Paul, ni d'Apollos, mais de Christ qui est tout en tous.* » Il avait pénétré plus avant dans la connaissance des Saintes Écritures, dont il faisait sa nourriture spirituelle, s'attachant de plus en plus à la parole de Dieu, à mesure qu'il reconnaissait les misères de la parole humaine.

Enrichi de ce côté, il s'était appauvri d'un autre. L'espoir de reprendre son rang d'artiste connu et aimé du public français, était, sinon perdu, du moins bien diminué. Les succès, qu'il avait fini par avoir en Écosse, n'avaient pas faits de bruit, il revenait dans son pays plus oublié que jamais.

Ce fut à cette époque que je vis M. Devéria pour la première fois. Un dimanche, en sortant du temple protestant à Pau, j'entendis retentir les éclats d'un rire sonore et très doux en même temps. L'artiste était là, entouré d'amis, heureux de le revoir. Ses cheveux, qu'il n'avait pas encore coupés ras, bouclaient sur son front, un grand chapeau de feutre mou posé de côté, un manteau court jeté sur l'épaule, la forme particulière de son vêtement, sa démarche, tout dans son extérieur, était bien fait pour frapper l'imagination d'une enfant, et cette sorte d'apparition m'est restée aussi présente que si j'avais vu marcher ce jour là un portrait de Rubens. Plus tard, M. Devéria tenta, à diverses reprises, de se vêtir « comme tout le monde », car il regrettait d'avoir adopté un costume qui attirait sur lui l'attention. Mais ce costume faisait tellement partie de sa personne, que lorsqu'il voulait le quitter pour des vêtements de coupe moderne il semblait cent fois plus étrange. Il resta donc toujours le même et il est impossible à ceux qui l'ont connu, de se le figurer autrement. M. Devéria ne tarda pas à devenir pour moi quelque chose de plus réel. Il reprit à l'École du Dimanche un groupe dans lequel je fus placée. Il vint, à la maison, faire quelques portraits et il y prit cette place d'ami fidèle qu'il a gardée jusqu'à la fin. C'est un grand privilège de rencontrer dans sa jeunesse un homme comme celui-là, dont la vie est en si parfait accord avec les principes, qu'elle devient la plus éloquente des prédications. Ce privilège a été le mien ; il a été celui de toute la petite troupe d'enfants qui a grandi à l'ombre d'Eugène Devéria. Il était notre Maître à l'atelier, il était notre guide dans ces instructions religieuses, où sa parole émue et puissante faisait pénétrer, dans nos consciences, les grandes vérités dont il vivait. Je ne crains pas d'être démentie en disant que nul, dans cette génération élevée autour de l'artiste chrétien, ne saura jamais tout ce dont il lui est redevable.

En tous cas, nous étions bien loin de soupçonner, dans notre innocence et notre ignorance, le drame caché de cette vie, et les amertumes de ce cœur, toujours si ouvert et si tendre pour nous ; car, c'est ici le moment de le dire, l'on se tromperait si l'on croyait, d'après les citations de son journal intime, que M. Devéria, sombre et morose, faisait porter à son entourage le poids de ses tristesses. Il était tout au contraire, plein de vie et d'animation et il fallait avoir l'oreille bien exercée pour discerner la note mélancolique dans son rire franc et de bon aloi. Il aimait à conter, et le faisait avec originalité et esprit, et jamais il n'y avait dans ses propos rien que l'oreille d'un enfant ne pût entendre. Jamais, non plus, on ne s'ennuyait près de lui ; le crayon ou le pinceau à la main, il avait sans cesse quelque chose d'amusant ou d'intéressant à dire, des saillies imprévues qui jaillissaient de verve, des idées élevées ou profondes qui se mêlaient au reste, naturellement, sans rien de cherché ni de voulu. Sa piété, qui n'était ni pédante ni dogmatique, élargissait, éclairait tout autour de lui; elle était bien réellement, comme la respiration de son âme, régulière, naturelle, inséparable de sa vie elle-même. Dans cet intérieur paisible où régnait la paix, la vénération qu'inspirait M. Devéria s'étendait à tous. Madame Devéria avait les mêmes amis que son mari. Infirme et vieillie avant le temps, la différence d'âge qui existait entre eux, s'était cruellement accentuée; on l'eût prise pour la *mère*, plutôt que pour la *femme* de l'homme, actif et vigoureux, dont la vie était liée à la sienne. Bonne, ne manquant pas d'un certain esprit, elle accueillait avec amabilité les visiteurs intimes, qui venaient la trouver dans sa chambre de malade. Elle pouvait se reposer, avec confiance, sur la fidélité de celui qui l'entourait de bien-être et d'égards; sa nature n'était pas de celles qui placent bien haut leur idéal de bonheur; peut-être a-t-elle été heureuse...

Mais pour lui, plus exigeant, plus ambitieux, affamé de cette union intime de l'âme, que la mort ne peut rompre, ce fut un cruel supplice. Ses yeux s'étaient assez ouverts pour qu'il n'osât plus interroger le passé. Celle qu'il avait appelée « sa pauvre amie » s'était faiblement associée à son ardent repentir, et par suite ne partageait pas ses grandes espérances, en sorte que l'avenir même ne les réunissait pas. Restait le présent, avec ses apparences trompeuses, qui lui faisaient écrire naguère : « Nous mentons si bien à tous les yeux, on nous croît, si unis, si heureux... » La dissimulation, pour être un devoir dans cette douloureuse situation, n'en était pas moins une torture pour sa franche nature. Mais il la subit : il sut souffrir seul ; à peine si un ou deux amis entrevirent les désillusions, l'amer désenchantement, qui allèrent s'accentuant d'année en année, faisant de son existence cachée, le mot n'est pas trop fort, un martyre. Il a fallu que la mort vînt livrer son secret, en ouvrant ces pages, dans lesquelles il épanchait ses détresses morales et soulageait son âme, dans cette sorte de causerie écrite, avec « *l'Intime Ami* » qui comprend, et pardonne. Lorsqu'il avait ainsi retrempé son courage au début de chaque journée, il reprenait, calme et fort, d'une force joyeuse, sa marche monotone. Nous ne saurions trop insister sur cette double face d'une vie pleine d'enseignement. Ceux qui ont connu M. Devéria, sont saisis et consternés, à la lecture des pages de son journal, en voyant *l'envers* de cette vie, si régulière, si paisible, si remplie de sympathie, de tendresse, d'activité. « Il souffrait autant que cela! » c'est le cri qui vous monte au cœur, avec le regret de n'avoir pas mieux deviné. Mais ceux qui ne l'ont pas connu, et qui ne le jugeraient que sur ses confessions, ne seraient pas, non plus, dans le vrai. Il n'a été ni ingrat pour ce que Dieu lui avait donné de joies réelles, ni oublieux du bonheur des autres, du bien à faire, du devoir à accomplir. Il n'y avait en lui rien de morbide ni d'égoïste, et nul n'a mieux réalisé la grande parole de l'apôtre : « *Triste, et cependant toujours joyeux.* »

L'heure approchait où la foi du chrétien allait être rudement éprouvée. Pendant l'été 1856, M. Devéria reprit avec sa fille, le cours de ses voyages. Ils allèrent en Bretagne, puis à Avignon où ils firent un séjour assez prolongé. L'artiste avait accepté d'aller, non seulement terminer, mais déjà restaurer, l'œuvre abandonnée en 1840. Encore une fois, ils vécurent donc en tête-à-tête, ce père et cette fille, et comme en Écosse, pas un mot ne fut écrit par M. Devéria pendant qu'il avait sa douce confidente auprès de lui. Il ne se lassait pas plus tard de rendre grâce à Dieu pour ces semaines d'intimité où « Marie, disait-il, était redevenue sa fille » où il avait, comme un avare, ressaisi son trésor.

Cependant, au mois de novembre les travaux n'étaient pas près d'être terminés ; madame Devéria réclamait sa fille; il fut décidé que Marie retournerait auprès d'elle, et que son père les rejoindrait aussitôt son œuvre achevée. La route était longue à cette époque, entre Avignon et Pau. Le chemin de fer n'existait pas, et la jeune fille ne pouvait voyager seule. On trouva une occasion jusqu'à Toulouse, là elle devait s'arrêter dans un couvent, s'y reposer quelques jours et prendre une religieuse pour l'escorter jusqu'à Pau. Elle n'était attendue chez sa mère qu'à une date fixée. Nous apprîmes, un jour, qu'elle était arrivée le matin, inopinément, le lendemain qu'elle était morte.... Voici ce qui s'était passé. M. Devéria l'avait accompagnée jusqu'à Montpellier. La nuit précédant son départ, elle l'avait employée à faire ses malles, et après une journée de voyage entre Avignon et Montpellier, elle était fatiguée sans être malade. Ce fut le soir que son père l'embrassa en la mettant en voiture, et bien des fois il a fait allusion à cette minute suprême, où il vit l'enfant bien-aimée disparaître « dans un rayon de lune ». Le souvenir seul suffisait à briser sa voix qui s'étouffait dans les sanglots. A peine partie, pendant cette longue nuit de voyage, la jeune fille fut prise d'un affreux accès de fièvre; elle arriva à Toulouse épuisée, et n'ayant qu'une idée : rejoindre sa mère au plus tôt. A force d'instances, elle parvint à décider les religieuses à la faire accompagner tout de suite et arriva, chez elle, sans être attendue. Elle semblait remise de son indisposition et passa la journée à raconter son voyage, à distribuer à ses amies divers petits souvenirs qu'elle avait apportés. Le soir, elle se coucha, fatiguée ; au milieu de la nuit, un effroyable accès la reprit, elle perdit aussitôt connaissance ; avant le lever du jour, tout était fini. Elle avait succombé au second accès d'une fièvre pernicieuse. On se figure la stupeur de cette mère, de cette sœur d'adoption, frappées en pleine sécurité au moment où elles croyaient ressaisir celle qui était la joie de leurs yeux. Tous les amis de la famille ressentirent le contre-coup de cette mort si inattendue ; beaucoup pensèrent, surtout, au malheureux père qui se hâtait dans son travail, afin de revenir plus tôt auprès de cette fille chérie.

Le télégraphe existait ; en le faisant jouer, en obtenant un sursis pour l'ensevelissement, peut-être aurait-il eu le temps d'arriver, pour reposer, encore une fois, ses yeux sur ces traits tant aimés... Mais Marie était catholique, les amis particuliers de son père ne furent pas consultés ; on se borna à écrire, peut-être dans l'intention d'adoucir le coup, et la lettre à peine partie, le délai légal si court, terminé, Marie Devéria fut portée à sa dernière demeure. Lorque M. Devéria arriva après un affreux voyage, il ne restait plus rien, au logis, de l'enfant qui en faisait tout le charme.

Cette perte fut un désastre. Dans cette famille, l'union, nous l'avons vu, était plus apparente que réelle; Marie était le lien qui, une fois rompu, laissa ces pauvres cœurs, saignants et éperdus, à jamais isolés les uns des autres. La douleur du père fut si profonde que, même maintenant, où, depuis tant d'années, il se repose de ses chagrins, on n'y saurait songer sans frémir. Sa vie fut brisée, il fallut toute la puissance et la sincérité de sa foi pour lui en faire supporter le poids. Ce fut encore sur le papier et sous la forme poétique, qu'il exprima sa tristesse, sa lassitude, son découragement. Les vers, consacrés à sa Mary, sont certainement de ses meilleurs; ils sont sortis du cœur, sans effort, sous l'empire de la souffrance aiguë, récente; ils sont comme un journal rimé; il faut absolument en tenir compte et leur donner une place dans l'histoire de M. Devéria à cette époque.

Après avoir passé deux mois dans sa maison en deuil, M. Devéria reprit, en février 1857, le chemin d'Avignon, et s'en alla terminer ses travaux si brusquement interrompus; puis sa tâche achevée, il revint dans son atelier vide, reprendre son travail de tous les jours. Une nouvelle épreuve, bien cruelle, l'attendait avant la fin de cette année néfaste. M. Achille Devéria mourut au mois de décembre 1857. Appelé par sa belle-sœur, Eugène Devéria partit en toute hâte, mais là aussi, il arriva trop tard... trop tard pour recevoir le dernier adieu et le pardon de ce frère qui s'était montré si inflexible. Ce fut une douleur nouvelle et persistante, ajoutée à toutes celles qui l'étreignaient déjà. Il mit au cercueil, avec le fils aîné de M. Achille Devéria, celui qui avait été le guide et l'ami de sa jeunesse et s'efforça désormais de payer, en affection, autant qu'il lui fût possible, à la veuve et aux enfants de *son* Achille, au moins une petite part de ses dettes de cœur. Il eut la joie de sentir que madame Devéria rendait justice à sa profonde affection pour elle et les siens. Elle lui confia tout de suite deux de ses filles, qu'il ramena à son foyer à Pau, et entretint, dès ce moment, avec son beau-frère, une correspondance qui, dans les derniers temps de la vie d'Eugène Devéria, était devenue une des grandes joies de son existence.

Après ces quelques explications, nécessaires à l'intelligence des courtes citations, que nous avons à faire sur ces années de deuil, nous revenons à notre travail de copiste.

Pau, le 24 décembre 1856. — « J'étais à Avignon le mois dernier avec ma fille Mary, plein de joie et de bonheur, de santé et de force, et travaillant toute la semaine, je pouvais, comme de coutume, donner le dimanche au Seigneur dans la communion d'une petite église, peu vivante d'ailleurs. L'un des premiers jours de novembre, donc, j'assistais à une réunion où je fus invité à prendre la parole. Le président avait indiqué, comme lecture, le chapitre V de la première épître aux Thessaloniciens ; frappé plus fortement qu'à l'ordinaire, de l'invitation de l'apôtre, qui ressemble tant à un ordre : « *Soyez toujours joyeux* » j'éprouvai le besoin de mettre en opposition l'état d'esprit du monde et celui des saints (1) ; l'impossibilité, pour le premier, d'obéir aux injonctions apostoliques dans les meilleures circonstances, comme aussi la possibilité, pour le fidèle, d'y répondre selon la volonté de Dieu, même au milieu des douleurs et des détresses, auxquelles il n'échappe pas plus que le reste des mortels.

» A compter de ce moment, je fus tellement saisi par cette pensée que je sentis le besoin de l'user par un moyen quelconque et je l'ai mise en vers.

» Les trois dernières strophes ont été composées en voiture, en allant à Pau avec la vague certitude de ce qui m'y attendait, à savoir la mort de ma fille Marie, qui dormait depuis le mercredi de ce sommeil que le monde appelle éternel, dont le chrétien connaît la durée.

» Je ne puis m'empêcher de croire que, pendant ces jours, que dorait encore la chère présence de ma tant aimée, le Seigneur avait voulu élever mes yeux vers les biens invisibles, à l'heure où Il se préparait à me reprendre celle qui m'avait fait heureux comme peu de gens, en ce monde, se flattent de l'avoir été. Oh ! que son

---

(1) Ce mot doit être pris dans le sens de « fidèles » (ceux qui aspirent à la sainteté.)

nom soit béni. Il a été fidèle et j'ai éprouvé la valeur véritable des consolations, dont j'avais parlé aux autres, quelques jours auparavant, et dont je m'étais entretenu avec moi-même pendant cette fête de 25 ans (1)..... »

A ma Mary

Née le 2 août 1831, morte le 27 novembre 1856.

26 décembre 1856.

Vingt-cinq ans, cher objet de mes amours fidèles
    J'ai vécu tout pour toi...
Vingt-cinq ans, j'ai puisé dans tes chères prunelles
    Plus de bonheur qu'un roi !...
Ta voix était pour moi comme une source pure
    D'où découlait la paix,
Et mes yeux contemplaient ta gracieuse nature
    Sans se lasser jamais.

Le bonheur est si doux qu'on en prend l'habitude
    Comme d'un bien à soi ;
Il prend place en nos jours exempts d'inquiétude
    Comme une aimable loi.

. . . .

Comme nous étions bien quand nous marchions ensemble
    Et la main dans la main !...
Mais maintenant j'ai froid, et tout le corps me tremble
    En pensant à demain.

L'œil et l'oreille au guet je demande à l'espace
    Quelque chose de toi.
Solitaire et pensif à l'heure où tout s'efface
    Je t'attends sous mon toit ;
Mais je t'attends en vain dans l'ombre et le silence
    Qui me serrent le cœur...
Je n'ai plus qu'à pleurer sous la croix de souffrance,
    Où Jésus fut vainqueur.

---

(1) Bibliothèque de Pau. Vol VI. 143. Ces lignes précèdent la poésie intitulée *Soyez toujours joyeux*.

Il faudra donc tout seul se remettre en voyage
Et, pauvre pèlerin,
Sous le regard de Dieu, en reprenant courage,
Arpenter le terrain,
Écoutant dans la nuit la céleste parole,
Sublime et saint concert,
Du Dieu bon qui soutient, défend, guide et console
Ses enfants au désert.

Heur et Malheur.

20 janvier 1857.

. . . .
Qu'est-ce que le bonheur dans le monde où nous sommes
Qui pourrait envier le plus heureux des hommes
Et changer de sort avec lui ?
Vanité, vanité !... là mort dans son étreinte
A fait gémir mon cœur et ma lampe est éteinte,
Et je tâtonne dans la nuit !

. . . .
Lorsque Noé r'ouvrit l'arche longtemps fermée,
Le pigeon qui partit rapporta la ramée
Emblème d'amour et de paix.
Et moi !... quand je lâchai ma douce tourterelle
Rêveuse elle emporta ma larme sur son aile !...
Et je ne la revis jamais......

La mort avait brisé mon bonheur sans mélange,
La mort m'avait repris d'une façon étrange
Ce trésor, plaisir de mes yeux !.....
La main qui m'a frappé, je l'embrasse et l'adore,
Mais pourrai-je, Seigneur, pourrai-je dire encore :
Oh ! mon Dieu ! que je suis heureux !...

O mon âme, pourquoi cette mélancolie ?..
Pourquoi t'abattre en moi, principe de ma vie,
Lorsque Dieu reste souverain ?...
Ne crains pas ! c'est sa main qui dirige l'orage ;
Les gouttes qu'au matin laisse choir le nuage
N'effrayent pas le pèlerin.

Rappelle-toi l'enfant qui naquit dans l'étable,
Celui qui n'ayant pas sur la terre habitable
    Un toit sous lequel reposer,
Allait de lieux en lieux les mains pleines de grâces,
Qui de pleurs et de sang laissa les saintes traces
    Que nos pleurs doivent arroser.

. . . .

Ne veux-tu pas souffrir quelque peu sur la terre ;
Porter sans murmurer ta croix, encore légère
    Et pleurer où Jésus pleura ?
Et regarder en haut, du sein de tes alarmes,
A la droite du Dieu, qui sèche toutes larmes,
    Celui qui te consolera ?...

. . . .

Dieu tout bon, j'ai pleuré sous ton regard de Père,
J'ai pleuré sous la croix, d'où coula sur la terre
    Le sang d'un Frère généreux !
Tu gardes dans ton sein ma paisible colombe.
A toi j'irai bientôt, en passant par la tombe !
    Seigneur, je suis toujours heureux !....

A ma Mary

    Vivante quoique morte !....
                      24 janvier 1857.

    Pourquoi cherchez-vous parmi
    les morts celui qui est vivant ?...
    Luc, XXIV., 5.

. . . .

..... Lorsque je t'embrassai dans un rayon de lune,
Ta figure éloignait toute idée importune
    De longue séparation ;
Et quand nous nous quittions, pleins de force et de vie,
Nous pleurions en riant, à l'étrange folie
    De la moindre appréhension....

Pourtant, il est trop vrai ! je ne t'ai plus revue !...
Dans ce monde si grand qu'es-tu donc devenue ?
    Quel coin obscur habites-tu ?
Je te cherche partout, je t'attends, je t'appelle,
Mais tu ne reviens pas, et, vérité cruelle,
    Je sens défaillir ma vertu.   (ma force).

C'est alors que revient, plein de morne tristesse,
Le rêve douloureux qui m'obsède et m'oppresse,
    Que partout je porte avec moi....
Et je crois te revoir dans ta lente voiture,
T'efforçant de sourire à la morne nature,
    Où tout grelotte autour de toi.

C'est la nuit... sombre nuit de novembre... et tu souffres.
Et ton âme s'en va flottant aux sombres gouffres
    Où se promène la douleur.
Puis tu frémis, au vent qui glace la campagne,
Appuyant sur le sein de ta douce compagne
    Ta belle tête sans couleurs.
. . . .
Dormais-tu, pleurais-tu, lorsque loin de ta mère
Ta lèvre frémissait à cette coupe amère
    De la souffrance sans secours ?...
Et ton œil voyait-il, pendant cette agonie,
Celui qui par amour voulut donner sa vie
    Quand Il était tout plein de jours.
. . . .
J'ose a peine compter [ces heures] d'angoisse,
Dont la chaîne de fer se resserre et te froisse,
    Implacable et rude lien.
Et mon âme s'enfuit de cette nuit obscure
Pour te voir au matin, descendant de voiture,
    Au bras de ton ange gardien.
. . . .
Et puis, tu te couchas au milieu des caresses,
Et de ta blanche main tu réparas les tresses,
    Sur ton beau front décoloré...
Et peu d'heures après tu fermais ta paupière,
En répétant tout bas la sublime prière
    De notre Sauveur adoré.

Et lorsque je demande à la foule éplorée,
Pourquoi tes cheveux noirs, dans leur cage dorée,
    De Laure ont joint les cheveux blonds
Pourquoi la couche est vide, où tu posas ta tête,
Et pourquoi tous ces jours, qui semblaient jours de fêtes,
    Maintenant paraissent si longs ?. .

Je ne vois que des pleurs sous les lourdes paupières.
On me répond linceuls, urnes, pesantes pierres
    Qui ne couvrent que des débris....

Comme s'il était vrai que de la mort jalouse
Le doigt sec t'eût touchée, au sortir de Toulouse,
  Et t'eût prise malgré leurs cris.....

Morte ! oh ! ne dites pas que ma Marie est morte !
Ce mot me semble alors comme une lourde porte
  Qui me presse et me tord le cœur,
Sur laquelle je vois la terrible sentence :
... Vous qui passez par moi, laissez toute espérance
  Et cédez au sombre vainqueur....

. . . .

[car] Mary se plaisait dans cette solitude
Où le cœur, du salut fait sa plus douce étude
  Dans la communion de Dieu.
Du monde elle n'aimait que les âmes fidèles,
Et son âme attachée aux choses éternelles
  Était prête à lui dire adieu !

. . . .

Elle avait l'œil ouvert sur le monde invisible,
Et marchait gravement, d'un pas lent et paisible
  Au milieu d'un peuple à genoux.
Et le cœur sans orgueil, quoique toujours aimée,
Elle allait, vierge pure, et sa lampe allumée
  Au devant du céleste époux...

Ne me parlez donc plus de pierres tumulaires,
De jardin de la mort, ni de fleurs cinéraires
  Qui sont l'ornement des tombeaux.
Je ne saurais chercher ma grande bien-aimée,
Que dans les rangs pressés de la Céleste armée
  Des saints, toujours jeunes et beaux !....

20 janvier 1857. — « Chose étrange que le cœur de l'homme. A 5 heures 1/2 j'entrais au salon où les dames F...., la mère et les deux filles, amies de ma Mary, payaient un tribut abondant de larmes à la mémoire de notre aimée, et une heure après, nous étions à table, ceux de ses amis qui l'ont le plus aimée, et nous riions, joyeux, oublieux de celle dont l'image revient avec son cortège de tristesse, quand on se retrouve dans la solitude.

« Hélas ! il est trop vrai, nous ne pouvons, ni aimer, ni regretter, ni jouir, ni souffrir, ni pleurer avec persévérance, à moins de devenir fous ou de mourir !

« Depuis deux mois, à peu près, que je suis ici, je ne vis que pour *elle*. J'ai fait deux fois son buste. Je colle ce qui fut sa propriété, ses dessins, et les miens, dont elle était si jalouse et si avare, je suis avec elle du matin au soir, entouré de ses images, entouré des instruments dont elle se servait... et je ne pleure pas.

« Mais, que je prononce son nom devant les hommes ou devant Dieu, et la source s'ouvre de nouveau. Que vais-je devenir, seul en Provence, dans ces lieux, les derniers où je l'ai vue seule avec moi, là ou j'ai entendu ses dernières paroles, vu son dernier sourire ? Que le Seigneur aie pitié de moi et me garde dans la foi. En lui je me confie ! Puisse-t-il achever son œuvre, commencée en moi, pour que nous vivions ensemble, dans la communion, de Jésus au siècle des siècles. Amen (1). »

27 janvier 1857. — « J'avais laissé, à Avignon, des portraits en train, pour venir au plus tôt, à la voix de R., dont la lettre m'avait fait pressentir la terrible réalité qui m'attendait au bout de ma course de quatre jours..... J'avais passé deux mois, avec mes deux pauvres désolées, j'avais fait deux bustes *d'elle*,.. dont un pour son tombeau, et je m'en retournais seul,

---

(1) Bibliothèque de Pau. Vol. VI, p. 170 ?

pour finir de la besogne ennuyeuse et sans but.
J'avais le cœur gros de larmes et de soupirs, et,
seul dans la voiture jusqu'à Tarbes, je me suis
mis à traduire mes pensées en lignes rimées :

Voilà déjà deux mois que de ma bien-aimée
    La couche boit les pleurs des cieux ;
Deux mois, déjà si longs, que sa bouche fermée
N'a versé de musique à mon âme charmée ;
    Deux mois que dorment ses beaux yeux.

Que ton sommeil est long, ô ma douce compagne !
    Et que ton repos est profond !
Ce beau soleil qui vient réveiller nos campagnes
Et qui peint, en tournant, nos splendides montagnes,
    Est-il sans lueur pour ton front ?
. . . .
Ne sais-tu pas, enfant, que la maison est triste
    Lorsque tu ne la remplis pas ?
Que nul autour de nous n'a de joie et n'existe
Lorsque l'on ne peut pas suivre, comme une piste,
    La trace, ou le bruit de tes pas ?
. . . .
Toujours travailler seul et le cœur mal à l'aise
    Au milieu du vaste atelier,
Où tout parle de toi, dans cet air qui me pèse :
Du portrait au tableau, de la table à la chaise,
    Et du pastel au tablier...

Oh ! travailler toujours sans entendre ta bouche
    Approuver l'œuvre de ma main ;
Travailler sans aucun intérêt qui nous touche,
Et le soir regagner chacun sa triste couche
    Sans t'entendre dire : A demain !

Lorsqu'après de longs jours de vent, de froid, de pluie,
    Le soleil réclame son droit,
Lorsque le jour décroît, que ma tâche est finie,
Le parc n'est plus pour moi, sans ma paisible amie,
    Qu'un désert où mon cœur a froid....
. . . .

Fragment d'une lettre à sa femme.

27 février 1857. — Avignon.

« ..... Oh! béni soit Celui qui nous a fait passer par les voies de la douleur quand Il *lui* a donné le repos, sans travail et sans fatigue. Désormais, quoiqu'il arrive, elle ne souffrira pas. Plus de maladies à craindre, plus de tristesse. Misère possible, honte, repentir douloureux, haines stupides... jugements audacieux, rien, rien, rien, ne peut plus tirer une larme de ses beaux yeux, un soupir de son cœur. Tout lui est joie, douce espérance, attente paisible et assurée. Oh ! que mon âme bénisse l'Eternel et n'oublie pas un de ses bienfaits. Béni soit-Il de m'avoir mis au cœur le désir, et aux doigts la possibilité de la multiplier, de sorte que tu la retrouves partout. Chère aimée ! C'était comme un pressentiment, peut-être, qui la poussait à désirer toujours son portrait qui devait plus tard nous devenir si précieux.......

Journal. — *9 mars 1857. Avignon.* — « ..... Combien j'aurais peu imaginé que je pourrais encore bénir Dieu, sans arrière-pensées, après qu'Il aurait retirée de ma fête réelle, la merveilleusement douce et aimable portion sur laquelle Il a mis la main. Cependant il en est ainsi et quoique, je le confesse sans honte, mon pauvre [cœur] frissonne facilement à certains moments donnés, où la douce figure passe devant moi avec tous ses charmes, cependant c'est sans difficulté que je mêle ma voix à celles qui, « *dans le ciel et sur la terre entonnent les louanges de l'Agneau* », sûr que je suis que le jour n'est pas loin où je saurai le divin et adorable secret de cette dispensation nécessaire (1).....

« *Avignon, 21 mars 1857.* — J'ai aujourd'hui cessé de travailler. Me voici prêt à rentrer bientôt dans ma triste maison, mais qu'il y a loin entre la coupe et les lèvres !.. Ma bien-aimée partait le vendredi en santé, et le mercredi suivant..... elle dormait déjà dans la poudre, d'où elle ne sortira qu'au jour de Jésus-Christ, pour être glorifiée avec le doux Maître..... Le Seigneur m'a gardé 52 ans au milieu de fêtes variées et de douleurs semblables à celles du reste de l'humanité, et je puis, certes, rendre ce témoignage à mon Dieu que, si ce n'était la récolte inévitable de mes semailles de jeunesse, j'aurais reçu de lui, bon Père, plus de biens que de maux ; car, quoiqu'en disent Job dans l'amertume de son cœur, et Lamartine dans ses réflexions sur le livre biblique... il y a plus de bien dans la vie que de mal.... Il y a du bien à toute heure, tandis que le mal est accidentel. Il y a des bonheurs de tous les jours et de tous les instants, que le fidèle compte, quoiqu'il ne le fasse pas assez, et que l'infidèle oublie, pour ne se souvenir que du mal, qu'il additionne avec une incroyable persévérance. Depuis déjà assez longtemps, le Seigneur, car c'est Lui, m'a appris à faire l'addition contraire, en sorte que je ne vois derrière moi que des bonheurs tout entremêlés de péché, hélas ! que des jours de bonheur et de paix.... Et comme je ne vois devant moi qu'une éternité de gloire et de

(1) Bibliothèque de Pau. Vol. VI.

magnificence dans l'amour éternel du Sauveur, je puis dire que je me sens de tous côtés pressé par l'abondance des bienfaits de mon Dieu (1). »

Rentré à Pau à la fin de mars 1857, M. Devéria reprit le cours monotone de ses travaux, jusqu'au jour où, l'automne suivant, il fut soudain appelé à Paris pour la mort de son frère. Pour connaître ce qu'il sentit à ce moment-là il nous faut encore transcrire quelques strophes d'une poésie adressée à madame Achille Devéria, peu de temps après la mort de son mari.

Mon frère Achille.

17 avril 1858.

Il est mort... j'ai posé sur sa face pâlie
    Le morne baiser de l'adieu,
Et, de mes propres mains, sa chair ensevelie,
Dort dans son froid caveau sous le regard de Dieu.
Esclave du travail il est mort à la peine !
Traînant sans murmurer la douloureuse chaîne
    Qui mordait ses membres maigris,
Il est mort comme un moine en sa morne cellule,
Sans jamais regimber aux coups de la férule
    Qui nous fait tous jeter des cris.
. . . .
    La vie était pour nous une lutte acharnée,
Où se croisaient les chants, les succès et les pleurs,
    Où la mort promenait sa face décharnée
Sur de pauvres amours ou de nobles douleurs.
Mais voilà, qu'emportés par des courants contraires,
Qui brisèrent, d'un coup, nos doux liens de frères
    Que rien ne put raccommoder,
Il est mort bravement dans sa cotte de maille,
Sans que je pusse, loin de son champ de bataille,
    Lui tendre la main pour l'aider.

(1) Bibliothèque de Pau. Vol. VI.

Pourtant j'avais grandi sous son regard de frère,
    Façonné par ses fortes mains,
Et ce fut l'œil fixé sur cette face austère
Que j'appris à marcher par les rudes chemins.
Il était pour moi, Dieu, la bonté, la sagesse
Qui savait me reprendre, inflexible tendresse,
    Et me pardonner tour à tour.
Celui dont la pensée, active, infatigable,
Faisait à ma faiblesse une route agréable
    En m'abritant sous son amour.

. . . .

Quelle faute ajoutée à tant de laides fautes
    Fit déborder le vase plein ?...
Quelle honte nouvelle, échappée à mon âme,
Vint lui brûler le cœur de sa funeste flamme
    Et rompre le dernier lien ?...
Hélas ! sous les efforts de la grâce divine,
J'avais quitté la voie où le monde chemine,
    Et j'étais devenu chrétien !...

. . . .

Lui, bon entre les bons et justes de la terre,
    De bienveillance tout rempli,...
Il ne pouvait saisir cet étrange mystère
De l'Homme-Dieu, Sauveur, ayant tout accompli.
Ces grandes vérités, ce principe de vie,
N'étaient devant ses yeux qu'une insigne folie,
    Indigne des intelligents.
Et dans le Christ, mourant sur cette croix rougie,
Son esprit percevait au plus une élégie,
    A l'adresse des bonnes gens !...

. . . .

Comment se fait-il donc que ces âmes sublimes,
    Animant des corps aussi beaux,
Que ces brillants esprits et ces cœurs magnanimes,
S'agitant dans la nuit comme autant de flambeaux,
A tout sujet humain appliquant l'éclectisme,
Repoussent sans étude et comme un fanatisme,
    L'œuvre du Dieu crucifié,
Et ne puissent admettre un Sauveur adorable
Qui présente au pécheur une main secourable
    Et pour lui s'est sacrifié

. . . .

Donnez-leur donc un Christ avec des bras immenses
  Qui les prennent tous en son sein ;
Qui, de ses doux baisers, apaise les souffrances
De leur front, éraillé par un laurier malsain.
Un Sauveur qui pardonne aux écarts du génie,
Et lui donne une part à l'éternelle vie,
  Réservée à tout cœur contrit,
Un Sauveur assez grand pour ces grandes natures,
Et dont la voix d'amour, au sein de leurs tortures,
  Rende la paix à leur esprit !

. . . .

Donnez-leur un Jésus qui, dans la solitude,
  Berce leurs douloureux ennuis ;
Un Christ intelligent, qui se plaise à l'étude,
Et se tienne près d'eux pendant leurs longues nuits ;
Qui n'appréhende pas ces beaux enfants du monde
Plus qu'il ne repoussait le Juif à lèpre immonde
  Qui cherchait son divin secours ;
Qui se baigne avec eux aux flots de l'harmonie,
Et qui, royal Sauveur, pose sa main meurtrie
  Sur les grands chamarrés des cours.

Que ce soit Toi, plus tôt, ô céleste Monarque,
  Qui te révèles à leurs yeux,
Qui, sur leur large front, mette la sainte marque
Qui doit manifester tes enfants glorieux !
Toi, qui r'ouvrant la porte aux exilés célestes
Les attires à Toi, de ces gouffres funestes,
  Par des liens de charité ;
Et de ta main percée, enlevant leurs entraves,
Fasses enfin comprendre à ces nobles esclaves
  Qu'en Toi seul est la liberté !...

Quelques années plus tard, Eugène Devéria écrivait, à une des filles de son frère Achille, les lignes suivantes qui trouvent leur place ici :

« ... Cette fermeté n'était qu'une vertu acquise et entée sur une bonté et une grâce primitives... Les circonstances graves, dans lesquelles le

Seigneur le destinait à prendre de bonne heure un rôle si sérieux, ont à peine voilé, dans sa jeunesse, toute l'amabilité d'une nature d'élite à tous égards. L'homme silencieux, que vous avez connu, avait été causeur enjoué, assaisonnant sa conversation de traits fins qui n'avaient pas assez de dureté pour blesser ceux à qui il les décochait, sans la moindre méchanceté. Tout, en lui, respirait la bienveillance qui saturait toutes les œuvres de sa vie, et ceux qui en étaient les objets multipliés, n'ont pas souvent répondu, comme ils auraient dû le faire, à tant de bonté et de dévouement. Ceci a dû naturellement lui donner à penser, de sorte que, sans devenir misanthrope, quand il vous a vu fourmiller autour de lui, il a senti le besoin d'économiser ses forces pour vous et sa chère aimée. Épuisé de travail, presque infructueux, trompé dans les espérances qu'il avait fondées sur le développement de mon talent, qui devait compenser tous les sacrifices qu'il avait si joyeusement accomplis, comprenant que les paroles changent peu de choses aux natures rétives des hommes faits ou enfants, il a économisé cette dépense inutile et s'est contenté de *vivre* devant ceux dont il avait à faire l'éducation... Moi seul ai connu le grand caractère de ton père et, dès les premiers pas dans la vie, j'ai compris que sa sévérité était doublée d'une douceur inaltérable, pour ceux qui en avaient goûté tous les charmes... »

On pourrait, aisément, diviser la vie d'Eugène Devéria en trois grandes périodes, qui sont comme les étapes de son voyage terrestre. La première comprendrait la jeunesse, les jours de folie et d'éclatants succès, pour se terminer à son mariage et à la grande maladie de 1840. Dans la seconde, c'est la transformation, la conversion, le début de la vie régulière, avec ses charges et ses joies, les illusions généreuses, les déceptions inévitables, le tout éclairé, illuminé par l'amour, presque sans bornes, qu'il porte à sa « grande aimée. » Les deuils ferment cette époque, riche en bonheur, puis en soucis. La solitude est à la porte.

A partir de cette fatale année 1857, la fin commence : c'est la marche dans le désert, sous le soleil ardent et la chaleur du jour. La grande joie, le grand espoir de sa vie terrestre, s'est évanoui ; l'artiste va tendre de plus en plus « à jeter son cœur en l'éternité. » Désormais, il pourra rencontrer sur sa route des désillusions, qui l'atteindront, tour à tour, comme artiste, comme chrétien, comme ami, mais rien n'arrachera plus de son cœur les cris de détresse que nous l'avons entendu pousser. Nous sommes parvenus à cette époque morne et douloureuse. Elle contient ce qu'il y a de plus instructif dans la vie d'Eugène Devéria, la preuve irréfragable, de la sincérité, de la puissance, de l'efficacité de sa foi.

IV

1858-1865

Les sentiments paternels, innés en Eugène Devéria, qui avaient été les moteurs du grand changement survenu en 1840, n'avaient plus d'objet. Autour de lui, dans son triste intérieur, le départ de l'enfant chérie avait laissé la réalité toute sèche; il ne voyait que trop bien, maintenant que dans *ses aimées*, c'était surtout Marie, qu'il aimait. Aucune de ses aspirations n'éveillait plus le moindre écho. Si au dehors, il trouvait de chaudes sympathies comme chrétien, comme artiste il était seul partout, et Dieu seul sait ce que ces mots contiennent de souffrances cachées. Avec l'étonnante vitalité de sa nature passionnée, il essaya de se rattacher à quelque affection nouvelle et se mit à chercher autour de lui, *l'enfant* qui pourrait remplacer celle qu'il avait perdue. Celui qui s'offrit le premier à la tendresse exclusive et ardente qu'il était dans le caractère d'Eugène Devéria d'éprouver, ce fut un jeune homme, un élève, en qui il espéra trouver un fils.

Rendre à un autre ce que son frère avait fait pour lui, ouvrir, à un second lui-même, les sentiers de l'art, à défaut de chefs-d'œuvres, donner à son pays un grand artiste, par son exemple et ses exhortations, lui faire éviter les périls dans lesquels son talent avait sombré et peut-être l'amener à partager sa foi... tel fut le rêve du pauvre peintre. Si ce rêve ne se réalisa pas dans son entier, du moins l'aida-t-il à passer les premières années de sa pénible solitude. A côté de cet insipide atelier de petites demoiselles, qui lui était une épreuve journalière, M. Devéria eut donc un élève, *son* élève, un élève sérieux, qui venait du matin au soir, auquel il consacrait tout ce qu'il avait de talent, et à qui il cherchait à inoculer toutes ses convictions d'art M. Gustave de C. rendait largement à son Maître l'affection que celui-ci lui portait et, dans l'élan du début, il travaillait avec ardeur sous cette direction pleine de vie. Bientôt quelques camarades se joignirent à lui, un surtout, M. Léon D. jeune malade venu à Pau pour sa santé, qui ne fit que traverser la vie de M. Devéria, mais auquel celui-ci s'intéressa vivement. Les jours de l'atelier de demoiselles, on enfermait « les loups, » c'était ainsi que M. Devéria appelait ses élèves masculins, derrière un vaste paravent qui occupait tout un coin de la pièce, et de temps en temps de grands éclats de rire, partant de la « niche », venaient rompre le silence plein de décorum qui régnait dans l'atelier. Cet arrangement, sacrifice fait aux convenances, car les loups en question n'auraient rien dévoré, divertissait beaucoup le Maître, et dura aussi longtemps qu'il y eut quelqu'un à mettre derrière le paravent. Mais ce temps fut court ; en 1859, le jeune Léon D. étant mort, M. Devéria alla passer l'hiver à Paris pour faire, d'après un pastel qu'il avait exécuté sur nature, un portrait en pied commandé par la famille du jeune homme. Il termina aussi un grand tableau, le retour de Christophe Colomb, qui fut exposé au Salon. Les critiques d'art, à l'exception, croyons-nous, de Théophile Gautier, le passèrent absolument sous silence. L'artiste fut frappé au cœur. Il avait demeuré, durant cet hiver, chez sa belle-sœur qui avait le don de réveiller en lui les espérances et les ambitions de l'artiste, il s'était repris à quelque espoir de succès, et ce silence, trop profond et trop absolu pour ne pas cacher un parti pris, était plus dur à supporter que la critique la plus acerbe. Pour comble de malheur, M. Devéria fut atteint, au printemps, d'un rhumatisme articulaire qui le rendit fort malade, et lui laissa pour longtemps les mains raides et endolories. Une cure à Lamalou fut jugée nécessaire, il la fit pendant l'été 1859 et se remit à peu près. L'hiver suivant il rentra à Pau, dans la pénible ornière où il traînait sa vie. Il n'avait plus « son Gustave » pour le consoler. Le jeune homme l'avait suivi à Paris, l'année précédente, l'avait veillé et soigné pendant sa longue maladie, et y était resté, commençant à marcher seul dans sa carrière. Déjà le courant moderne l'avait détourné des principes que son Maître lui avait inculqués ; ses idées, en art, avaient promptement été bouleversées et Eugène Devéria sentait son élève échapper à son influence. Cela était inévitable, mais cette nouvelle déception lui fut particulièrement amère. Il était atteint dans sa foi artistique, dans la foi en son frère, qui l'avait formé. Jamais, comme tant d'autres ne s'en fussent pas fait faute, il n'avait rejeté son insuccès sur son éducation artistique. Il ne s'en prenait qu'à sa propre incapacité, et la sorte de défaveur jetée, par la défection de son élève, sur l'école et le système, démodés, lui fut extrêmement sensible. De loin, il continuait à suivre avec anxiété les pas que faisait M. Gustave de C. dans la voie qui l'éloignait de lui ; s'efforçant de l'arrêter, de le retenir, de le ramener, mêlant à ses vues particulières, des conseils d'une valeur inconstestable dans toutes les écoles et toutes les carrières. En attendant, il était seul de nouveau. Il essaya de prendre chez lui pendant quelque temps, une enfant appartenant à une famille nombreuse, dont la position était précaire, espérant vaguement l'élever et trouver là un sujet d'intérêt, mais cet essai ne réussit pas. Tout en cherchant ainsi quelqu'un à qui se consacrer d'une façon particulière, il s'occupait de tout ce qui l'entourait. Il était aimé, avec une affection dont il ne soupçonnait pas la profondeur, par bien des cœurs d'enfants dans lesquels son souvenir est encore aujourd'hui aussi vivant que s'il fût mort d'hier; mais tous étaient trop timides pour laisser voir la place que tenait dans leur vie, l'attention que M. Devéria voulait bien leur montrer. Il y avait à cette époque-là, dans l'église de Pau, une petite fillette que la mort de son père, protestant Suisse, laissait dans une position particulièrement difficile. M. Devéria s'était depuis longtemps intéressé à elle. Grâce à lui, et à quelques autres personnes, elle fut suivie, entourée, élevée dans nos écoles, toujours, plus ou moins, sous la surveillance de M. Devéria qui la trouvait intelligente et gentille; la petite orpheline s'attacha à lui, extrêmement. Lorsqu'elle fut jeune fille et qu'il fallut lui choisir une carrière, M. Devéria, la voyant capable de développement, lui fit continuer ses études et prendre son brevet d'institutrice. Elle fut ensuite placée loin de Pau, et il continua à lui adresser, par lettres, les conseils et les directions qui lui étaient nécessaires dans la conduite de sa vie. Rien de plus touchant que de voir l'homme mûr, dont l'intelligence et le talent sont au-dessus de tout ce qui l'entoure, se faire humble et petit pour se mettre à la portée de la modeste enfant, dont il veut former les idées, le goût, le caractère. Rien de plus sensé et de plus droit, que les conseils presque maternels qu'il lui adresse, élevant son cœur et son esprit, et la tenant *elle* toujours à sa place, lui apprenant à aimer cette humble position dont il ne voulut jamais la faire sortir. Cette fois il avait bien rencontré. L'esprit souple de la jeune fille, formé par cet esprit viril, se modela pour ainsi dire à son image; elle prit, sans le savoir, à son Maître, sa manière de penser, de parler, jusqu'à son style, sans cesser d'avoir une individualité assez marquée pour donner du charme à l'intimité qui s'établit de plus en plus dans leur correspondance. Ce fut un véritable enfantement spirituel, et la tendresse de cette fille d'adoption, qui répondit en tous points à la sienne, satisfit enfin ce besoin d'expansion, toujours refoulé chez Eugène Devéria, et fut le plus brillant rayon de soleil des dernières années de la vie de l'artiste. Sa femme était morte au primptemps de 1863. Eugène Devéria alla plus souvent à Paris ; sa belle-sœur, madame Devéria vint le voir à Pau. Il s'occupa avec sollicitude de l'aîné de ses neveux, dont la santé, très menacée, lui causait de graves inquiétudes et eut la joie de reprendre dans la famille de son frère, cette place d'oncle *paternel* dont il se plaignait autrefois d'être privé. L'affection éclairée et bienfaisante de Mme Achille Devéria lui fut d'une grande douceur. Avec elle aussi, il eut une correspondance des plus régulières ; mais de celle-là nous ne pourrons rien citer. Celle à qui ces lettres étaient adressées, a désiré qu'elles fussent brûlées après sa mort. Quelques courts fragments de Journal, les lettres à M. G. de C., quelques passages de sa correspondance avec Mademoiselle U. S., sa fille d'adoption, et quelques lettres à une jeune amie, voilà tout ce que nous avons désormais pour suivre, année après année, Eugène Devéria, jusqu'au bout de sa carrière et à la fin de sa vie.

Journal. 1er novembre 1858.

A propos de M. Léon D., avant la poésie :
« L'ennui est fait pour les sots. »

« Il avait vingt ans à peine, il était riche, de bonne mine, fort intelligent ; il avait le sens poétique très développé et aurait peut-être pris un bon rang parmi les fils de la muse. Il avait au cœur un amour très vif et des contrariétés sérieuses, qui lui vinrent de la famille de sa fiancée, augmentèrent, ou peut-être firent surgir une grave maladie de poitrine. Il vint à Pau, après avoir vu l'Italie, et se décida à étudier la peinture. Il vint chez moi et travailla à peu près trois mois dans la compagnie de M. Gustave de C. Son gracieux caractère le faisait aimer de tous et il se réjouissait, avec son nouvel ami, âgé de quelque vingt ans aussi, d'aller à Paris, après la saison des eaux, pour étudier ensemble la peinture, pour laquelle il montrait autant de disposition que d'ardeur. Je crois que c'est ce qui l'a tué. Toujours rêveur et préoccupé de son amour, qui menaçait de tourner mal, à cause de sa santé ébranlée, il croyait s'ennuyer et anticipait avec joie le temps de son retour à Paris... Quand le cher garçon eut dépensé quelque six semaines à Saint-Christau, d'où il revint en assez bon état, il dut passer huit jours à Pau, avant de reprendre son vol vers d'autres Eaux. Pendant trois jours, il eut une rage de travail avec Gustave. Ils venaient à 6 heures du matin et savouraient, en travaillant trop, le plaisir de leur réunion. Le quatrième jour... il eut un crachement de sang qui prit des proportions graves, et s'arrêta cependant au bout de quelques jours. Puis, il décida qu'il retournerait à Paris, partit trop tôt je pense, fut repris à Bordeaux où son père vint le chercher, et d'où il l'emmena mourir à Paris, un mois environ après notre séparation. Maintenant j'ai envoyé un pastel... au pauvre père désolé. S'il le trouve ressemblant, j'irai probablement à Paris faire un grand portrait à l'huile et je profiterai de l'occasion pour emporter un grand tableau de Christophe Colomb, commencé depuis cinq ans, et que je finirai pour le Salon prochain, Dieu voulant, pour la France ou l'Angleterre. Amen (1).

A M. G. de C.

28 juillet, 1859, — de Lamalou-les-Bains.

« .... Rappelez-vous souvent l'incomplet des meilleurs talents vivants, et dites-vous ambitieusement, qu'il y a une place à prendre, mais que ce n'est qu'à force de travail vigoureux, incessant qu'il est possible d'atteindre si haut. N'en prenez pas à votre aise, oubliez le monde,.... pour quelque temps, pour ne penser qu'à l'art et à ses exigences, bien autrement légitimes. Le Seigneur a tout fait pour vous, faites aussi quelque chose, ami. Pensez qu'il se fait déjà tard, que vous n'avez que quatre ou cinq ans devant vous pour le prix de Rome, car je ne pense pas que vous voulussiez d'un prix de vieillesse. Je serais si heureux, si je n'avais pas à regretter un jour la part que j'ai prise à la décision de votre carrière ; si heureux, si les douleurs, qui seront le partage de votre mère bien-aimée, avaient pour compensation la joie de vos succès et de votre gloire terrestre ! Allons, jeune ami, montrez que vous avez un cœur véritable, qui sent vivement..... Regardez aussi à Celui qui vous a tant confié et qui vous demandera un compte grave. Songez qu'il vous a donné une belle intelligence, avec l'amour du beau et les ressources nécessaires au développe-

(1) Bibliothèque de Pau, vol. VI, p. 419.

ment de ce premier don..... Ah ! comptez, comptez souvent, ces talents multipliés, et pensez que si vous les employez comme il faut, vous en recevrez de nouveaux qui seront en rapport avec les besoins du moment. Ne faites pas mentir les prévisions et les prédictions de ceux qui rêvent en vous un grand homme!! Mais, surtout, efforcez-vous d'être grand homme sans misérables et honteuses souillures. Que votre vie privée réjouisse l'œil, fatigué de vous contempler sur votre piédestal glorieux ; qu'on ne soit jamais obligé de parler bas quand il s'agit de vous, que la bouche de tous puisse sanctionner les pensées des cœurs, et qu'aucune note douloureuse ne résonne dans la trompette de la Renommée. — Luttez contre votre distraction ; elle vous conduirait à des démarches pour lesquelles le monde pourrait n'avoir pas d'indulgence ; ne soyez pas paresseux à poursuivre les qualités qui vous manquent. Minerve seule est née tout d'une pièce, l'armet au front, le bouclier au bras, mais les enfants de la sagesse sont comme tous les enfants du monde, qui doivent acquérir un à un, jour à jour les perfectionnements qui les manifesteront au monde. Surtout, souvenez-vous que tout ce qui est bon et bien, est antipathique à notre nature corrompue, et que c'est, seulement, par une persévérance infatigable que nous pouvons arriver au terme de cette voie difficile; tandis que tous les instincts de notre cœur sont toujours prêts à se liguer avec nos ennemis extérieurs, pour nous faire dévoyer d'un chemin, dans lequel je puis vous affirmer qu'il est difficile de rentrer, alors même que le Seigneur y emploie toutes ses forces merveilleuses. *Il est bon,* dit Jérémie, *de porter le joug dès sa jeunesse.* Une des choses les plus dangereuses, selon moi, est de vivre sans le faire exprès, de vivre sans obligations despotiques, d'aller comme les circonstances vous poussent. Je crois qu'il faut que l'homme se défie de l'heure de la liberté absolue ; quand il n'a plus personne à qui obéir, il faut qu'il se trace une ligne de conduite dont il ne dévie pas. Il faut s'imposer une heure de lever, que l'on respecte comme si l'on était un mercenaire, et si quelque plaisir permis nous empêche d'obéir [un jour] à cette décision volontaire, il faut si bien manœuvrer ensuite qu'aucune œuvre obligatoire ne périclite. Tâchez de ne pas trop vous laisser conduire par les circonstances ou les hommes, et souvenez-vous que devoir, et difficulté, souffrance, peut-être, ont toujours marché de pair. La vie aisée est probablement une mauvaise vie, et si l'on se fait illusion aujourd'hui, l'avenir ne manquera pas d'apporter ses preuves convaincantes. La jeunesse n'est pas le temps du repos. Si vous vous imposiez aussi une certaine heure pour la lecture de la Bible, vous en retireriez beaucoup de bien.

« Que le Seigneur vous continue ses bontés, et que son œil vous suive dans toutes vos voies, sans y voir les choses honteuses que l'on cache (1). »

« Eug. Devéria. »

(1) Si nous profitons de la permission qui nous a été donnée, de faire de ces lettres l'usage qui nous paraitrait bon, dans le travail qui nous occupe, nous tenons à dire que c'est parce qu'Eugène Devéria semble s'y peindre d'une façon particulière et que sa tendresse pour celui auquel il écrit nous parait être à l'honneur de tous les deux. De plus, les conseils qu'il prodigue à son élève, peuvent être profitables à tous les jeunes hommes en général.

A M. G. de C.

Pau, 25 novembre 1859.

« Mon Gustave, puisqu'ainsi vous vous appelez, et mon cher Gustave, je sais trop bien ce que c'est que la vie de Paris, pour prendre à cœur le retard d'une lettre, sans compter que je ne juge ni de l'affection ni de la gratitude, (puisque vous mettez ce grand mot entre nous) de ceux que j'aime par quelques lignes écrites de plus ou de moins. Ecrivez-moi donc, si vous en trouvez le temps, sinon ne sacrifiez quoi que ce soit en ma faveur; je serais désolé si vous me donniez autre chose qu'un moment de repos. D'ailleurs, comme tous les vieux font toujours, je vais vous donner un conseil..... Ne prenez pas la plume, à mon intention, avec le désir de finir séance tenante. La fatigue vient, les idées tournent court et s'achèvent mal, l'heure de dormir ou de la poste arrive et on n'en donne que pour deux sous et demi ou trois sous, tout au plus, quand, en s'y prenant à plusieurs fois, on en donnerait à son patron, pour ses quatre sous, et ce n'est pas trop, car vous êtes presque le seul qui puissiez, si vous le voulez, me dire quelque chose qui m'intéresse; tous mes autres correspondants (ma belle-sœur exceptée), sont si vides, qu'il y a peu ou point de satisfaction à les lire. Donc tenez-vous pour averti et écrivez-moi par bribes, en parlant pour tout de bon sur tout. Souvenez-vous d'être bien *vous*, et de ne pas vous mettre avec un masque de gravité devant le vieillard grondeur; car j'aime la jeunesse avec sa gaieté, et je prie souvent le Seigneur de convertir les enfants en les laissant enfants et joyeux, ce qui me paraît très compatible, selon l'âge, avec ces têtes blondes ou noires.

» Si vous vous sentiez converti quelque peu, ce me serait une grande joie de l'apprendre de vous, mais comme je vous aime tel quel, ce sera aussi avec plaisir que je vous lirai quelque peu philosophe, un peu poète, peintre par dessus tout, heureux de vous voir mettre au service de cette muse (si elle a les honneurs du Parnasse, ce que je ne crois pas), tous les talents que le Seigneur a déjà développés en vous, et qui trouveront là leur parfaite application, puisque toutes vos études ont tendu à développer la pensée en vous, et que ce qui manque le plus à l'art moderne est certainement la pensée, qui montre si rarement le bout de son nez............

» Tâchez d'apprendre à travailler comme faisait mon frère..... et comme il m'a appris à le faire, comme un devoir absolu, au lieu d'attendre l'inspiration capricieuse. Je crois que c'est le meilleur système et Rubens travaillait avec la régularité d'une horloge, mieux réglée que celles de Pau, cela va sans dire. »

Même lettre. Lundi 28. — « Pour vous donner le conseil que vous me demandez, quant au Louvre, il me faudrait voir quelles sont vos propensions. D'abord, vous ne me dites pas si ce sont des études peintes que vous avez faites d'après Champaigne. Je confesse que les portraits de ce Philippe sont admirablement vrais. C'est presque la nature et je conçois que cette peinture vous séduise pas sa lucidité et par sa vérité presque absolue. Mais... peut-être l'étude de cet éclectique par excellence, vous entraînerait-elle au *photographisme* qui tend à envahir l'école moderne, si toutefois l'envahissement n'est pas consommé. Défiez-vous de ce qui peut vous pousser à prêter les mains à ce réalisme, qui tue l'art, et le ramène à la simple et honteuse position d'un produit chimique. Philippe, avec son beau talent, n'est qu'une planète de second ordre, dans la sublime pléiade des Flamands et des Hollandais......

La nature échappe à l'homme dans son imitation parfaite; ce n'est donc pas un but à se proposer. Il faudrait,.. d'après mon opinion de ce matin, laisser les peintres réalistes, avec la nature elle-même et ne les consulter, comme elle, que pour ne pas se laisser égarer par le maniérisme, qui devient facilement le lot de ceux qui l'oublient trop. C'est pour cela que je suis fort partisan des fortes études *dessinées*, d'après nature et d'après l'antique, qui vous rappelle que l'homme n'est pas toujours aussi laid que quand il sort, sur la table [l'estrade] de ses souliers avachis, et de ses habits qui empêchent sa chair de se nourrir au soleil et à l'air. Mais, quand on a gagné cette aisance, dont vous parlez, quand on connaît bien l'agencement des parties qui composent ce tout magnifique de l'homme, encore si beau parfois, malgré sa dégradation morale, alors le *peintre* doit mettre la main à la pâte, les yeux toujours fixés sur les sublimes magiciens de la couleur, qui montrent par leur variété, du blanc Paul Véronèse, au brun et profond Rembrandt, que le leur était bien un art d'imagination, non une misérable imitation, se traînant de loin sur les pas d'une réalité, que l'homme ne peut jamais attraper. Je pense donc, sans vouloir absolument froisser vos dispositions particulières, qu'il vaut mieux copier les pittoresques que les réalistes, ou encore les copier tous, afin de ne pas perdre sa personnalité dans une imitation restreinte d'un homme ou d'un cercle d'hommes pareils.

Il va sans dire que nous reviendrons de temps en temps sur ces questions et que nous ne serons pas obligés d'être toujours du même avis, vu que selon les temps, les cieux, et les hommes, les conducteurs intellectuels peuvent sentir le besoin de transformer les expressions de leur enseignement sans pour cela changer entièrement d'opinion........ »

Pau, 12 décembre 1859. Journal. — « Il y a déjà longtemps que j'ai renoncé à tenir un journal, ainsi qu'à la copie de mes lettres ; mais comme depuis que j'ai pris cette décision j'ai passé par des jours de ténèbres spirituelles, faute, j'en suis presque sûr, d'inscrire chaque jour le mal auquel je me laissais aller avec trop de facilité, je vais me remettre à écrire avec fidélité tout le mal que je fais, et tout le bien que le Seigneur fait en moi, en tâchant d'éviter les confessions scandaleuses qui ne sont d'aucune utilité pour personne, (si tant est que personne lise jamais ces lignes), et souvent compromettent la religion, dont certes, ce n'est pas la faute........

« Il y aura un an, à la fin de ce mois, que je partais pour Paris, plein d'espérance de belles affaires en portraits, dont la base était le portrait de 2,000 francs d'un jeune homme, Léon D. qui venait d'être mon élève pendant deux ou trois mois. Pendant décembre et janvier j'allais souvent dessiner le soir chez Susse [*ou Suisse?*] avec Gustave de C. dont je continuais l'éducation d'art. Le temps était doux et pluvieux ; vers le commencement de janvier, je pris un violent mal de gorge qui s'arrêta tout court un dimanche soir. Le mardi je fus pris d'un affreux coriza, et le lundi suivant, le 2 ou 3 février, je me mettais au lit avec un rhumatisme articulaire qui me mit sur le dos, pour six ou sept semaines, avec redoublement sur les bras et les mains, en sorte que le résultat le plus visible, pendant la convalescence, fut la rigidité des doigts, des mains, qui diminua dans une certaine proportion, mais qui depuis quelque quatre mois ne cède ni à friction, ni à bains, ni à pommades, de sorte, qu'à cette heure, je ne puis tenir le manche d'un couteau à *poigne-main*.

« Telles sont les causes secondes que juge le vulgaire : mais la réalité est, que le Seigneur a lu dans les pensées de mon cœur, et qu'une fois de plus, Il a été obligé de frapper sur ce foyer de corruption (1) que n'avaient pu éteindre les douleurs et les souffrances par lesquelles je suis passé depuis cinq ans ! Que son nom soit béni ! pour cette fois l'œuvre est accomplie, et je me suis relevé de cette humiliation salutaire, avec

---

(1) Nous ferons remarquer ici, pour les lecteurs qui n'auraient pas l'habitude du langage protestant, que lorsqu'Eugène Devéria parle de la « corruption de son cœur » de « pensées coupables » de « convoitise », il ne faut pas donner à ces mots le sens particulier qu'ils ont pour le plus grand nombre. L'orgueil, l'égoïsme, la vanité, le désir des biens qui nous sont refusés, le mécontentement, tout ce qui est contraire à la volonté de Dieu est, par nous, traité de « *péché* », peut faire l'objet de « *pensées coupables* » et prouve la « *corruption de notre cœur* ».

un cœur vraiment renouvelé. « *Les convoitises qui faisaient la guerre à l'âme* » se sont éteintes sous ce déluge qui a emporté toutes mes espérances légitimes, tous mes rêves coupables, et je me retrouve plus pauvre que l'an passé, avec une santé rudement compromise, relégué dans mon petit trou de Pau où je me remets à l'ouvrage avec toute l'ardeur que me laissent mes mains avariées.

» Maintenant je vis dans la paix avec mon Dieu, et mon cœur et ma bouche le louent de tout ce que son amour a fait pour moi. Puisse sa grâce ne me faire pas défaut, et son Esprit m'accorder ce dont j'ai besoin, pour l'œuvre de mes mains, à la glorification de son nom, dès maintenant et au siècle des siècles.

A M. G. de C.

Pau, 16 septembre 1859.

« J'ai lu aujourd'hui une lettre de mon Gustave.... qui s'avise de se décourager, parce que le succès ne couronne pas encore ses efforts, parce que les condisciples, plus jeunes que lui, (tout en étant ses aînés dans le métier) semblent en avance sur lui,.. et ce conscrit, fatigué de la première étape, croit qu'il ne pourra jamais aller jusqu'au grand champ de bataille, parce qu'il ignore que les premiers lassés, et les premiers blessés, sont ceux qui gagnent la dernière bataille qui est la cause de la paix... Aussi je viens tâcher de consoler et de réconforter le pauvre enfant que j'aime, et surtout de le distraire, (c'est tout ce qu'il faut j'espère), en mettant sous ses yeux quelques lignes que l'amitié m'a dictées ; [car] tandis que les opérations de la vie nous séparent, mon esprit le suit, soit à l'heure du travail, soit à celle de la prière, quand je demande au Seigneur pour lui et pour moi, les forces nécessaires à l'accomplissement de notre tâche.

Ces « quelques lignes » étaient une assez longue poésie, adressée à M. de C. et intitulée : « Noblesse oblige » ; la lettre continuait ainsi qu'il suit :

» Pauvre enfant ! je suis comme les prédicateurs, prêcheurs, parleurs, bavards d'église qui, parce qu'ils s'amusent, croient que les auditeurs doivent trouver des charmes à leur parlage, souvent lourd et fatigant, et sous prétexte de vous distraire, j'entasse la prose et les vers au-delà de la permission. Pourtant, disons-le, il y a une différence entre eux et moi. C'est que leur illusion dure toujours, au lieu que quand j'ai longtemps suivi le galop de mon « Hobby-horse » et que je m'arrête un moment, je sais que si mon pauvre Dada tombe et éteint ses quatre éclairs, je me relève gros Jean comme devant, et pas roi du tout, Dieu merci ! Aussi je vais vous saluer en vous souhaitant un commencement d'année meilleure que la fin que vous savourez..... Veuille le Dieu de votre père et de votre mère, cher enfant, vous regarder en Jésus-Christ, vous combler de ses plus saintes bénédictions, en vous pardonnant tous vos péchés, et vous donner la force de suivre le Saint et le Juste sur la voie qu'Il a tracée dans les pleurs avec son sang précieux. A Lui soit toute gloire et actions de grâce. A vous la pauvre et misérable, mais sincère affection, de votre vieux frère en Jésus-Christ.

A M. G. de C.

Pau, 4 octobre 1860.

» Je pense, cher enfant, que c'est une œuvre dominicale que de consoler un cœur, attristé par une des mille déceptions du monde, que de rendre courage à celui qui doute de lui, à cause d'un échec inattendu. C'est pour cela que je prends la plume au matin de ce jour... J'espère que je verrai la position d'un œil droit et que je pourrai vous donner des conseils, qui vous raffermiront et vous rendront le courage (1).

» Donc, pour entrer en matière, je vous rappellerai ce que je vous ai dit plusieurs fois, savoir, que pour avoir raison avec une figure au crayon, il faut avoir quatre fois raison devant la routine académique. Votre nom était derrière votre figure et ils ne le voyaient pas, mais votre dessin leur disait à tous que vous n'étiez pas des leurs. Dès lors, ils ont passé sans s'inquiéter [de savoir] si la figure méritait une mention honorable, pour ne pas ôter une chance à leurs « amés, et féaux. » Il n'y a donc pas de quoi maudire le jour de sa naissance, ni mépriser les facultés que le Seigneur nous a données. Mais il faut tirer le meilleur parti de la position et ne pas jeter le manche après la cognée, comme si c'était une bataille de Waterloo...

(1) Il s'agissait, à ce que nous croyons, d'un examen manqué à l'école des Beaux-Arts.

« .... Vous voulez vous retirer, comme cet imbécile d'Achille, pour bouder dans votre tente... Allons donc, ne faites pas cette bêtise ! il vous faut poursuivre les vieilles panades comme un cauchemar. Il faut que le professeur de service voit votre beau front tous les jours, qu'il apprenne à se réconcilier avec votre persévérance et votre manière de dessiner... Vous avez trois figures pour chaque concours. Cachez-vous sous des manières variées, arrivez s'il le faut à l'estompe absolue. Soyez un vrai Protée, qui échappe à leur mauvais vouloir (s'il y en avait), et, avant le futur concours de place, sortez victorieux de l'épreuve de la médaille. Si vous êtes un homme, voilà comment vous donnerez un démenti à vos juges, qui ne se sont d'ailleurs pas donnés la peine de vous juger. « Macte animo, generose puer, sic itur ad astra. » Les chutes sont le partage des forts... Des embarras sur la route... qu'est-ce que cela pour des bras comme les nôtres? « Le grand lion est dehors », dit le paresseux et le capon, mais David tuait les lions et les ours et leur enlevait ses petits agneaux d'entre les dents. Ceignez vos reins, enfant, bouclez vigoureusement votre ceinture, et je vous promets que vous sortirez vainqueur d'un combat, dont quelque chose de supérieur à Chimène [doit être le prix.] Allez à la rue de l'École de [Médecine], [si vous voulez], tant mieux, plus [vous travaillerez], mieux sera. Allez au Louvre, dessinez, admirez, satisfaite votre amour pour le beau, par tous les moyens possibles, mais ne désespérez pas de Dieu. Il a commencé une œuvre d'art en vous. Il l'achèvera. Il vous a fait poète pour vous faire peintre, mais peintre d'autres choses que de chandelles et de poissons. Seulement ne vous arrêtez pas pour une niaiserie pareille. « *Ce sont les violents*, ami, *qui ravissent le ciel*... » Montrez au professeur une vraie ardeur pour le travail et vous finirez par avoir une bienveillance générale, qui vous vaudra mieux que celle d'un professeur spécial, vu le petit nombre actuel d'iceux. Vous retirer de la lutte ! Ah ! bien oui !... Il s'agit bien de ça ! Plus de découragement... Soyez un homme...

A M. G. de C.

Pau, 24 décembre 1860.

« Il y a des choses, cher ami, que l'on dit à ceux que l'on sait [être] en dehors du cercle des niais, qu'elles regardent; ainsi en est-il de ma théorie des lettres. Je n'ai manifesté devant vous que parce que j'étais sûr que cela ne pouvait vous toucher. Ah ! Gustave, vous n'êtes pas de ceux qui composent leurs lettres de phrases vaines et de questions. Il y a en vous trop de sentiment et de poésie pour, qu'en prenant la plume, vous n'ayez pas, vite et facilement, la matière de quelques pages de causerie, parfaitement satisfaisante pour votre viel ami, morose et grondeur. Nous n'avons pas entre nous, quant à présent, ce délicieux et profond topique de conversation qui permet aux chrétiens avancés de causer à toute heure et dans quelque milieu qu'ils soient; mais nous avons l'art, la litttérature, la politique, toutes nos admirations pour ce qui est beau ; nous avons des tristesses intelligibles, et des gaités charmantes, comme celle que vous avez fait passer devant mes yeux et qui a rajeuni mon vieux cœur, encore parfaitement capable de comprendre ce qui réjouit les têtes blondes et noires, pour lesquelles j'ai toujours une grande affection. Vous savez que je n'exige pas de ceux que j'aime qu'ils se servent de ma lorgnette ni de mon « hobby-horse », sûr que je suis qu'ils y voient mieux avec la leur et sont plus gracieux sur leur propre dada. Je n'attends pas, pour être heureux de vous aimer, que vous pensiez comme moi en une chose de plus. C'est comme vous êtes que je vous aime, et tel quel, je serai toujours heureux de vous voir, en réalité ou par lettres. Nous aimons les mêmes choses tous les deux, partout où nous serons ensemble nous aurons à échanger nos admirations éclectiques et j'attends patiemment le jour où vous aimerez aussi Celui en qui se résume toute beauté ; quand vous aurez la conviction que les plus belles choses de la terre nous échappent par la vétusté, vous vous reposerez aussi de vos déceptions dans l'Éternelle beauté de Celui qui vous attend, comme Il l'a fait pour nous et qui vous saisira au passage au moment où vous vous y attendrez le moins. Vrai est-il, qu'alors, peut-être, depuis longtemps déjà, je me reposerai de ma fatigue, provenant plus du péché que de la tâche que Dieu m'a donnée et dont je le remercie. Mais enfin nous nous réjouirons, là-haut, de ce qu'un nouveau caillou roulé sera entré dans la structure de l'édifice divin.

« Allez donc, enfant, montrez-vous tel que vous êtes, comme par le passé. Le Seigneur vous a donné tout ce qu'il faut pour que votre correspondance ne fatigue pas.

« Votre partie dans les bois, avec les chers Armand-Dellile, m'a réjoui en me montrant la réalisation d'une pensée que je caresse, savoir que le chrétien le plus avancé peut parfaitement jouir, en pleine gaieté, des mille bénédictions que le Seigneur a si abondamment répandues dans la nature, et dont il me semble (contrairement à l'idée morose des chrétiens à courte vue) que le fidèle doit et peut prendre sa part, en rendant grâce à Celui qui les lui a données.] [N'a-t-Il pas] mêlé de bien belles inutilités au trésor d'utilités que sa Providence nous dispense avec tant d'amour ? Il me semble si naturel que le peuple de Dieu soit joyeux, en usant avec modération des biens que le Seigneur met à sa disposition. Quoi, il serait possible que les beaux bois, les fleurs et leur senteur merveilleuse, les harmonies de la nature, de la musique, de la poésie et de la peinture, les joies éclatantes de la jeunesse, dont les larmes ne brûlent pas le cœur, les beaux rires de l'enfance, les belles têtes décoiffées, toutes ces belles choses que le Seigneur fait éclore dans le cœur et sous les yeux de l'homme et qui trouvent en lui un immense clavier toujours prêt à vibrer, fussent à toujours le partage des mondains, incapables de les savourer sans péché, tandis que celui qui est sorti de sa prison à la voix du Calvaire, qui perçoit, par la foi, les éternelles perspectives de gloire, de joie et de bonheur, verrait passer toutes ces lueurs sans les regarder, fermerait les yeux et les oreilles à toutes ces splendeurs divines de l'harmonie, pour ne plus savourer que les douceurs d'une vague solitude ?... Non, non, la joie pure, l'usage raisonnable de toutes ces nobles fêtes du cœur et de l'intelligence, sont faites pour nous plus que pour le mondain......

« Je me suis donné la tâche, depuis que mon grand tableau est fini, et que j'en ai très avancé la répétition, de terminer toutes mes vieilleries, en train depuis plusieurs années. J'ai ainsi fini les deux petits paysans, la Saint-Barthélemy, Madame et Mademoiselle de Keroual. Je reprends la marquise de Ganges entre ses quatre mains (1). J'ai peu de chose à faire au portrait de Bosquet, en sorte que, d'ici à quelques jours, je n'aurai plus que du neuf à poursuivre. J'avais pensé à faire de suite un grand tableau pour le Salon. Mais j'ai cru qu'il valait mieux, d'abord, mettre à profit toutes ces vieilleries, qui sont du temps perdu, aussi longtemps qu'elles restent incomplètes. Pensez-y, aussi, et ne prostituez pas votre temps à des choses commencées, sans les finir. Mettez en ordre, dès le commencement, toutes vos études, pour ne pas les perdre, et n'avoir pas un trop grand travail pour les mettre à leur place, quand le nombre en est trop augmenté.....

« Voilà, cher enfant, comment se passe ma vie, et, béni soit Dieu, c'est une vie de paix et de liberté dans laquelle il y a du temps pour Lui et partant pour le recueillement d'un esprit qui a besoin de ce doux et spirituel repos. Il est huit heures; je viens de vous écrire ces lignes de difficile lecture, sans m'arrêter....Il n'y a pas de temps perdu. Le ciel est sombre, et le soleil voilé. Mais le Soleil de Justice brille toujours

(1) On ne voyait que la tête de la jeune femme échevelée, et les mains des deux hommes qui la tiennent et lui présentent la coupe empoisonnée.

pour la foi : puissiez-vous connaître bientôt, combien est précieuse la santé qu'il porte dans ses rayons. Amen et tout vôtre à vivre et à mourir. »

A M. G. de C.

Pau, 25 Janvier 1861.

« Cher enfant,

« Je suis tout honteux de penser que voici près d'un mois que j'ai une réponse à faire à une lettre de vous; mais c'est, qu'en vérité, le temps s'écoule horriblement vite et que j'en trouve difficilement ce dont j'ai besoin pour accomplir toutes mes obligations,... J'ai beau me lever à cinq heures, je ne puis suffire à mes écritures, auxquelles je ne voudrais donner que le matin jusqu'à huit heures. Mon école du dimanche me prend toujours jusqu'au jeudi et, parfois, comme cette semaine, jusqu'au vendredi, ce qui me laisse peu de temps pour acquitter mes dettes envers mes correspondants.

« Selon votre vœu, la santé se soutient admirablement, et je travaille sans la moindre fatigue. Aussi selon ma décision, j'ai fini tous mes petits tableaux commencés depuis longtemps, sauf mon grand Abraham, et ma Charité antique.... et pour ma récompense, j'ai commencé un tableau grandi, de mon cavalier qui baise la main à sa femme. Et maintenant je suis enrayé par quelques portraits à l'huile, que vont suivre aussi des pastels. J'en commence deux grands, de M. et madame de la Bastide. Malheureusement je n'ai pas la moindre confiance dans le succès. Quoi que je fasse, je ne me trouve plus au niveau d'œuvres aussi graves que des portraits, en dehors de mes ovales. Pourtant, on ne peut pas dire aux gens qu'on ne veut pas s'en charger. Aussi j'ai trouvé que le meilleur moyen pour tout concilier était de baisser mes prix et c'est ce que j'ai fait; afin de faire aussi des portraits peints, je les ai mis au prix des pastels, pour peindre un peu plus d'après nature.

» Mon tableau doit être à Paris ;.. tâchez de savoir, par Saint-Martin, ce que l'on en pense, et dites-le moi sans pitié, afin que je ne me risque plus à des toiles importantes, si les directeurs de la fortune publique ne sont pas satisfaits....

« J'ai sept ou huit jeunes créatures faisant des yeux, des nez et des têtes, mais peu satisfaisantes quant au résultat. Heureusement que je ne les ai que deux heures, de sorte que je ne m'abêtis pas trop. Mais l'œuvre a été faite l'an passé, de telle façon qu'il n'y a pas grand chose à y ajouter. Je n'ai plus une pensée, et même j'ai été obligé de m'arrêter dans la voie de mes traductions bibliques qui faiblissaient..............

« C'est égal; tout ce qui pourrait satisfaire le reste d'amour de la gloire humaine, que j'ai en moi, ce serait un vrai succès populaire, le seul, je crois, que l'avenir doive sanctionner; mais comme je n'y crois plus et m'en passerais facilement, le succès que je recevrais le plus volontiers, est celui qui me permettrait de prouver mon affection pour ceux qui peuvent avoir besoin de moi dans une certaine proportion, autrement que par des paroles banales.... et puis ce que j'aime mieux encore, c'est ce qui aura lieu, et dans lequel je saurai voir la décision de Celui qui sait mieux que moi ce dont j'ai besoin, ainsi que ceux que j'aime.

« Que la main du Seigneur soit sur vous, enfant aimé, et vous garde des égarements qui portent tant de fruits amers pour votre vieil ami. »

A M. G. de C.

Pau, 22 février 1861.

« Cher Gustave,

« J'ai ouï toutes sortes de nouvelles sur votre compte et, hier soir, madame de C. m'a dit le chiffre raisonnable des objets mobiliers qui vous aideront dans votre spéculation; de sorte que vous voilà logeur et peintre réaliste, à quoi cette lettre est destinée à ajouter, si possible, la qualité de dessinandier pour l'ami Delarue... J'espère que vous allez bientôt rouler carrosse sur une voie de fleurs et sous un ciel sans nuages...

« Pourtant, de tous ces mots, qui ont l'air d'une critique de votre vie nouvelle, il n'y en a qu'un de sérieux : réaliste !... Quand les hommes du XVIII° siècle envoyaient leurs élèves à Rome, avec le prix académique, ils leur criaient, quand les chevaux piaffaient au moment du départ...
« Surtout souvenez-vous de ma manière, ne copiez pas l'antique, ce sont des navets ratissés... » C'était leur marotte, chacun la sienne. Delacroix ne veut pas de contour, le remettant à la fin de l'œuvre qui ne le voit jamais venir. D'autres ne voient pas de salut hors du contour et je suis de ceux-là... et j'ai de bonnes raisons pour avoir ce préjugé : car aussi longtemps que les écoles ont dessiné, elles ont grandi, et l'ère de la décadence commence avec le réalisme... Tous les Maîtres, même les plus coloristes ont dû

leur supériorité au dessin, qui est remarquable chez Rubens, Van Dick, Rembrandt, même chez les Boucher, les Van Loo. Ils apprenaient donc le métier par le dessin et exécutaient la peinture, haut la main et sans chercher le détail minutieux, qui a toujours été le partage de la médiocrité. Le réalisme est l'âme des esprits étroits, incapables de création, et n'a jamais été poursuivi par les forts, qui ne cherchent que les grands caractères et laissent les détails oiseux aux bambins. J'ai vu par vos lettres à votre maison, que vous ne croyez pas aux esquisses du Louvre, où les détails vous échappent, et que vous sentez le besoin factice, de vous mettre le nez sur un laid modèle, pour arriver au but que vous supposez le meilleur... Mais, croyez-vous que vous apprendrez à composer, dans votre atelier, avec votre enseignement mutuel d'ignorants ? Apprendrez-vous les belles tournures, les draperies intelligentes, l'effet général, la manière dont doit être traité chaque détail dans ce tout harmonieux ? Vous allez devenir peintre de portraits, comme les Anglais, mais pas comme les Maîtres dont les beaux portraits sont le *fruit* de leurs grandes études et non pas le *moyen*. Regardez les robes bleues du sacre de Marie de Médicis, et dites si c'est là du réalisme. Comparez Suzanne, de Paul Veronèse, à la Vénus, à la Cérès du grand ciel de Rubens, à l'Hercule, au Mercure de l'apothéose d'Henri IV, à la Nymphe de Jordaens dans le grand Salon, au Saint-Michel de Raphaël, à la Visitation de Michel-Ange, et dites si c'est avec de la copie méticuleuse, que l'on arrive à ces hautes individualités si marquées. S'il en était ainsi, ils se ressembleraient, comme la *queue* de David lui ressemble, comme les Anglais se ressemblent ; parce qu'ils suivent le même procédé que David qui disait : « Faites des *bonshommes*, vous ferez des *beaux hommes*... » à preuve !... Apprenez donc la forme aux antiques. L'application vivante et les combinaisons de la couleur, au premier étage, avec les vieux Italiens et les Flamands et, quand vous saurez à votre tour mettre en jeu les éléments du drame, quand vous aurez fait une esquisse, bien bâtie, comme ligne et comme effet, vous prendrez les chiffons et les hommes dont vous aurez besoin, et vous les obligerez à vous prêter leur concours pour compléter votre œuvre. Mais surtout vous en ferez non vos maîtres, mais bien vos esclaves. Vous serez bien avancé quand vous aurez appris à faire une femme qui devient violette et puis lilas !... Faites donc, avec ça, la Vénus dont je parle plus haut, l'Abondance du tableau de « La prospérité du royaume sous la Régence » la Guerre éplorée, ou les Nymphes aquatiques.

« Je vais avoir l'air d'une vieille panade, d'un vieux routinier, au milieu de vos jeunes amis réalistes, qui n'ont pas pour deux sous d'imagination, et qui vous prouvent que la queue est au renard, un ornement malséant et incommode ; mais bah ! il faut bien dire quelque chose, quand on a une plume à la main, et puisque je ne puis vous parler comme chrétien, il me faut bien parler comme peintre hélas ! et comme vieux peintre, entiché de ses préjugés... C'est là le malheur de vieillir ; la génération qui suit ne vous comprend plus, et n'était qu'on a besoin de vieillir pour avancer sa sanctification, il vaudrait bien mieux mourir jeune et dans sa gloire,...

comme on appelle ce tambourinage que l'on fait dix ans autour de chaque nouveau nom...

« Je fais quelques portraits peints, mais sans succès, jusqu'à présent. Excepté deux têtes d'hommes, femmes et enfants sont parfaitement manqués. Je baisse, je baisse..... Je n'ai plus une pensée, je ne puis plus rien apprendre, ni rien retenir, et je suis comme l'Anglais malade, je pense qu'un changement me serait favorable... Mais, hélas ! quand je me regarde dans la glace, je m'avoue que c'est une maladie irrémissible... la vieillesse, l'usure !.... Si j'allais tourner au *Bosquetisme* (1). « *O ! horrible, horrible, most horrible !...* » Puissiez-vous être gardé au bras de la Muse, et surtout et bientôt dans le sein de Celui à qui soit l'empire, l'honneur et la gloire à jamais. Amen. A vous l'affection sincère de votre dévoué et vieil ami. »

A M. G. de C.

21 avril 1861, Pau.

« Cher Gustave,

« J'ai reçu votre lettre du 12, et je vous remercie de toute la peine que vous prenez pour m'écrire de longues lettres, quand vous avez tant à faire sous ce rapport......... Je sais très bien toutes les excellentes raisons que vous alléguez comme excuses, que je ne vous demande pas. Je sais votre enthousiasme pour les champs et les bois, je l'ai partagé dans ma jeunesse et me trouve encore fort heureux quand je puis m'y livrer avec mes 56 ans. Mais je sais aussi

---

(1) Le maréchal Bosquet s'éteignait à Pau dans une vieillesse anticipée.

quelque chose que vous ne confessez pas, une préoccupation bien plus grave et despotique que celles que vous avouez, une pensée que je sens que vous cachez au fin fond de votre cœur devant le vieux puritain, qui a, ce vous semble, renoncé à tous les amours de la terre, mais qui les comprend encore,.... une pensée qui trouble et dore vos rêves, qui pénètre toute votre vie, vous suit à table, au lit, à la promenade, une pensée qu'on n'ose pas montrer à l'âge pécuniaire où nous vivons, de peur de passer pour un niais.... « l'ambition, » puisqu'il faut l'appeler par son nom, l'ambition qui aiguise votre regard pour sonder les lointains horizons de l'avenir,... qui vous rend facile et aimable le travail, quelque rude soit-il, qui vous aiderait à supporter la bonne fortune sans en abuser, la mauvaise sans vous décourager. Et pourquoi n'en parleriez vous pas à celui qui l'a si longtemps trimballée dans son pauvre cœur, mais malheureusement alliée avec des passions impures, qui l'ont empêchée de produire ses plus doux fruits? Bien qu'il ait abandonné tout rêve de gloire terrestre, pour la réalisation d'une gloire infiniment supérieure, il n'en sait pas moins, du milieu de sa paix, compatir aux tristesses des autres. Or, tous ceux dont le cœur est encore plein des illusions d'un monde menteur, connaîtront ces tristesses, s'ils se mettent, avec la puissance de leur jeunesse infatigable, à la poursuite du doux mirage, qu'un si petit nombre trouve au dernier jour être une réalité... Ne savez-vous pas encore que j'aime ceux que j'aime tels quels; je n'attends nullement qu'ils me soient faits semblables, pour communier avec eux, et je n'ai nullement besoin de trouver dans mon interlocuteur des pensées analogues aux miennes ; je cause volontiers de tout ce qui occupe l'âme humaine, dans les sentiers où elle est poussée par ses instincts différents, sachant que c'est de cette diversité de vues que naît le charme des communications de l'homme avec l'homme... Osez donc, enfant, parler de ce doux rêve de votre cœur, ce n'est pas moi qui chercherai à vous décourager. Je suis trop certain que c'est lui qui fait les grands talents, car l'expérience est toute en sa faveur dans le passé, tandis que le sentiment religieux du devoir n'a pas encore fait ses preuves. Oh ! si vous pouviez dans cette poursuite ardente, quelque peu échevelée même, conserver votre amour du beau !... Je ne puis que vous dire, comme un des amis de ma jeunesse, le poète Alfred de Beauchêne : « Macte animo, generose puer... sic itur ad astra »......

« Je suis satisfait de votre réception aux Beaux-Arts ; cela va, ce me semble, régulariser le courant de vos études, car je pense que vous n'avez pas renoncé au prix de Rome ? C'est, après tout, dut-on ne pas réussir, le sentier des fortes études, qui peuvent amener votre talent à ce quelque chose de grand et de fort, si rarement constaté, à notre époque de facture aisée et habile, sans réelles études préparatoires. Aussi plus on va avancer, plus le nombre des concurrents un peu puissants diminuera. Raison de plus pour se tenir fortement à l'ancre des vraies études classiques, afin de relever un peu le niveau du grand art qui va toujours s'abaissant. Je suis tout à fait de votre avis quant à la comparaison de M. Ingre et du Titien... Ah ! il y a de la différence du réalisme, même choisi, à l'art véritable ; le premier voit avec les yeux de la tête... l'autre avec ceux de l'esprit. L'un est grand, l'autre n'est qu'un peu plus grand que nous. Il y a donc autre chose dans l'art que la réalité ! Tenez-vous dans les grands milieux, ami, et ne vous laissez pas annihiler par des Pygmées. Ils ont beau trouver ces raisins trop verts, et se complaire dans l'absence de queue, ne vous contentez pas à si peu de frais, surtout ne craignez pas d'être taxé d'ambition... Regardez haut, c'est le seul moyen d'aller loin.

« J'ai une grande estime pour les illustrations de Gustave Doré, étonné que, sans être au niveau de Decamps (qui est le talent le plus absolu et le plus original de notre époque), il tienne un rang distingué parmi les misères, bien faites, qui se multiplient de nos jours. Je serais très content si ses œuvres étaient encore visibles dans l'éventualité de mon voyage à Paris.

« Eventualité, ai-je dit ? En effet rien ne m'y pousse... il ne me reste pas une illusion sur mon talent. La série de portraits, que je viens de faire pendant l'hiver, m'est une preuve irréfragable de ma faiblesse et de l'incapacité où je suis de me faire payer un prix qui vaille le dérangement. La vue de mes tableaux, à mesure qu'ils reviennent des expositions sans que j'en vende un seul, complète toujours et fortifie ma conviction de nullité et plus je vais, moins je m'étonne de l'augmentation progressive de mon musée, au milieu duquel un tas de niais viennent faire des phrases d'admiration !.... Aussi, ceci vous expliquera combien je devais être peu disposé à envoyer d'autres tableaux que ceux que le public sera appelé à juger. Je fais ces jours-ci un portrait avec une jupe de velours et, devant la réalité, j'ai compris la cause de la nullité de mes tableaux au milieu de l'école moderne, en regardant la robe de ma Catherine d'Aragon, que je referai un de ces jours si j'ai le temps, avant de me décider à partir pour Paris. D'où je conclus, qu'on ne saurait faire des études trop réelles pendant qu'il en est temps, non en vue du *réalisme*, mais afin d'apporter le caractère de la nature dans des œuvres d'imagination, où la fantaisie se pose majestueusement sur une réalité qui lui sert de fond et qu'elle fait disparaître sous sa beauté intelligente, au lieu de ce *bêtisme* à la mode, dont il vous faut prendre à cœur la démolition.

« Ne regrettez pas de n'être pas acteur dans les questions, si intéressantes, de la révolution italienne. Il y aura là tant de palinodies, tant de déceptions, qu'il vaut mieux vous mettre en état de dispenser la gloire de la peinture à ceux qui seront dignes jusqu'à la fin de l'affection et du respect de leurs contemporains. Jusqu'à présent je vois tant de duplicité sous tous les talents et tous les courages, si peu de principes vrais, que j'ai peur pour l'avenir. Mais peut-être que le préjugé spirituel m'empêche de bien voir les beautés du drame, aussi je ne prétends pas avoir raison.

« J'ai eu une visite d'adieu de votre ami J..., qui m'a avoué que ses études, dans le milieu écossais, l'avaient amené à une incrédulité parfaite.... Il me semble bien étrange qu'une étude véritable du livre de Dieu amène ce résultat. Je suis si étonné chaque jour de la splendeur de vérité qui en sort et réjouit. Secret, mystère étrange, dont nous aurons l'explication avant qu'il soit longtemps... A présent que je trouve le christianisme si beau, répondant si bien aux besoins de ma vieille nature, je m'étonne que la jeunesse, l'âge des généreuses aspirations, ne trouve pas en lui ce qui va à sa vigueur et à son imagination....

. . . .

« Après ce petit temps de galop le dada retourne à l'écurie et me permet de vous dire que ma santé est florissante et que je voudrais bien que *l'autre* allât aussi bien que la *bête*... Mais la pensée est chose amincie et je commence à vivre comme l'huître, ouvrant deux fois par jour la bouche et travaillant, mais sans ardeur, quoique assidûment, entre ces deux repas. Pas une idée à consigner sur le papier. De sorte que ce n'est que quand, bien rarement, je vais faire un tour au parc, que j'ajoute quelque strophe banale à mon œuvre bien stationnaire. Mais je me console de cette dernière fête perdue, en pensant que, dans peu de temps, se réaliseront mes douces espérances d'avenir. »

Ici s'interrompt, presque complètement, cette correspondance si confiante, si paternelle; soit que M. Devéria eût renoncé à suivre son élève de prédilection dans les sentiers où il le voyait s'engager avec peine, soit, plutôt, que les séjours à Pau de M. G. de C. vinssent remplacer avec avantage l'échange de lettres. Maintenant, commence la correspondance régulière et suivie avec Mademoiselle U. S., petite fille d'abord, puis jeune fille; nous verrons le caractère de ces let-

tres changer graduellement, passer du ton de la protection et de la bienveillance, à celui de l'amitié, puis de l'affection paternelle la plus absolue ; et cette sorte de paternité spirituelle arriver, enfin, à un tel degré de sincérité, que l'emploi tendre et familier du petit pronom : *tu,* entre les deux correspondants n'aura plus rien d'étrange. Il remplissait de joie M. Devéria en lui donnant la douce illusion d'être père pour de bon. A leur date aussi viendront se placer quelques autres lettres à une jeune amie, dans lesquelles l'affection s'exprimera de la même façon, passionnée et indulgente, prouvant, ce qui se sent d'un bout à l'autre de ces pages, l'extrême pureté des sentiments exprimés. On pourrait appliquer à M. Devéria, dans sa manière de parler aux objets de son affection, depuis sa fille Marie jusqu'à ses enfants d'adoption, ce que M. Mezière écrivait une fois de la correspondance de Buffon avec Mme Neker. « Il semble que
« cet homme austère, longtemps sevré de ten-
« dresse dans sa laborieuse solitude... sente son
« cœur se fondre à la flamme d'une amitié dont
« la chaleur lui manquait... Il écrivait des lettres
« dans lesquelles l'amitié parle comme la pas-
« sion. » (Le *Temps,* 9 octobre 1882.)

Ce fut en 1861 qu'Eugène Devéria commença à écrire à la petite écolière pour soutenir son courage et lui prouver son intérêt.

A Mlle U. S.

29 août 1861.

« .... Souvenez-vous que c'est aujourd'hui pour vous le temps des semailles et qu'il faut travailler aux champs quelque temps qu'il fasse. N'attendez pas que toutes les conditions soient réunies pour continuer vos études. Mais entourez-vous de livres et lisez, si vous ne pouvez avoir de leçons. Repassez toute seule et sans autre encouragement que de plaire à Dieu, ce que vous savez déjà ; ajoutez-y par des lectures multipliées, songez que vous êtes à l'âge où l'on retient... Apprenez donc par cœur. Les leçons viendront, plus tard, mettre en ordre et élucider tout cela. Quand on veut charger un navire, qui contient tant de choses, il faut d'abord entasser sur le quai les marchandises qui trouveront place dans ses larges flancs. Faites de même, enfant... lisez de l'histoire... de la science, de l'arithmétique, de la poésie. Apportez, apportez sur le quai, et les professeurs viendront mettre en ordre, quand l'heure du Seigneur sera venue. Ne soyez pas comme les hommes du monde, qui ont besoin d'encouragements vulgaires ; mais, comme une bonne servante du Seigneur, soyez satisfaite, de bonne heure, de travailler sous son regard, en poursuivant le but sacré de le glorifier « *dans votre corps et dans votre esprit qui lui appartiennent.* » Et par dessus tout, lisez la Parole de Dieu, afin de devenir toujours plus intelligente en toutes choses... C'est le grand Christ de la Parole, qui est assez fort, chère enfant, pour vous défendre dans les rudes combats que vous aurez à soutenir, aussitôt que vous serez lancée dans la vie. Celui-là seul est assez beau, pour satisfaire au besoin d'aimer le beau, que l'on a dès le commencement dans le cœur... Celui-là seul est assez bon, pour satisfaire ces besoins incessants du cœur, dont se lassent si vite les meilleurs de la terre. C'est dans le livre sacré que l'on apprend à aimer Jésus-Christ. C'est là que l'on apprend que l'amour que Christ réclame, consiste à garder ses commandements, et, dans cette obéissance spirituelle, l'âme grandit, l'amour s'épure, et le chrétien devient toujours plus capable d'exécuter sa tâche... C'est devant le vrai Christ du livre de Dieu que l'on apprend à se réconcilier avec la douleur et la souffrance.... »

A la même.

Pau, 21 octobre 1861.

« ..... Oh! je serais si heureux de voir le christianisme protestant se développer en France dans une belle unité! il me semble que ce serait si favorable au développement intellectuel de ce mien peuple, si inintelligent des idées vraies de la liberté, faute de les nourrir de la parole de Dieu......... Mais, hélas! le cercle dans lequel nous vivons est trop profondément catholique pour qu'une Église aussi déplorablement organisée que la nôtre puisse avoir une bonne influence. Aussi devons-nous prier avec largeur, ne pas borner nos pétitions à un petit cercle de bien-aimés, mais nous étendre au loin, bien loin, en faveur de tous ces peuples chez qui le nom de Jésus est encore ignoré.....

Même lettre (après un enterrement).

« ..... Pendant le discours, j'avais le pied sur le bord de la froide couche de votre père; et je pensais à vous..... Je pensais à votre existence peu heureuse, jusqu'à présent, et à ces circonstances étranges, qui avaient si merveilleusement compensé les misères [matérielles], en vous préparant de bonne heure et contre toute probabilité, pourrait-on dire, pour cette vie de gloire Éternelle que vous avez acceptée dès le matin de votre vie. Je me rappelle combien j'avais peur, quand vous étiez petite fille, que vous ne fussiez ôtée de nos bras par le soin de quelques dames, comme il y en a tant à l'œuvre contre nous. Mais non ! ce n'était pas dans *nos* bras que vous étiez, c'était dans les Mains Éternelles que rien ne saurait ouvrir pour leur faire lâcher l'âme qu'elles ont une fois prise pour le ciel..... Nous, dont la vie a commencé au milieu du monde pécheur et par le péché, nous avons l'occasion d'admirer cet amour qui nous a retirés à main forte, et à bras étendu de cette Egypte abominable. Mais vous, petite amie, vous avez à rendre grâce d'avoir été appelée à l'âge où le cœur conserve son innocence relative, et avant que cette première robe blanche fût souillée........

« Oh ! aimer Dieu avec un cœur qui n'a encore été employé qu'à des amours légitimes, quel bonheur ce doit être............

A Mlle U. S.

5 novembre 1861.

« Je vais dire sincèrement, à ma douce petite fille aimée, mon opinion sur mes vers, afin qu'elle sache que je ne suis pas si humble que j'en ai l'air, de temps en temps. La vérité est, que je trouve bons ces pauvres vers, et que j'ai un certain attrait à me lire, mais je sais que c'est là une illusion d'optique intellectuelle. Mon métier est la peinture, ma fantaisie est la poésie. Je tiens peu à mes œuvres de peinture, que je juge sévèrement, et je suis, comme toujours, plein de doux aveuglement pour mes rimes, qui sont ma passion illégitime. Je sais des personnes de goût véritable qui les jugent de peu de valeur et je les crois (quoique je garde ma douce illusion paternelle). J'en ai lu l'hiver dernier, dans des salons variés où je n'ai pas vu qu'ils fussent l'objet d'une grande affection. Sans compter que pour moi-même, je suis obligé d'avouer que je ne les ai pas trouvés aussi charmants, lus à haute voix, que lorsque je vis dans le tête-à-tête avec eux. Voilà le secret de mon opinion sur leur compte, et pourquoi je dis qu'ils sont inutiles. Je n'ai de succès qu'auprès de chères petites filles comme vous autres, qui aimez les vers de toute l'affection que vous portez au vieux rimeur. Mais je sais qu'au milieu du monde connaisseur et penseur, ils seraient regardés comme les fruits d'un amour illicite qu'il vaut toujours mieux cacher, que de les mettre au grand jour......... »

A la même.

25 janvier 1862.

« .... Quand le Seigneur vous prendra quelqu'amour et l'emportera loin de vous, ne dites pas que vous ne sauriez transporter vos affections à d'autres... Je l'ai cru aussi. J'avais une fille, après laquelle il me semblait ne plus pouvoir rien aimer, et cependant je vous aime de toutes les forces de mon vieux cœur, et je trouve au milieu des enfants que le Seigneur m'a multipliés, après m'avoir repris ma Grande Belle, des joies singulièrement semblables à celles qui découlaient de mon amour pour cette chère fille..... »

A la même.
26 février 1862.

. . . .
« J'ai vu hier soir la chère petite Ninette. Hélas ! je crois qu'elle est à la descente et que nous n'aurons plus longtemps son doux sourire au milieu de nous. Mais elle est toujours la même et parle de sa fin, avec une paix délicieuse à contempler. C'est un amour dans le genre du vôtre, bien-aimée, pour le vieil ami........ Oh ! que le Seigneur est bon de m'entourer de tous ces amours merveilleux, après m'avoir repris celui qu'il m'a prêté 24 ans. Oh ! que de bonheur il a jeté dans ma vie, que de fêtes..... quand je regarde au temps de mon ignorance et de mon péché, et que je compte le cours de ses bénédictions commençant aux Eaux-Bonnes en 1841 et ne s'arrêtant jamais, quelque transformation qu'Il leur ait fait subir. »

A la même.
4 mai 1862.

« Lisez... pour améliorer, en l'augmentant, la somme de vos pensées. Lisez l'histoire de France, ce grand drame si pittoresque, où nous voyons si admirablement l'inimitié de l'homme intelli-

14.

gent pour le Dieu qui le comble de ses bienfaits... Ne vous bornez pas à la lecture des livres d'édification, proprement dite. Ils tendent trop, par l'exiguité du cercle dans lequel ils tournent, à rapetisser l'esprit de l'homme et à l'empêcher de voir la grandeur du christianisme, poussant ainsi l'individu qui n'a que trop de tendances égoïstes, à l'esprit de secte... Vous êtes à l'âge de la provision, il faut garnir votre intelligence tout en gardant, par la contemplation de la croix, « *votre cœur plus que tout ce qu'on garde, car c'est de lui que découlent les sources de la vie.* »

« ... Apprenez donc l'homme, tel qu'il est, dans la grande histoire du monde, non tel que le font les faiseurs de traités ; ils traitent toujours l'homme en enfant, dont le vocabulaire est trop petit pour s'adapter à tout ce qui caractérise la vie véritable du monde, au milieu duquel nous sommes pourtant appelés à vivre, en y gagnant notre pain à la sueur de notre front.... »

A la même

A propos de la mort de la petite Thérèse Cadier, brûlée en jouant avec des allumettes.

4 mai 1862.

« ... L'esprit comprend mal pourquoi Dieu fait de si jolies choses, qui ne passent que si peu de temps au milieu de ceux qui sont si bien disposés à les savourer ? Ah! c'est comme la continuation de ce fait que nous admirions l'autre jour avec M. Bost ; la prodigalité de Dieu, dans ce qu'on pourrait presque appeler des inutilités. Nous parlions de ces frères qui ne veulent dans le peuple de Dieu, ni art, ni science, ni rien de ce qui rend si agréable le commerce des hommes entre eux, et qui ne voient que honteuses inutilités dans toutes ces acquisitions intellectuelles qui n'ont pas le ciel pour objet unique. Et nous nous disions que Dieu ne semblait pas l'avoir entendu ainsi... d'abord parce qu'il a donné aux hommes ces intelligences variées qui ont certainement un but... mais encore, parce que, quand Il aurait pu ne donner à l'homme que le strict nécessaire pour vivre jusqu'à sa mort, Il a jeté dans la nature tant de choses merveilleuses qui ne semblent faites que pour gratifier des sens inutiles, telles que les fleurs pour le plaisir de la vue et de l'odorat, la musique pour l'oreille, etc. Ainsi jette-t-Il, de temps à autre, sur la terre des Thérèse, si gracieusement terminées dès leurs premiers jours, qu'il reprend comme de belles fleurs, aussitôt que leur beauté, leur grâce et leur parfum a réjoui nos yeux, et nous disons comme le poète sur le bord de la tombe de *Rosette*.

> Mais elle était du monde où les plus belles choses
> Ont le pire destin,
> Et Rose elle a vécu ce que vivent les roses
> L'espace d'un matin (1).

. . . .

A Mlle S. P.

21 juin 1862.

« Chère Sophie,

« J'ai manqué au plaisir de vous répondre, quand vous m'avez si affectueusement annoncé

---

(1) M. Devéria, dans ses lettres, nomme constamment son frère Cadier, ou « le cher Cadier, » pasteur de Pau, pour qui il était un si bon ami. Mais toujours à propos de faits d'un intérêt trop peu général pour que nous ayons pu les citer ici.

le mariage de votre sœur, et je ne veux pas qu'il soit dit, qu'une seconde lettre de celle que tout le monde croit que j'aime, reste sans réponse. Il serait trop fort que celle qui s'appelle « *ma petite Sophie* » n'eût pas de part à mes griffonnages, quand surtout je n'ai pas l'ombre d'une excuse, à l'heure qu'il est et que l'emploi maladroit de mon temps est la seule que je pourrais trouver...

« Je suis, chère enfant, allé à Orthez de jeudi à lundi matin dernier, laissant à mon grand regret, chère Ninette si près de sa fin, semblait-il, que j'étais désolé de partir et de ne pas assister à ses derniers moments. Mais non ! en revenant lundi, j'ai cru que le Seigneur voulait permettre que j'assistasse à ce douloureux spectacle dont le dénouement semblait si près... et avec tout cela et qu'elles qu'aient été ses transes, ses douleurs sans nom, la pauvre exilée vivait encore hier soir et j'avais pu lui dire vos douces paroles, et recevoir d'elle pour vous les remerciements que je vous envoie. Est-elle morte... ce matin ? je ne sais.

« C'est un spectacle navrant et qui a tenu beaucoup de place dans mes derniers jours... Veuille le Seigneur avoir fait sonner l'heure de la délivrance cette nuit. Sa grâce s'est manifestée jusqu'à la fin et malgré les tortures si multipliées qui l'ont assaillie, jusqu'ici la chère enfant n'a pas prononcé un mot offensant pour l'amour qui la conduit par ce rude sentier, et nous admirions que ses sourcils minces ne se sont jamais contractés, sous l'influence de souffrances qu'on pourrait dire intolérables.

« Quelles preuves de la réalité de la foi chrétienne, que cette force donnée à ces faibles créatures, qui sont au milieu de nous comme un témoignage vivant de la fidélité de la promesse divine. Les linguistes qui comptent les fautes, les philosophes qui supputent les incohérences, les raisonneurs qui passent au crible de leur malheureux esprit la parole divine, auront beau faire, ils n'en ôteront pas le chant de départ de Paul, si admirablement homme de douleur comme Celui qu'il prêchait; ce chant répété par tous ces chers souffrants, dont le sourire triomphe au milieu de détresses qui ne peuvent tirer de leur bouche le murmure que Satan attend, depuis quatorze siècles, des Job chrétiens. Quant à vous, chère aimée, ne craignez rien, Celui qui vous a faite ce que vous êtes, vous conduira par la main jusqu'au terme, et vous donnera jusqu'au dernier jour la possibilité de le glorifier dans la vie et dans la mort. Vous n'avez pas besoin aujourd'hui de sentir une force dont vous n'avez que faire. Ne vous inquiétez donc pas. Contentez-vous d'aimer et de vous faire aimer de ce qui vous entoure, comme de ce qui est loin de vous........ Veuille le Seigneur, vous combler de ses plus douces grâces et vous donner longtemps le doux privilège de réjouir ceux qui vous aiment, comme votre vieil ami et frère en Christ,

« Eug. Devéria. »

A Mlle U. S.

27 juillet 1862.

. . . .

« Dans aucune phase de ma vie je n'ai aimé le respect de mon rang. Je ne puis oublier que je suis le petit-fils d'un menuisier, et que mon père n'était qu'un chef de bureau de la marine. Je suis du peuple, et j'aime le peuple. Je suis républicain et méprise les castes. Aussi longtemps qu'il ne s'agit que d'amitiés ou d'affection chrétienne, tous les hommes me paraissent frères. Il n'y a que dans le mariage que j'appréhende la mésalliance, et je conseillerai toujours à tous d'agir alors avec la plus grande circonspection. Les mésalliances de nationalité, de rang, d'éducation, d'âge, sont funestes à ceux qui n'en tiennent pas compte..... »

A Mlle S. P.

22 août 1862.

« Ma chère Sophie, vous serez bien étonnée quand je vous dirai que j'ai été tout joyeux de recevoir votre aimable lettre.......... vu le temps qui s'est écoulé sans que j'aie trouvé la possibilité de vous répondre. C'est que j'étais aux Eaux-Bonnes quand je l'ai reçue, et c'est le lieu où je trouve le moins de temps pour les œuvres dans lesquelles l'amitié se réjouit, dans le milieu monotone de la vie ordinaire.......... J'ai eu tant à faire pendant ces 29 jours que je n'ai rien fait du tout..... excepté un grand portrait de Monsieur... un ovale de vieux homme, et puis de la promenade en masse, mon livre de Psaumes à la main.....

« Il ne faut pas vous défier de vous comme vous le faites ; ce serait douter du Dieu qui a commencé en vous cette œuvre et s'est engagé à la finir. Vous êtes comme eût été le paralytique de Bethesda s'il n'avait regardé qu'à lui. Mais puisque Jésus lui disait de se lever, il le fit avec la force qui lui fut départie de suite... Et vous voudriez supposer que Dieu aurait tant déployé de bontés à votre égard, amassé tant d'amour chrétien sur votre tête, tant d'instructions fidèles, et aurait fait passer devant vous tant de preuves de la puissance de son Esprit, pour vous laisser, à l'heure de l'épreuve, une toute petite Sophie sans force et sans persévérance devant le mal !... Non, non, bien-aimée, ne craignez rien et chaque fois que vous trouverez une douleur ou une souffrance devant vous, parlez-lui, comme celle qui sait en qui elle a cru, comme si vous aviez fait toutes les expériences. J'ai aussi douté [de moi], dans un temps, comme vous, et je me suis aperçu que c'était douter de Dieu. Il m'a été fidèle, et j'ai porté sans fléchir la part que son amour m'a faite. Ouvrez la bouche, Sophie aimée, ouvrez les lèvres et le cœur, et vous verrez que toutes les promesses sont oui, et amen en Jésus-Christ. Rappelez-vous qu'il n'a fallu à Elie qu'un verre d'eau et un pain cuit sous la cendre pour marcher 40 jours ;.... que n'avez-vous pas de plus que lui, pour aller sans fléchir, jusqu'au bout du désert, si long que vous le fasse Dieu..... Qu'importe qu'aujourd'hui il ne vous semble pas avoir la force de passer par-dessus les montagnes, pourvu qu'au jour voulu vous la trouviez........

« Nous n'avons pas les mêmes promesses pour le dessin, et ce n'est qu'à la condition que nous travaillions, que nous pouvons arriver. Il y a des gens qui dessinent instinctivement. Il leur suffit de savoir manier un crayon pour exécuter toutes choses. D'autres ne font qu'après études spéciales, et ma Sophie est ainsi faite.

« Soyez devant la nature l'être simple que vous êtes toujours. Cherchez les simples silhouettes des maisons, des arbres, des montagnes normandes, clignez les yeux, ne voyez que les ombres et les clairs, et rendez votre tâche facile en supprimant tous les détails. Servez-vous de la sépia avant d'user des couleurs, dans lesquelles le vert tient toujours trop de place, vous rappelant le mot de Roqueplan à ses élèves : — « Souvenez-vous, messieurs, que la seule couleur dont on ne se sert pas dans le paysage, c'est le vert. »

. . . .

« Répandez autour de vous, chère aimée, les respects affectueux, et gardez pour vous l'amour sans respects, de votre vieil ami, Maître et frère.

« Eugène Devéria. »

A Mlle S. P.

Eaux-Chaudes, 7 octobre 1862.

« Chère Sophie,
« Je viens de relire votre lettre du 7 septembre, un peu honteux d'avoir tant tardé à vous répondre, mais sûr que quelqu'un de si heureux ne peut qu'être disposé à pardonner. Ce que je trouve de charmant, dans votre lettre, enfant aimée, c'est que la confession de cette grande iniquité qui est en vous, est simplement une délicieuse action de grâce à Celui qui vous a faite si heureuse! Quoi, chère aimée, vous voudriez ne plus rire? ne plus chanter? Est-ce que par hasard vous seriez de ceux qui trouvent que le rossignol chante faux? Il vous semble que la nature serait plus belle sans oiseau et sans soleil?... Vous dites : oh!

non!... Alors, vous êtes inconséquente, puisque vous voudriez que vous et les autres oiseaux qui réjouissent la prison de votre maman, et cette grande prison si triste qu'on appelle le monde, finissiez de chanter, de rire, de jeter les doux éclats de votre aimable joie au milieu de nos tristesses moroses... et alors que deviendrions-nous?.. Enfant aimée... c'est aujourd'hui pour vous le jour de rendre grâce et vous le faites harmonieusement en montrant au Seigneur dans votre cœur, dans vos yeux, dans vos douces paroles, combien vous êtes heureuse !.... Ne soyez pas catholique, chère aimée... Ne supprimez pas le bonheur avant que Dieu vous l'ôte, ne vous fustigez pas quand le Seigneur bénit... Aimez-le plus, si vous le pouvez, mais alors vous n'en serez que plus heureuse et l'oiseau n'en chantera que plus haut... Vous le voyez, notre Sophie, ce n'est pas moi qui vous gronderai. J'aurais trop besoin d'un soleil, d'un oiseau comme vous pour en distraire le moindre rayon, la moindre plume brillante à ceux dont il est la douce propriété.

« Voilà, chère aimée, votre part faite dans le temps que je dépense ici ; excusez-moi si ce n'est pas très intéressant et prenez la présente pour une preuve du plaisir que j'ai à causer avec vous, et à faire quelque chose qui vous soit agréable... Mais croyez, enfant, que le Christianisme a le droit d'être joyeux et rappelez-vous que nous ne le faisons triste que parce que nous n'avons connu la joie que dans le péché et que nous avons peur de tout ce qui nous rappelle le temps où nous vivions loin de Dieu. Mettez donc votre innocente... gaieté sous la sauvegarde de l'Esprit divin, afin qu'il l'entretienne et la purifie à la plus grande gloire du Père, qui vous a aimée, du Fils, qui vous a sauvée, auquel soit honneur et gloire. Amen...

Journal. 22 décembre 1862. — « J'ai fini aujourd'hui, 22 décembre, la copie de ce dernier des psaumes. Il y a trois ans et demi que je les ai commencés aux Eaux de Barbottan, après le grand rhumatisme articulaire que j'avais eu à Paris. J'étais seul là et sans pensées à moi ; je n'avais aucun sujet utile : Je m'avisai d'ouvrir un petit psautier que j'avais dans ma poche et de traduire le Psaume CXII, qui me semble un des mieux réussis. Je fis quelques petites portions de Job, je pris plaisir à ce travail et insensiblement j'avançai dans cette œuvre, croyant encore peu à la possibilité d'aller jusqu'au bout. Cependant j'y suis arrivé. J'imagine parfois que le Seigneur a voulu m'aider à faire un petit monument de mon amour pour sa parole. N'est-il pas étrange, au fait, qu'un pauvre petit rimeur comme moi ait entrepris et conduit à terme ce qu'ont ébauché les Racine, les J.-B. Rousseau, qu'un Lamartine ne toucha que du bout du doigt et qu'aurait si bien fait un Victor Hugo s'il eût été chrétien !... mais non ! c'est moi, un peintre déchu de noblesse, un rimeur ignoré du monde véritable et connu de quelque quinze ou vingt personnes dans le cercle de Pau, et de ma belle-sœur qui n'y attache pas grande importance ; c'est moi, Eugène Devéria, qui ai fait ce grand œuvre que n'avait entrepris qu'un poète grincheux et flatteur... allié à un homme de piété, peu poète d'ailleurs. Je parle de Clément Marot et de Théodore de Bèze, dont la traduction est une horreur presque d'un bout à l'autre.

« Pourtant, quand je les ai soumis à mes frères, les pasteurs Cadier et Lourdes, ils n'ont pas pu les approuver..... ils ont tellement l'habitude de ces monstruosités *marotiques*, que du français un peu élégant les effraye ; à moins que décidément ce ne soit par politesse qu'ils aient [invoqué cette raison], au lieu de me dire que c'est tout-à-fait mauvais, ce que je soupçonne quelque peu, malgré l'impression contraire que j'en éprouve... Et au fait, j'ai bonne propension à croire que, somme toute, ma poésie ne vaut pas grand chose, et qu'elle ne séduit que des jeunes filles, qui en général me regardent comme un homme de haute capacité, tant elles sont petites, chères âmes, à peine écloses aux rayons du soleil de justice, et qui savent à peine ce que c'est que l'art pittoresque.

« Je crois d'ailleurs que cette étrange maladie, qui a tenu tant de place dans ma vie depuis la recrudescence de 1849, et qui m'a si doucement tenu compagnie dans la solitude, que le Seigneur m'a faite quelquefois douloureuse, je crains, disje que cette pauvre disposition à rimailler ne soit arrivée à son déclin. Donc je vais en écrire un joli manuscrit que je laisserai, si je le finis, à quelque bibliothèque de province où, quand je serai bien oublié, quelque fureteur de bouquins trouvera ces pensées religieuses qui auront peut-être alors leur raison d'être. — Quoi qu'il en soit, je vais l'entreprendre et je serai bien aise si je puis arriver à cette matérialisation de mon œuvre spirituelle puisque la pensée s'arrête en moi et que je suis dans l'impossibilité d'en faire d'autres.

« Oh ! j'aurais tant aimé faire quelque belle poésie religieuse ; quelque chose qui surpassât la laide beauté du Désespoir de Lamartine. Mais hélas ! c'est là de l'ambition démesurée..... Peut-être que sous une pensée qui a l'air de tendre à la gloire de Dieu, je cache tout simplement un reste d'orgueil, qui n'a pas renoncé à la gloire de la terre, et que, dans l'incapacité où je suis désormais de ressaisir un rang dans la peinture, je serai bien aise de prendre rang parmi les poètes. Il est étrange que le vieil homme se cache si longtemps sous l'homme nouveau et que le chrétien, avec ses aspirations réelles vers les magnificences de la vie Éternelle, puisse encore tant tenir, quoique à son insu, aux misérables vanités de ce monde périssable (1)... »

A Mlle S. P.

Eaux-Chaudes, 1er août 1863.

« Je disais, hier matin, à Ursule qui dessinait auprès de moi : Comme ma petite Sophie tarde à me donner de ses nouvelles ! et voilà, c'était comme ce fait magnétique qui fait dire à quelqu'un qui entre : Nous parlions de vous ; et votre lettre qui approchait éveillait votre doux souvenir, qui ne dort guère, je vous assure dans votre vieil ami... Laissez de côté, chère enfant, toute excuse relative à vos lettres. Elles sont toujours désirées et bienvenues, et vous le savez, on n'aime pas à entendre dire du mal de ce qu'on

---

(1) Bibliothèque de Pau. Vol. VII, p. 329.

aime. Vous regrettez de parler de vous dans les vôtres, et, je vous prie, de quoi voulez-vous parler qui m'intéresse plus que vous? De la guerre du Mexique peut-être, ou des folies de l'Amérique? Non, chère aimée, c'est l'auteur de la lettre qu'on veut voir dans la lettre, allant et venant au milieu de circonstances, dont les plus minimes sont pleines d'intérêt, quand il s'agit de ceux que l'on aime.

« Ah! mademoiselle Sophie n'aime pas l'incertitude?... mais, aimée, la vie n'est que cela. Et pourquoi donc serait venu Celui que le monde endolori a si longtemps attendu, si ce n'était pour apporter cette certitude spirituelle destinée à servir de compensation aux doutes douloureux de la vie, toujours suspendue à ce mystérieux demain qui apporte l'inconnu dans son giron. Croyez-moi, petite amie, il faut bien vite vous réconcilier avec ce quelque chose que vous n'aimez pas, car il sera le compagnon de toute votre vie... Rappelez-vous que c'est cette instabilité des choses visibles, qui rend si précieuses celles que perçoit la foi, éclairée par le Saint-Esprit qui l'a fait naître. Vous n'auriez plus envie des réalités de l'avenir, si le présent vous permettait d'avoir confiance en lui. Il faut bien pleurer, soupirer, gémir devant nos jolies buttes de sable croûlantes, pour avoir le bonheur d'aller au pied de la croix, si solidement établie sur le Calvaire. A quoi servirait le rocher immuable, si la terre consentait à épargner les constructions qu'elle use et renverse toujours. Louis XIV, vous le savez, fut effrayé un jour de ce qu'il avait failli attendre. Êtes-vous de cette haute école et ne voulez-vous pas attendre Celui qui connaît,

mieux que vous, l'heure et le moment favorable?
. . . .

« M. Charles Yorkes a remis sa belle âme au Seigneur, mardi ou mercredi. J'ai vu ce soir ses sœurs, qui ont toutes les consolations que l'on trouve dans l'assurance que tout travail, toute douleur ont fait place à la paix qui surpasse toute intelligence. Il a eu le temps de finir un volume, Étude de l'Apocalypse, dont il a écrit la préface trois jours avant de mourir. Qu'on est heureux de pouvoir s'occuper ainsi du service de son Maître jusqu'à la fin, et de laisser derrière soi des livres qui parlent de votre amour pour Lui, quand la chair dort dans la tombe et quand l'esprit est déjà uni à l'assemblée des premiers-nés, glorifiés dans le ciel... Cette lettre quelque peu griffonnée, vous trouvera, petite aimée, en présence des magnificences mouvantes de l'Océan..... Jouissez, sous le regard de Celui dont aucun doute ne vous masque la face et fortifiez-vous par la contemplation des œuvres de la nature et de la grâce. »

A Mlle S. P.

Pau, 12 septembre 1863.

« Chère petite aimée,
« Comment ne répondrais-je pas, encore une fois, à la chère enfant qui veut bien s'appler *ma* petite Sophie. J'avais eu l'intention de commencer ce matin, ayant fini ma leçon hier, mais je me suis laissé aller à copier des psaumes en vers, sur un volume que je destine à ma belle-sœur, et ma petite Sophie a été remise au soir, ce qui est quelque peu scabreux vu qu'ordinai-

rement je vais en visites. Mais j'ai vu hier et avant-hier notre peuple de destitués, et je puis me permettre, ce soir, de rester en compagnie de celle à qui je ne pense guère sans dire audacieusement, *ma* Sophie. Si vous grandissiez comme vous dites et que vous eussiez l'air d'une demoiselle à marier, je n'oserais plus vous appeler ainsi, mais tant que vous resterez petite fille, « *I do* ». Ne vous étonnez pas, bien-aimée, d'être si jeune, et ne croyez pas que tout, dans votre éducation sérieuse et spirituelle, soit à faire. La femme n'est pas faite comme l'homme; elle sait instinctivement au moment du besoin, ce que l'homme apprend mal avec la philosophie scolastique. Le Seigneur l'a faite pour l'occasion, et il est rare qu'elle ne soit pas au niveau de sa tâche. Vienne l'heure, dont Dieu vous garde en sa miséricorde, et vous serez plus grande et plus forte que bien d'autres, qui vous regardent comme une petite fille sans importance. Croyez-vous que l'on ne lise bien dans les livres de Dieu, Bible, nature, circonstances plus ou moins graves, qu'avec des lunettes? Ah! la jeunesse n'a pas besoin de ces misères, et elle comprend avec de frais instincts, que les laideurs de la vie au dehors et au dedans n'ont pas faussés, et comme elle voit décidément en Dieu un père, en Christ, un tendre ami... elle reste joyeuse, aimable et consolante, devant ce Dieu qu'elle retrouve dans toute heure de silence et de solitude..... Oh! restez notre joyeuse et réjouissante Sophie, aussi longtemps que le Seigneur ne voudra pas faire cesser votre rire d'enfant, et souvenez-vous que vouloir perdre ce charme enfantin, c'est vouloir ôter des joies à quelques-uns, parmi lesquels je me place, si loin soit-il, afin de ne rien troubler par la rudesse de ma vieille face morose...

»... Vous avez bien assez à faire près de celle dont vous êtes la joie, la fête incessante. Otez-la lui le moins possible. Que devenir, quand il faut être privée de vous, des jours, des heures même. Ce doit être comme un ciel d'Écosse sans soleil.... Aussi faites bien votre œuvre d'amour filial, le reste aura lieu au jour prédestiné. Continuez à mettre dans la balance de votre vie, si douce et aisée, ces existences amères, ombres douloureuses de votre lumière, entretenez cette sensibilité que doit nourrir le cœur de la femme, mais ne vous attristez pas, de ce que vous ne pouvez porter ces croix, puisque vous en avez une si belle à porter « at home »....

«..... Ce que vous dites des pêcheurs, est une sensation que j'ai toujours éprouvée quand, des falaises d'Ingouville, je les regardais partir le soir, par un temps gris, et je ne puis dire ce que j'éprouvais à la pensée du moment où ils allaient, avec la nuit, entrer dans cet étau que me semblait former le ciel gris rencontrant la mer grise. Il semble qu'il n'y ait plus de passage et qu'on va être pris là comme dans les mers glacées.... Mais non, ils en reviennent longtemps... jusqu'à ce que le rêve devienne une réalité... Après tout, autant cette mort que celle qui résulte d'une longue et douloureuse maladie. La forme aquatique nous effraye un peu, gens de terre que nous sommes, mais au fond, elle est certainement beaucoup moins atroce que la plupart des péripéties auxquelles nous assistons..... »

A Mlle U. S.
19 février 1864.

« ..... Quand le Seigneur nous a appelé dans la richesse, nous avons des devoirs envers la société, qui vit par la dépense de ceux qui possèdent la fortune. Que deviendraient les ouvriers de toutes sortes, du forgeron noir au blanc pâtissier, du bijoutier au peintre,... du *canet* de Lyon au tisseur des Basses-Pyrénées, si tout le monde s'en tenait au strict nécessaire? Non, ma chère *simple*, il faut que l'argent descende du riche aux classes les plus pauvres de la communauté, par les canaux du travail varié, et c'est la meilleure manière, quoiqu'en disent les chrétiens peu éclairés, qui voudraient que tout l'argent des riches chrétiens passât en aumônes, lesquelles ne font qu'augmenter le paupérisme en avilissant l'homme, qui n'a que trop de propension à laisser faire.... Le danger est de mettre son cœur à ces choses lorsqu'on les possède, et à les désirer lorsqu'on ne les possède pas, mais il n'y a pas de mal, selon mes faibles lumières, à en user avec actions de grâces. Quant à moi, je n'ai pas besoin de plus que ce que j'ai de bien en ce monde, avec mes *deux* filles. Le Seigneur pourrait m'en retirer sans que je murmure ou me trouve privé. Mais je sais et comprends qu'il faut que le roi reste roi, le grand seigneur, grand seigneur, il faut que chacun sache faire et veuille faire comme David (1). Pour le reste, qu'il en use avec actions de grâce.......

---

(1) « Aux jours du bien, use du bien et aux jours de l'adversité, prends-y garde. »

Celui qui bâtit une belle maison accroît le revenu de l'État et fait travailler plus de soixante corps de métiers. Celui qui donne des fêtes, donne du bien-être à toutes les professions qui fournissent au luxe, que le pauvre ne saurait employer. Tout est donc bien à sa place. Restons sagement à celle que le Seigneur nous a donnée, laissant aux autres leur responsabilité et priant les uns pour les autres, afin que nous usions avec fidélité de nos grâces particulières, comme bons dispensateurs de Celui qui nous les a confiées..... »

A Mlle U. S.

24 décembre 1864.

« .....Bénie soyez-vous, bien-aimée, pour l'admiration que vous avez pour moi. Ce n'est pas vanité je vous assure, et je sais mon peu de valeur. Mais il est doux de penser que quelqu'un vous aime avec cette indulgence excessive, qui fait voir des beautés là où il y a si peu de chose. »

A Mlle U. S.

22 janvier 1864.

« ..... Ma fille Mary, dont je ne connaissais aucun des secrets, en avait aussi confié une partie au papier. Mais elle a voulu les garder pour elle et sa mère les a détruits pour obéir à sa dernière volonté. De sorte, que je n'ai jamais rien su de son être intérieur, dont je ne découvrais pas la moindre trace dans des lettres pleines de riens, où jamais une pensée méritant ce nom ne venait épancher son cœur dans le mien. Je n'ai jamais eu personne qui consentît, comme toi et ta sœur Mounette (1), à me laisser lire dans son cœur; qui communiât avec moi pour les goûts et les sentiments. Combien ne doit-il pas m'être précieux, à cette heure tardive de ma vie, d'avoir deux chères créatures qui veulent bien me traiter comme celui qui les aurait bercées, toutes petites, en leur berceau.....

« Je suis allé jeudi, à 3 heures, chercher ma belle-sœur, qui habite sous mon toit pour quelque six ou sept semaines. Ce m'est une grande fête de pouvoir héberger la veuve de celui qui a tant fait pour moi, et à qui ma vie dissipée et si mal finie par une mésalliance, m'a empêché de rien rendre en échange d'un dévouement qui est allé jusqu'au sacrifice de soi-même..... Son sourire, chère sœur, illumine ma morne et sombre maison ; elle a donné déjà de la vie à mon intérieur maussade. Et si Dieu permet que tu ne nous reviennes qu'après Pâques, elle me consolera un peu de ton absence. »

A la même.

5 février 1864.

« ..... Mary, quand elle revint, s'assit deux heures sur ou auprès du lit de sa mère, pour lui raconter bien vite nos derniers bonheurs, remit ses cheveux en tresses et se coucha, pour ne plus se relever, sinon à la voix de Celui qu'elle aimait, comme l'époux qui la consolait d'une déception qu'avait éprouvée son cœur. »

---

(1) Petit nom d'amitié donné à une jeune femme qui partageait, avec Mlle U. S., l'affection paternelle de M. Devéria.

A la même.

14 février 1864.

« ..... Je t'assure que je ne puis faire de différence entre toi et Marie, et que si j'étais partisan de la métempsychose je croirais que tu as continué sa vie..... Oui, Dieu soit béni ! tu es ma joie et ma couronne, et ma fête de tous les instants de ma vie. »

A la même.

3 mars 1864.

« ..... Ah ! tes vingt ans ! je m'en réjouis, puisqu'ils ont mis près de moi une fille intelligente et aimante, un cher objet de tendresse, qui donne de l'occupation à la portion sensible de mon être, devenue inutile en moi en dehors de vous deux. Car enfin ma belle-sœur a six enfants, et je ne lui suis qu'un hors d'œuvre, et mes nièces sont mariées et mes neveux n'ont pas besoin du vieux songeur, en sorte que j'avais besoin de filles raisonnables, qui aimassent ce que j'aime, et avec qui je pusse marcher, la main dans la main, vers la patrie éternelle..... »

18 mars 1864. — Figure-toi qu'hier le public de Pau a été tout étonné de me voir en grand noir, sous les centaines de becs de gaz d'une salle de concert. Tous ceux à qui je touchais la main me disaient : Vous ici ! et Mme de C. qui accompagnait sa fille et Sophie pour la première fois dans une circonstance de cette espèce, me disait : « Ce qui m'étonne autant que de vous voir ici, c'est de m'y voir moi-même ! » Les deux enfants

trouvaient cela nouveau, naturellement, et joli !
Quant à moi, un peu rassasié de ces choses que
j'ai connues plus belles, je les ai peu goûtées et
m'en suis allé de façon à être couché vers 10 h.
— ... Au milieu d'une multitude de personnes
plus belles les unes que les autres, parmi tant de
charmantes filles, plus ou moins naturelles, je me
réjouissais en vous deux, comme celui qui a le
plus grand bien.....

« Aujourd'hui nous rentrons dans le train ordinaire de la vie, soupe et bouilli avec peu de dessert.....

Comme je me souviens de cette soirée. Il s'agissait d'un assez grand concert donné, si je ne me trompe, en faveur des Polonais exilés. C'était en effet un événement et une fête dans notre vie assez monotone ; mais M. Devéria ne se doutait pas que sa présence auprès de nous doublait notre plaisir ; quant à lui il fut gai et aimable toute la soirée. Nous avions devant nous une personne remarquablement belle. M. Devéria, en véritable artiste, était fort sensible à la beauté physique. « Hein ! dit-il tout à coup à son voisin, comme on lui ferait bien son portrait pour rien ! » Il avait parlé bas, mais lorsque Eugène Devéria parlait bas, on l'entendait jusqu'au fond d'une vaste salle. La jeune beauté n'eut garde de fermer l'oreille au compliment, qu'elle avait évidemment conscience de mériter, et je vois encore le regard plein de coquetterie qu'elle glissa, par-dessus l'épaule, vers celui qui avait parlé et dont le nom était bien connu à Pau. Cette petite scène nous divertit extrêmement. Vers la fin du concert, une artiste fort médiocre chanta « la romance du Saule »; je fus désappointée et me tournant vers M. Devéria, je lui dis que ma mère avait entendu chanter cela par la Malibran, et qu'elle n'en parlait jamais que les larmes aux yeux. M. Devéria regardait au loin devant lui, il me répondit par un signe de tête sans se retourner, il semblait sous l'empire d'une émotion soudaine, et je me tus, toute saisie, avec l'impression qu'un flot de souvenirs passait sur lui. Je crois que je ne m'étais pas trompée. N'étaient-ce pas « ces choses qu'il avait connues plus belles » qui se dressaient, tout à coup, au son de ces accents entendus autrefois, réveillant un passé, mort, mais non oublié?

A Mlle U. S.

16 avril 1864.

« ... Tu remplaces ma Mary, c'est chose entendue, tu remplis toute sa place. Tout le reste est subordonné à cette affection là..... »

A la même.

6 mai 1864.

« ..... Le bonheur peut-il s'appeler bonheur, pour tous ceux qui n'en voient pas la continuation dans l'avenir qui peut commencer demain? Que serait pour moi le bonheur de t'avoir pour fille, s'il me fallait te perdre un jour quelconque, soit que tu partes la première, où que je m'en aille devant, si cette heure ténébreuse suffit pour anéantir ta précieuse individualité..... Oh ! les pauvres [gens] dont les bonheurs ne durent que cinq, dix, quarante, soixante ans ! qu'ils sont à plaindre..... »

« ..... Je ne sais si je t'ai dit que ma vie va entrer dans une phase nouvelle. Je déménage dans quelques jours pour aller à l'autre coin, rue Samonzet. Aujourd'hui mon gros meuble carré, de la salle à manger, va prendre possession de la nouvelle demeure où [viendra probablement, me chercher] le Seigneur, s'Il ne m'arrête pas dans quelque pérégrination lointaine..... »

..... *13 mai 1864. Journal.....* — « J'avais besoin de promenade pour faire des vers. C'était dans l'air du Parc, ou des grandes routes, et promenades des Eaux-Chaudes que j'avais le plus de pensées à traduire..... Mais ma vie a pris un nouveau courant et je ne sors plus guère au grand air ; les visites chrétiennes ont pris la place des rêveries... lequel vaut mieux ? Ces lignes seront-elles jamais bonnes à quelque chose ou à quelqu'un ? Ces visites ont-elles une utilité véritable ? Ne me cherché-je pas dans les deux ? N'ai-je pas comme une trop haute idée de moi ? Je ne sais vraiment à quoi me décider ! Mais peut-être aussi ne suis-je plus libre et n'aurais-je plus la possibilité de reprendre ma vie de contemplation.

« Je me dis parfois, quand je me vois ainsi comme absorbé, sans participation de ma volonté : un homme d'intelligence n'a-t-il pas quelque chose de mieux à faire que de se dépenser au milieu de ces petits, auprès desquels de moins forts que lui pourraient parfaitement le remplacer? Puis je me dis : Mais suis-je l'homme intelligent en question? N'est-ce pas ici de la sotte vanité?... J'ai l'air de quelque chose dans ce faubourg de la France intelligente, mais que serais-je au milieu du peuple de la pensée, parmi ces hommes qui font l'opinion publique? J'aurais probablement le bec clos... ou si je l'ouvrais ce serait à ma confusion véritable.

« Conclusion : Il faut suivre la voie que le Seigneur m'ouvre et n'en changer que quand je pourrai croire que c'est bien Lui encore qui m'y pousse. J'ai eu une inspiration poétique (c'est peut-être un bien grand mot que j'emploie là, pour bien peu de chose), qui a duré de 1849 à 1863. Si le Seigneur veut tarir mon petit Kerith, il est le maître après tout, à quoi me servirait de me butter contre son adorable volonté? J'étais peintre, pas beaucoup... je ne le suis presque plus; j'ai été ce me semble un peu poète et cela est passé aussi... je ne suis plus qu'un faiseur de portraits, en façon de photographies où l'art tient bien peu de place. Mais qu'importe si je gagne mon pain... Après tout c'est suffisant... Seulement je regrette de ne pas savoir si ces lignes rimées ont rien de la valeur que je leur suppose quelquefois! C'est une dernière vanité que je porte en mon cœur. Ma dégradation comme peintre m'est égale (1)!... Mon rejet du monde comme hérétique ne m'affecte nullement, mais je suis vexé de n'oser pas

(1) C'était là une boutade qu'il ne faudrait pas prendre au pied de la lettre; seulement l'espoir s'en allait, et le découragement grandissait.

me montrer au monde comme penseur et poète... Et cependant, c'est peut-être d'une nullité absolue, quoi qu'en dise ma belle-sœur qui me juge avec une affection et une indulgence, désormais incapables d'apprécier mes œuvres à leur juste valeur (2).

A Mlle U. S.

15 mai 1864.

« ..... Que je voudrais, quand le jour de la peinture sera revenu, me mettre à de la peinture sérieuse et préparer quelque chose, d'un peu de valeur, pour une prochaine exposition ! Mais non, vœux inutiles ; il faudra suivre un courant où la volonté humaine a probablement plus de place que la main du Seigneur, mais enfin le sort en est jeté..... »

A Mlle U. S.

10 juin 1864.

« J'ai ces jours-ci et ce matin pour la première fois, mis mes affaires en ordre et ma volonté est écrite pour être exécutée en faveur de ceux que j'aime, quand j'aurai ouvert mes yeux, fermés aux illusions de la terre, sur les sublimes et adorables réalités de la vie éternelle. Il y avait longtemps que je désirais décider quelque chose relativement à mes écritures, et, en m'occupant d'elles, j'ai arrangé tout ce qui concernait un petit reste, que je me suis permis de regarder comme mien, malgré le large testament de ma Mary, que j'ai peut-être mal interprété..... mais

---

(2) Bibliothèque de Pau, vol. VII, p. 846.

il importe peu..... Il restait les bribes de mon atelier, de ma chambre, de mes écrivasseries auxquelles, ainsi que sa sœur, elle n'a jamais attaché la moindre importance, et c'est de tout cela que j'ai disposé ; maintenant je suis bien aise d'avoir consigné ces détails sur un papier, que je vais mettre aux mains d'un notaire chargé de garder ces pièces.....

« J'ai fait hier mon dernier jour de travail, j'ai lavé mes brosses et laissé mon atelier en ordre. Quand le Seigneur m'y ramènera-t-il ?... »

A Mlle U. S.

Paris, 19 juin 1864.

« .....Je suis allé de mon pied léger à l'hôpital de la Salpêtrière, voir ma nourrice, une petite course de cinquante minutes, que j'ai récidivée après ma visite, pour revenir chez ma sœur... quelque peu las, n'ayant plus l'habitude de courses de cette longueur.....

« J'ai vu de la misère et de la souffrance à l'hôpital, mais, hélas ! je ne parle pas un langage qui soit intelligible aux pauvre gens, et le silence est obligatoire entre nous... et pourtant que de misères physiques et morales !..... il y a de quoi navrer..... Il y a dans cette chambre de 28 lits, tous occupés par la vieillesse infirme,.... commune, grossière même, deux pauvres jeunes filles, deux sœurs, l'une de 24 ans, l'autre à peine son aînée, propres, nettes, bien arrangées, obligées de vivre là, jusqu'à leur mort. La plus jeune, presqu'aveugle, y voit à peine d'un œil pour se conduire, sourde à ne pas entendre un canon, et encore faible, après six mois d'hospice, à s'appuyer sur les lits pour aller d'un endroit à l'autre, et peut-être exposée à vivre longtemps, puisque, dit-on, elle est malade depuis l'âge de dix ou douze ans. Avec ça, elle est grande, bien faite, avec une presque jolie face, malgré un œil sans noir... Et pas un mot possible avec ces pauvres créatures..... Quant à ma pauvre nourrice, elle est bien vieille et laide, mais elle était encore la même, et ne tarissait pas d'expressions de joie en baisant..... touchant, cet objet de tant d'amour à peine mérité. Quelle merveille que cet amour du cœur de la femme, quand il a pris le droit chemin; c'est presqu'un abîme insondable comme celui de Dieu, dont la bonté demeure à perpétuité..... Et j'ai connu par la grâce de mon Dieu cet amour merveilleux sous ses formes les plus belles, de mère, nourrice, sœurs, belle-sœur, filles du sang et de l'adoption, que le Seigneur m'a prodiguées, comme pour préparer mon cœur à comprendre son amour infini..... Il n'en est qu'un que je n'ai pas connu. Celui de la femme, épouse, estimée et aimée, celle qui a tenu tant de place dans ma vie n'y étant entrée que par le péché..... Mais j'en ai tant eu, et j'en ai tant encore, des plus doux et des plus beaux, que je ne me plains pas pour un qui m'a échappé.....

« ..... Ma belle-sœur ne manque pas de bonnes raisons pour m'encourager à revenir à Paris, ce qui serait beaucoup plus convenable..... et cependant elle n'a pas gagné un point sur ce sujet et je la quitterai dans quinze jours au plus tard. Les quatre petits portraits sont presque fini, et le grand de Théodule ne sera pas long à finir..... après quoi nous nous mettrons en route tous les deux et comme l'été sera avancé et que je voudrais faire un peu de peinture en vue du salon de 1865, Dieu voulant, je me mettrai à l'œuvre avec une activité que ne viendra troubler que trop tôt un atelier de petites demoiselles.....

A la même.

Paris, 25 juin 1864.

« ..... J'accomplis paisiblement ma vie présente, si différente de celle de Pau, et quoi qu'il me semble en somme qu'il y a longtemps que je vous ai quittées, je ne puis dire que mes jours nouveaux me pèsent, au contraire. Chaque fraction, s'en envole rapidement sous l'influence du travail qui remplit raisonnablement plusieurs heures, et des visites que je fais aux merveilles de l'art, que je visite avec assiduité, pour renouveler ma provision un peu épuisée, quant au souvenir des Maîtres si magnifiquement représentés dans nos Musées gigantesques. Oh ! qu'il me serait agréable de t'initier à ces beautés de l'art, dont tu ne peux te faire une idée par ce que tu as vu jusqu'à ce jour... Comme je jouirais de voir ton esprit s'ouvrir à l'aspect de ces manifestations merveilleuses de l'esprit humain, quand tu verrais comment le Seigneur a tiré tant de manifestations différentes du génie créateur, reflet, dans l'homme déchu de l'Esprit, qui créa toutes choses.....

Même lettre. Samedi soir. — «... Je suis encore allé hier au Louvre, pour voir les sculptures que je n'avais pas contemplées depuis longtemps. Je n'ai jamais de ma vie, senti si vivement ces beautés merveilleuses de l'art de différents âges. Il y en a qu'il me semblait n'avoir jamais vues, tant je les trouvais d'une beauté saisissante.

» Je sentais ma faiblesse artistique devant ces géants de l'esprit humain, comme je me sens misérable lorsque je me mets à côté d'un [Saint] Paul ou d'un [Saint] Pierre, et chose étrange, je n'éprouve aucun regret de ma pauvreté intellectuelle... et je suis heureux d'être au moins capable de leur rendre le témoignage de mon admiration, puisque je ne saurais les égaler.... Ce ne sont plus des hommes que je pourrais jalouser, ce sont des créations de Dieu, que j'admire dans leurs œuvres, comme j'admire la beauté humaine, même quand elle me fait mieux sentir ma laideur. Je sais si bien que je n'ai et ne puis avoir que ce que mon Dieu m'a donné, qu'il ne me vient pas à l'idée de désirer plus que ma part. Peut-être que, dans le temps de ma puissance intellectuelle, lorsque je gaspillais les trésors que mon Père m'avait confiés, si, j'en avais fait un bon usage, le Seigneur m'eut permis de grandir un peu plus que je ne l'ai fait. Mais au moins je puis dire, en présence de ce temps perdu sans rémission, que depuis que le Seigneur a renouvelé mon esprit comme mon cœur, j'y ai mis tout ce que je possédais de force et de persévérance. Je ne puis donc que bénir Celui qui m'a donné de quoi gagner mon pain quotidien et de quoi satisfaire à mon goût pour l'art plastique. Les joies intellectuelles que j'en tire tous les jours, me sont de nouvelles preuves de la bonté de mon Dieu à mon égard, puisqu'Il me permet de tourner dans ce cercle intellectuel et spirituel, dans lequel mon esprit et mon cœur sont si délicieusement satisfaits....

.....« Je n'aurai aucun des tiraillements auxquels je craignais d'être soumis pour me faire prolonger un séjour que je trouve excellent, mais qui me fatiguerait, s'il se prolongeait au-delà de ce temps... Non que ma belle-sœur et ses enfants ne me soient bien précieux dans leur manière d'être à mon égard, puisque je retrouve ici une affection qui, de la part de la première surtout, est admirable dans ses manifestations multipliées; en sorte que je saurais rien désirer qui ne soit fait, car même la prévenance, cette gracieuse vertu des cœurs aimants, dépasse de beaucoup tout ce que, plus exigeant, je pourrais désirer. Il faut que je l'aime autant que je le fais, pour n'être pas mal à l'aise pour tant de bontés dont elle m'environne de toutes parts... Mais je sens mon cœur à l'aise, envers celle qui fut la compagne de celui qui a tant fait pour moi, et je sais que je réponds véritablement à son affection, et l'obligation ne m'est pas onéreuse, parce qu'il me semble qu'elle continue mon frère, et que je l'aime sans la moindre appréhension, gardé par l'âge auquel Dieu m'a amené avant de me rendre ma liberté. Mais avec tout cela, il me manque quelque chose à faire que je n'ai que là-bas, mes pauvres *petits* que je ne trouve pas ici... Ici je ne vis que pour moi, et les chers enfants de la famille intime, ce qui ressemble à de l'égoïsme comme deux gouttes d'eau... Mon cher neveu est charmant pour moi et conspire avec sa mère pour m'être agréable... Les chers amis ne savent pas qu'il est suffisant qu'ils viennent de mon frère pour m'être précieux... Et ainsi le

Seigneur me multiplie les joies de l'amour, comme Il le fait partout, au grand étonnement de ton *père*, ma bien-aimée.... c'est ainsi que deux vieux gardiens du Luxembourg et du Louvre m'ont salué, pleins de joie, derniers restants de la génération de ma jeunesse, et m'ont pris mon parapluie, au lieu de me permettre de le mettre au bureau, joyeux de la poignée de main qui leur disait merci. Bien certainement ces bons vieux ne voyaient pas les deux sous, ils ne pensaient qu'à prouver le plaisir qu'ils avaient à revoir le vieil enfant, qu'ils ont peut-être grondé quand il gaminait dans les palais royaux.

. . . .

A Mlle S. P.

Paris, 16 juillet 1864.

« My dearest Sophie,

« Il n'est que trop vrai que vous ne trouverez pas de lettre de votre vieil ami, en arrivant à la Florentine, puisque vous en approchez à toute vapeur, pendant que j'écris ces lignes, qui seront complétées en nombre, Dieu sait quand..... Ma vie est plus maîtrisée que jamais par les circonstances, dont ma belle-sœur est le mobile général... puisque c'est pour elle je travaille, quant à la peinture qui sort de mes mains (4 portraits ovales finis, et un « half lengh « de son fils qui sera fini dans deux ou trois jours). Mais comme je ne travaille pas « at home », force m'est de lui donner, en dehors du travail comme peintre, passablement de temps comme frère, ce qui, entremêlé avec mes » ramblings in the museum, mes visites deux fois par semaine à l'hôpital de ma pauvre nourrice, que ma vue et ma main dans la sienne réjouissent, à défaut de conversation impossible avec la chère sourde,.. à quelques rares flâneries au Luxembourg, use tellement ma vie qu'il me reste à peine le temps d'écrire à mes *absorbantes* ordinaires et extraordinaires, d'autant plus exigeantes que l'on est plus loin les uns des autres. En sorte qu'une chère Sophie, entourée de toutes les joies de la famille, du bien-être des mille affections qui la réjouissent à toute heure, de près ou de loin, n'arrive que la dernière, quel qu'eût été mon désir, je l'avoue, à exécuter le sien, de trouver une lettre du vieil ami à la Florentine... Mais je sais que ma Sophie, si petite soit-elle, a une grande âme, et comprend en l'excusant, le correspondant paresseux, sachant que ce n'est pas entièrement sa faute, s'il n'a pas joyeusement obéi à celle qu'il aime d'une affection sincère et pleine de fêtes pour lui-même.

« Chère enfant, je serai heureux de recommencer avec vous une promenade au Louvre, où je vous conduirai devant ces trésors que j'apprécie plus que jamais, et devant lesquels je me laissais hier, aller à mon enthousiasme devant un ami... et cela à tel point que j'ai été quelque peu en scandale, je suppose, à quelques-uns des spectateurs de mes folies amoureuses, mais aussi en édification, à un pauvre jeune homme à figure malade, qui ne s'est plus éloigné de nous une fois qu'il nous a eu joints. J'éprouvais pour ce pauvre être une sympathie qui n'a pas pu aller jusqu'où j'aurais voulu. C'était un grand jeune homme de quelque vingt ou vingt-quatre ans, assez mal vêtu, ayant l'air plutôt d'être plus élevé qu'un simple ouvrier. Il était maigre, et avait un bandeau de toile sur le front, qui me semblait parler de mal de tête plutôt que de plaie. Il y avait là quelque chose de mélancolique et de souffrant qui m'a pris le cœur, mais je n'ai pu aller plus loin que la porte de sortie. Il a tourné à gauche tandis que nous tournions à droite; moi pour reconduire de quelques pas celui que j'allais quitter. Mais comme toujours, hélas ! quand je suis revenu en arrière je ne l'ai plus retrouvé, il avait disparu comme un glaçon dans l'eau chaude... et une fois de plus je n'ai pas exécuté cette précieuse instruction... « *Pendant que tu en as l'occasion, fais du bien à tous...* » Qui peut dire toute la place qu'il y avait peut-être dans ce cœur vide et affligé, dans ce corps malade, pour une parole d'édification véritable, qui eut peut-être été, pour la chétive créature, le commencement de la source qui doit jaillir jusque dans la vie éternelle... Le Seigneur, dont les compassions ne sont pas amoindries, donnera probablement la gloire de consoler cette âme navrée à un plus digne et qui accomplira mieux la divine commission..... »

« ... Depuis ce matin, il me paraît que je resterai peut-être une quinzaine de plus pour deux portraits payés... S'il en est ainsi, Sophie bien-aimée, nous irons peut-être ensemble au musée..... »

« Ma belle-sœur, qui visite dix familles comme dame de charité, me dit qu'il y a aussi des pauvres et des souffrants ici, et que c'est effrayant. Quand on voit cette allée et venue de voitures toujours chargées de gens du peuple ou dans les jardins comme le Jardin des Plantes, le Luxembourg, tant de bonnes gens leur femme à côté d'eux et leurs enfants aux bras, on serait tenté de croire qu'il n'y a plus personne de pauvre à Paris. Mais il paraît que le dessus du panier est le plus beau et que quand on va au fond ce que l'on y trouve l'est beaucoup moins. Et je n'ai rien à faire au milieu de tout cela ; le temps me manque et je suis obligé d'en économiser pour n'abandonner pas mes chères filles de Pau, Orthez, Biarritz... Oh ! qu'il faudrait être riche de temps et d'argent, pour jouer un rôle de quelque valeur, au milieu de tant de douleurs et de tant de hontes !... »

A Mlle U. S.

Paris, 21 juillet 1864.

« ...Sophie va être à Paris samedi, et nous nous verrons pendant une huitaine de jours, avant qu'elle aille avec sa mère en Normandie, en sorte que s'exécutera un de ses rêves favoris : aller avec moi aux musées d'art, Louvre, Luxembourg, Cluny, etc. Il me tarde néanmoins d'être au pays à cause du cher neveu (1)... Il y a en lui un principe de faiblesse fâcheuse... Il était bien ces jours derniers et je me disais que c'était peut-être inutile de lui imposer la dépense de temps et d'argent ; et puis voilà qu'hier, sans cause appréciable, sans fatigue exceptionnelle, il est brisé et incapable de rien faire. Je l'ai vu dans son lit ce matin, il croyait être mieux ; nous allons voir à déjeuner. En sorte que tout bien considéré, je crois qu'il vaut mieux qu'il vienne aux Eaux-Bonnes, puisqu'elles lui ont fait du bien l'an passé. Il y a dans la faiblesse de ce cher

(1) M. Théodule Devéria, conservateur du Musée Égyptien au Louvre, dont la santé inspirait de vives inquiétudes.

garçon, quelque chose qui fait que je l'aime fort chaque fois que je me rapproche de lui... J'aimerais à vous avoir tous les deux auprès de moi. Mais hélas! quelle différence entre les deux enfants. Celui-ci est un enfant par le sang, sans communion spirituelle, tandis que toi... oh! toi; tu es ma fille... Ma sœur Octavie, ma Mary et toi... oh! chères créatures par qui Dieu m'a fait tant de joie et de bonheur! Vous remplissez les trois tiers de ma vie. Octavie meurt quand j'ai vingt ans; ma Mary quand j'en ai cinquante et tu apparais au seuil de mon hiver pour dorer la fin de ma vie, que tes sœurs ont faite si belle... »

A Mlle U. S.

Eaux-Chaudes, 20 août 1864.

« ... Il y a quelque chose qui reste toujours pour moi un étrange problème ; c'est ce que j'appellerais *l'emphase* de ma parole, quand j'annonce la vérité, telle qu'elle est en Christ et qui n'est vraiment, je le dis devant Dieu, qu'une exaltation irrésistible que j'éprouve, un bonheur véritable à énoncer, devant ce public que je suppose joyeux comme moi..... les merveilles de l'amour de Dieu. Je sens comme une réalité absolue, j'éprouve cette joie, ce bonheur que je cherche à faire comprendre à mon auditoire. Je prie en oubliant tout ce qui est autour de moi, j'ose même le dire, ne sachant pas trop ce que je dis, et ne m'en inquiétant guère, tant je sens que le Seigneur ne permettra pas que je me fourvoie..... »

« Et puis, descendu de la chaire, je me retrouve si pauvre, si misérable, sans ardeur pour le service de notre Dieu et Sauveur Jésus-Christ;

préoccupé de respects humains, qui me paralysent et dans lesquels, j'en suis sûr, il y a plus d'incrédulité, de doute et d'irrésolution spirituelle que de fine délicatesse de sentiment, car dans les circonstances vulgaires de ma vie, je n'ai plus ce respect humain, et je brave encore l'étiquette comme je l'ai toujours fait.

« ..... Que j'ai besoin de vos prières, mes deux filles bien-aimées, et que je suis heureux de marcher entre vous... qui me gardez et m'empêchez de choir. Votre pureté, mes chères enfants, vous fait mes amies et mes guides. Je suis une voix qui parle, mais c'est vous qui soutenez la faiblesse du pauvre vieux à qui le Dieu de charité vous a données. Soyez fidèles à votre tâche, mes douces filles, et priez sans vous lasser, pour que ma foi ne défaille point et que je rende fidèlement mon témoignage à Celui qui m'a tant aimé, en me donnant un Sauveur, et deux filles pareilles. »

Cette seconde fille, que M. Devéria nomme presque toujours en écrivant à Mlle S., était une jeune femme, mariée et mère de famille, maîtresse d'école dans un petit village du Béarn, à laquelle il s'était intéressé depuis fort longtemps. Elle était amie, un peu comme une sœur aînée de Mlle U. S. et il ne les séparait pas dans son affection.

Lorsqu'il écrivait cette lettre, il était aux Eaux-Chaudes avec son neveu malade, et nous allons voir combien il en était préoccupé. J'ajouterai seulement à l'appui de ce qu'on vient de lire, que lorsque M. Devéria parlait de ce qu'il croyait, ou qu'il priait, il semblait transfiguré. Ceux qui l'ont entendu se souviendront de l'expression de joie presque céleste, qui illuminait parfois ce pâle visage, et en faisait disparaître toute tristesse. Il semblait que le lourd fardeau, qui pesait sur sa vie, tombât, dans ces moments-là, de ses épaules, et qu'il fut soulevé vers ces hautes cimes dont il parlait comme un Voyant. Les mots se pressaient sur ses lèvres ; une éloquence étrange, personnelle, vigoureuse et tendre à la fois, donnait à son langage une puissance saisissante. C'était incorrect peut-être, il eut été impossible d'imprimer et de reproduire ces improvisations, mais la vie y coulait à pleins flots et bien souvent en l'écoutant, je me suis dit : C'était ainsi que devaient parler les prophètes.

A Mlle U. S.

Eaux-Chaudes, 29 août 1864.

« ..... Je suis triste, ma bien-aimée, mon Théodule est enrhumé pour tout de bon, et je me sens mal à l'aise de ce surcroît de maladie..... Chose étrange ! je me sens plein de courage devant vos souffrances, mes deux chères aimées, et je me sens fléchir de suite quand celui-ci a quelque chose qui va de travers..... Ah ! c'est que vous êtes à Dieu, vous êtes mes sœurs d'éternité avant tout, et que si vous partiez avant moi, j'aurais la certitude de vous retrouver dans le grand chœur des justes arrivés par la mort à la perfection.....

Mais lui !..... Cher enfant ! l'avoir aimé, dorloté comme un vrai fils et le voir décliner !..... Quand je vois par anticipation la douleur de sa mère, devant l'éventualité de sa mort prématurée, les douleurs sans nom qui seraient la suite de ce départ précipité, pour ceux dont la vie dépend en quelque façon de la sienne..... et tout cela sans compensation d'avenir éternel !..... le cœur me manque.....

« Ce matin j'ai prié pour sa guérison rapide, spontanée..... miraculeuse même. Il me semblait que comme le Psalmiste, je pouvais demander à Dieu quelque témoignage palpable de sa bonté, quelque chose qui ressemblât aux guérisons qu'Il faisait, quand [le Christ] manifestait au monde sa miséricorde et sa bonté par ces guérisons, qui découlaient de ses mains et même de ses vêtements...... Je l'avais entendu tousser plusieurs fois la nuit et enfin à cinq heures surtout. Je m'étais levé pour lui donner de la gomme, qui l'a un peu apaisé, mais j'avais la poitrine malade de cette longue et fatigante toux, et j'ai demandé à Dieu d'y mettre un terme..... Pourquoi ne guérirait-Il pas mon pauvre garçon, sans tout cet attirail de misérables petits moyens, toujours si incomplets? Donc, je le Lui ai demandé, et je le Lui demanderai encore avec persévérance. En attendant, nous allons déménager pour les Eaux-Bonnes. Si je l'avais fait huit jours plus tôt, le méchant marmot ne se fût pas enrhumé en sortant malgré ma défense, et je n'aurais pas cette détresse qui me semble produite par ma faute.....

Même jour, le soir. — « Je suis triste, mon Théo crache le sang depuis cette nuit ; cela a continué tout le jour..... Cela ne paraît pas bien grave, mais cependant, on peut dire que tout est grave dans sa faiblesse, et la moindre chose de cette espèce est un pas en arrière que l'on remplace difficilement, lorsqu'on est à jours comptés. En somme, je suis mal à mon aise parce qu'il ne s'agit pas de moi. Le dépôt d'une sœur m'effraye, et je crains les accidents auxquels je ne croirais pas si c'était ma propre affaire. Je vais passer un mauvais mois, et je ne puis dire comme ma douce aimée: « Ce sera bientôt passé », parce que je crains que le suivant ne soit pas plus agréable. Je ne verrai plus le malheur de près, mais il n'en subsistera pas moins et j'aurai de la peine à surmonter mon inquiétude. Oh ! si le Seigneur voulait illuminer cette âme. Mais non ! il y a en elle une force d'inertie incroyable. Toujours occupé de la terre et des poursuites de la science, il n'a pas une pensée, pas un besoin spirituel, ce qu'il a lui suffit..... Et pourtant, c'est d'un fait identique que le Seigneur s'est servi pour me réveiller. Il a appelé, j'ai entendu. J'ai vu ce buisson ardent, et je me suis approché pour savoir ce que cela signifiait. Mais lui, s'il l'a vu, il a continué son chemin sans y attacher la moindre importance..... »

A Mlle S. P.

29 septembre 1864.

« Ma bien aimée petite Sophie,
« Je vous assure que votre vieil et sincère ami n'avait pas besoin que vous lui *rappeliez*, (pardon pour l'absence de l'imparfait) qu'il est le débiteur d'une chère enfant, dont la pensée

l'accompagne partout, avec le cortège de tous ces êtres qui, par la grâce et la bonté de Dieu, m'aiment beaucoup plus que je ne le mérite certainement, et même vous aviez l'avantage, depuis deux mois et plus, de me suivre comme un remords en me rappelant à toute heure que j'étais un mauvais débiteur..... Oh ! pourquoi n'avez-vous pas jeté plus tôt dans ma torpeur..... cette chère petite lettre qui vous a remise devant mes yeux avec tout ce que j'aime dans votre aimable personne..... J'aurais senti plus tôt, comme aujourd'hui, le besoin de répondre à votre charmante gronderie, et j'aurais eu plus tôt ce plaisir, que je goûterais peut-être pour la seconde fois.

« Permettez-moi, ma chère grondeuse, de vous expliquer un peu ma vie pour vous faire comprendre comment j'ai pu ainsi vous sacrifier en apparence quand j'aurais si bien voulu faire le contraire.

« A Paris, j'ai férocement travaillé à ces cinq portraits suivis d'un autre d'homme *payé*, que je n'ai eu fini que la veille de mon départ, au tableau d'une dame, au Louvre, qui en était si heureuse que je n'ai pas eu le courage de laisser son œuvre trop imparfaite. Et il fallait bien donner un peu les soirs à la chère sœur, et à quelques rares obligations sociales inévitables, et puis alors j'étais près de votre lettre et je me disais : Oh ! demain, affreux mot qui appartient à l'ennemi..... et demain apportait quelque nouveau plaisir, visite aux vieux Maîtres, à l'hôpital... au bois de Boulogne, et puis je suis parti sans avoir acquitté mon aimable dette... Et je me disais : Courage, espérance, aux Eaux, on a le temps ?..... Oui ! de regarder un neveu en mauvais état et de l'entendre tousser comme un vieux blaireau, et de le voir revenir chaque soir fatigué et de regretter une organisation qui avait réussi l'an passé, mais qui évidemment ne valait rien cette année; il fallait jouer avec lui aux échecs, pour le désennuyer, lui tenir le plus possible compagnie, jusqu'à ce qu'un rhume avec congestion amenât un vésicatoire qui le mit à bas tout-à-fait..... oui, le temps de déménager et d'aller aux Eaux-Bonnes, s'établir auprès de la source, espérant que le Seigneur voudrait bénir un dernier effort, ce qu'Il a fait..... Mais alors il ne fallait pas le quitter, de peur de quelque sottise, comme celle qui avait attiré cette indisposition. Au milieu de tout cela huit portraits, dont un manqué, des lettres à une sœur et mère inquiète, aussi absorbante que qui que ce soit, des lettres à Ursule et Honorine malade, à Catherine, aux Wolff, etc... et vous devez voir combien j'avais eu tort de compter sur demain ! Revenu ici... le neveu n'est parti, bien retapé, que le jeudi, et jusque là il a fallu se donner à lui, puisqu'on allait perdre une habitude d'affection qui, pour n'avoir que six semaines de tête à tête, n'en était pas moins devenue presqu'un besoin,.... et ce n'est qu'aujourd'hui, que j'ai profité d'une journée bien écourtée, pour m'asseoir devant ma bonne petite Sophie, tout en collant des dessins et des verres.....

Vous voyez, chère enfant de notre bon Dieu, que votre conscience est une sotte quand elle vous montre votre vieil ami, grondant contre vos gracieuses lettres, que j'aime comme tout ce qui vient de vous. Je veux vos reproches chère petite amie, je veux vos gaîtés..... Vous êtes une chère enfant, et votre rire de bon aloi me réjouit, seul, ou accompagné de quelque bonne folie de Fanny..... Ainsi, chère petite Sophie, vous n'avez que de l'approbation de votre vieil ami, qui se garderait bien de faire passer un nuage sur.... votre front.

« ......Et maintenant..... je suis obligé de vous avouer, que votre jugement sur Eug. Delacroix est celui que nous portons tous, admirant plus que tout le reste ce Dante de 1824, qui est de la plus grande beauté sous tous les rapports. Voulez-vous permettre à votre vieil ami, dont vous avez parfois encouragé la vanité poétique, de vous transcrire ici son opinion rimée sur l'homme en question.

. . . .
O toi, qui nous ouvris la porte,
En l'enfonçant d'un coup de poing,
Que nous ne suivons que de loin,
Et que la sombre envie escorte;
Qui, de Dante, épousa l'Enfer
Comme une sombre fiancée,
Et t'incarnas cette pensée,
Qui perce sous son rire amer.

O Delacroix, le coloriste,
C'est dans les cercles douloureux
Que parcourut, les pleurs aux yeux,
Le Gibelin au regard triste;
Que tu recueillis les couleurs
Qui rayonnent sur ta palette,
Dont la morne clarté reflète
Les plus effrayantes douleurs.

Dans cette atmosphère où surgissent
Des feux aux sinistres couleurs,
C'est l'ombre qui tire les pleurs,
Ce sont les teintes qui rugissent.
Et sous le soleil de Chios,
Parmi cette foule meurtrie,
C'est encore la couleur qui crie
A nos cœurs douloureux échos......

« Vous voyez donc, chère petite amie, que vous ne jugez pas si mal et que vous ne dites nullement des bêtises..... Nous sommes d'avis en général, sauf quelques royalistes plus royalistes que le roi, qu'il a exagéré certains défauts, qui déparent quelques-uns de ces derniers ouvrages, où il a décidément trop négligé la forme aussi bien que quelques âpretés de tons qui n'ont plus dans leur ensemble la puissance et la richesse du Dante ou du Massacre de Chios où déjà se fait pressentir ce qui plus tard deviendra des fautes, croissant avec l'âge comme il arrive, aux hommes excentriques (le mot dans sa meilleure acception) à l'âge où nous vivons, qui n'a pas pu produire un homme parfait, comme les vieux de la vieille. »

Même lettre. Vendredi matin. — « Nous vivons dans un âge étrange, où il semble que les beaux arbres et les meilleurs, ne peuvent arriver à porter tous les fruits que l'on [aurait] le droit d'attendre ;.. dans la littérature, dans les arts, dans la religion, il en est ainsi. Les Lamartine, les Hugo, les Dumas, sont devenus des machines à faire des livres, sans qu'aucun d'eux se soit perfectionné, ajoutant à des talents hors ligne, les qualités qui leur manquaient, et que la critique, bienveillante d'ailleurs, n'a pas manqué de leur indiquer ; et puis ils ont tous exagérés les défauts de leur commencement. Géricault est peut-être mort à temps pour ne pas déchoir. L'Eclectique par excellence, Delaroche, semble être le seul qui se soit perfectionné jusqu'à la fin. En religion, les hommes forts sont les faiseurs de schisme, et s'en vont toujours, exagérant les doctrines, qui divisent à l'infini les troupeaux, sans bénéfice pour la masse incrédule. Comme si dans le caractère gaulois il n'y avait que deux pôles antipathiques : La liberté poussée jusqu'à la licence ou le despotisme,... l'absence de règles et de traditions dans l'art, ou l'exagération de leur acceptation, l'originalité intraitable, ou l'imitation stupide qui a perdu les Scheffer, les Boulanger... Chose étrange! Quand on trouve Titien en France, en Espagne, en Italie, en Flandre, en Angleterre, on le trouve toujours plus beau! jamais on n'a l'occasion de regretter ces divagations si déplorables de nos jours et que l'on ne rencontre chez aucun des grands Maîtres en qui la perfection semble innée pour les accompagner jusqu'à la fin de leur œuvre. Chez nous, tout paraît spontanéité, mais la tenue persévérante qui perfectionne est, décidément, loin de nos voies. Une nouvelle école naît, et meurt sans avoir dit son dernier mot et l'individualisme, qui empêche l'école anglaise d'aller aussi loin qu'elle le pourrait, nous envahit et produit cette spécialité, qui est peut-être bonne dans la fabrication mécanique, mais qui ne vaut certainement rien dans les questions d'art, (plastique surtout) où les traditions successives produisent seules les résultats merveilleux que nous montre l'histoire de l'art italien et hollandais. Vrai est-il que je suis un de ces vieux routiniers, qui ne prouvent guère en faveur du principe qu'ils préconisent et que la jeune école (s'il y en a une), pourrait bien crier haro à la vieille ganache qui ne comprend plus,.. et qui n'a pas su donner les fruits que ses principes ont la prétention de faire pressentir. Aussi je quitte une discussion, dans laquelle je n'apporterais probablement aucune lumière, rétablissant seulement comme fait principal que nous sommes du même avis, quant à Eug. Delacroix, et qu'il est certainement à regretter qu'il lui ait manqué cette disposition au perfectionnement, qui en eût fait un homme si majestueux dans l'histoire de l'art français. Il a eu le malheur, comme votre vieux Maître, de se confier trop tôt à sa mémoire et de ne plus se servir assez de la nature, qui l'avait si bien servi dans le Dante et le massacre de Chios. Paix à sa cendre, et puisse le Seigneur avoir influencé par sa grâce, les derniers moments d'une vie trop préoccupée des difficultés si sérieuses de l'art, pour avoir le temps de penser à une autre vie, vers laquelle sa mauvaise santé aurait dû élever sa pensée, mais qui je crois, n'avait aucune valeur à ses yeux.

« Le jour s'est fait, à la fin, dans ma chambre obscure et voici le moment de se préparer au travail du peintre... Béni soit Dieu ! l'été de votre chère maman a été prospère, et c'est du fond de la joie que vous avez à faire monter vos actions de grâce au Seigneur. Permettez-moi de joindre à ces louanges, de vos cœurs reconnaissants, celles de votre joyeux et heureux vieil ami... »

A cette époque, M. Devéria fut appelé à rendre un grand service à une famille qu'il aimait et vénérait profondément. Il dut faire pour cela le long voyage de Pau en Hollande, dans des conditions fort pénibles. Durant le trajet, il écrivit fidèlement à celle qu'il appelait « sa fille bien-aimée » et put faire à sa belle-sœur, au retour, la surprise de s'arrêter quelques jours à Paris, ce qui fut pour lui une douce satisfaction. Cette vie de famille l'avait repris plus qu'il ne le croyait lui-même; elle n'aurait pas tardé à lui devenir indispensable.

Voyage en Hollande. A bord du steamer « le Rotterdam ». — A Mlle U. S.

12 octobre 1864.

« Ma fille tant aimée,

« Je reviens... je me rapproche de toi : chaque tour de roue me pousse au midi, après le froid du nord, au repos après le trouble, au travail après tant de temps perdu, à l'atmosphère que tu respires, à la vie en Christ que j'aime à Pau plus que partout ailleurs, malgré les misères que la malice des hommes y crée encore chaque jour..... C'est que c'est là qu'est ma vraie patrie, là que je suis né à la vie éternelle, là que sont les enfants que le Seigneur m'a données à la place de celle qu'Il m'a reprise, là qu'est mon œuvre d'évangélisation, là le milieu où le Seigneur me semble avoir marqué ma place pour vivre et mourir en Celui qui m'a pris en ces jours de détresse, pour m'y compter tant... de fêtes indicibles, dans lesquelles toi et ta sœur avez si large part..... »

A M. G. de C.

Automne 1864, sans date. Dimanche soir et lundi matin.

« Cher enfant, car vous êtes toujours mon Gustave, vous avez dit hier un mot dont je ne me souviens pas bien, mais dans lequel était certainement renfermée l'idée de ne savoir que faire à Pau ; quelque chose qui ressemblait à : Que faire donc ici ?... Permettez-moi de vous parler à cœur ouvert....

« Je relisais accidentellement, il y a deux jours, des conseils en vers que je vous écrivais il y a quatre ou cinq ans... ce ne sont pas les seuls que je vous ai donnés dans cette grave question d'art, et malheureusement... n'ayant que des idées adoptées du dehors en fait d'art, vous n'avez pas adopté les miennes, et il me paraît que vous avez mal fait, parce que ces idées qui n'étaient pas les miennes, mais celles de mon frère et plus fortes comme théorie que je ne le suis moi-même, vous auraient, je crois, poussé plus loin que celles du milieu où vous avez préféré vivre.

« Or, il nous faut regarder la question de front, dans toute sa rude horreur.... et je dis : si vous êtes brave vous avez tout à faire en commençant, enfin, à devenir un artiste, un rapin féroce, au lieu d'un amateur... (Tout ceci dans la prévision que vous voulez devenir artiste gagnant sa vie)...

« Où sont ces études dessinées qui menaient les Maîtres à la peinture multiple, à la sculpture, à l'architecture, où sont les cartons pleins de renseignements qu'auraient dû produire cinq ou six ans d'études sérieuses ? Ah ! vous n'avez rien à répondre et j'en ai le cœur navré ! Hélas, enfant aimé, tout, tout est à faire, et c'est l'heure, sans un moment de retard, de remplacer, de rattraper le temps... perdu ; pas de regrets superflus... mais à l'œuvre, sans rêver un atelier, comme un enfant sage qui se met rudement à la besogne avec l'intention de devenir un homme !.....

« Je sais que je ne suis pas... à la hauteur du siècle... Mais si à vingt-cinq ans vous saviez tout ce que j'eusse pu vous apprendre... vous auriez pu prendre votre essor dans un milieu comme Paris, sous la direction des hommes qui nous ont dépassés... Allons, voyons, mettez-vous à l'œuvre et donnez-moi un démenti. Faites de la nature morte, du simple portrait de tête, allez jusqu'au portrait avec les mains, faites deux têtes ensemble, un bonhomme avec un fond de paysage, un paysage vivifié par un homme, une bête ; et de cela dix, vingt par mois avec accompagnement de croquis, de pastel, d'aquarelle, de fusain... mais de grâce, toutes choses *faites*, de quelque nom qu'elles s'appellent... Voulez-vous être peintre d'histoire et d'imagination ? Voilà la route à suivre. Quand vous aurez eu la nature pour le quart de votre tableau, il vous faudra toujours vivre, pour le reste, sur votre souvenir, ce qui ne peut être qu'à la condition d'un travail enragé. Mais non ! vous dédaignez les sujets psychologiques, et vous ne voulez faire que des réalités..... soit ; mais pour cela encore il faut suivre la même route, car de cette étude variée de la nature et de ce toucher à toutes les parties de l'art, seul résulte la possibilité de l'invention [même] la plus dénuée d'imagination... N'eussiez-vous que la prétention d'être un peintre de portraits, ne sentez-vous pas combien vous êtes loin de ce but, que méprisent les grands réalistes, qui sont bien capables de faire une *tête* remarquable, mais qui ne sont pas tous capables de faire *un beau portrait*, ce qui me semble le plus difficile de tout l'art. Pour cela encore, vous n'y arriverez que par la voie que j'indique et surtout et pour tout, par la voie d'un travail assidu et persévérant...

« Faites cela, et vous verrez, avec les dispositions que vous avez toujours, que les difficultés s'aplaniront et que vous arriverez à un résultat quelconque... Allons, à l'ouvrage « *Macte animo, generose puer, sic itur ad astra* ». C'était ce qu'on me disait, lors de mon Henri IV. Je vous le dis à mon tour. Sans doute j'ai mal répondu au prophète, mais encore, si, suivant le même chemin, vous pouviez arriver au même point, je puis vous assurer que vous trouverez beaucoup de plaisir dans l'art, et vous aurez assez de pain quotidien, pour satisfaire un homme sobre. Je crois que mon amour vous devait ces quelques conseils et je vous les ai donnés. Faites-y attention... Je ne suis qu'un pauvre jeton démonétisé, mais enfin j'ai quelque expérience et, au moins, je ne suis pas un charlatan comme tous ceux qui vous ont fourvoyés. Prenez-moi faute de mieux ; j'aime le pis-aller. Tâchez de vous identifier avec moi et je suis sûr que vous arriverez encore à quelque chose. Je suis là pour vous aider, vous presser, vous soutenir... je ne vous plaindrai ni le temps ni l'amour. Je suis toujours le même pour vous et si vous voulez être véritablement « mon Gustave » tout ira bien... Ne mettez pas ce dernier cri de mon amour dans le sac aux oubliettes, avec mes lettres et épîtres précédentes. Réfléchissez sur ce que contiennent ces pages, sorties d'un cœur affectueux, qui ne pense qu'à votre bonheur et à celui d'une famille que j'aime tant à cause de vous... Par un sublime effort, élevez-vous au niveau que nous avons tous rêvé pour vous, et puissé-je avoir une petite part dans cette fête générale ; j'aurai lieu de remercier Celui qui m'aura permis de payer, ainsi, une portion de la dette que j'ai envers mon frère.

« Pardon mille fois... si j'ai dit quelque chose qui vous froisse... excusez ma rude nature, qui n'empêche pas pour vous l'amour tendre et dévoué de votre vieil ami, puissé-je un jour ajouter, et frère en la foi.

« E. D. »

A Mlle U. S.

18 novembre 1864.

« ... Quand, jeune homme insoucieux de toute autre chose que de l'art et des plaisirs,..... j'étudiais à l'atelier de Girodet, nous avions un camarade, M. Louis ou Henri La Caze de Pau, dont on se moquait beaucoup, parce qu'il venait à l'atelier en voiture à lui et qu'il s'en allait au trot de ses grands chevaux, quand venait dix heures; il regagnait le faubourg Saint-Germain et l'École de droit et de médecine, pour y apprendre ces deux sciences qu'il devait plus tard et pendant toute sa vie, dit-on, exercer gratis. En sorte qu'il allait visiter les malades, leur portant les médicaments et les aumônes que lui permettait sa fortune, de 40,000 livres de rente, administrée dans un esprit de piété véritable. Cette piété lui faisait doucement dédaigner nos ignobles railleries, quand nous attaquions le chrétien que nous étions incapables de comprendre.....

« Je n'ai jamais eu l'occasion de le rencontrer ici; j'aurais eu du plaisir à lui faire amende honorable, pour la part que j'ai eue dans ces honteuses plaisanteries..... »

A la même
9 janvier 1865.

« ...Je veux toujours plus donner aux plus *petits* : il y en a assez qui donnent aux plus grands dans l'Eglise..... Il est bien vrai que l'on va chez les *petits*, mais comme instructeurs, évangélistes, lecteurs, et quand la besogne est faite, on s'en va bien vite et le pauvre *petit* n'a pas le temps de s'épancher, de conter ses chagrins, ses griefs, qui sont souvent ses torts, et ainsi on esquive la difficulté, l'application de la vérité à des cœurs mal faits,.... à force de péché, mal disposés, à cause d'une ignorance absolue, qui empêche intelligence et raisonnement. Quand donc verrons-nous les dames aller chez ces pauvres destitués, et leur tenir compagnie quelque temps, leur tricot ou leur crochet à la main ? Quand donc (pour spiritualiser l'invitation irréalisable, d'inviter à dîner ceux qui ne peuvent nous le rendre) donnerons-nous tous, nous les riches en intelligence, des repas intellectuels et de sentiments, à ces pauvres affamés qui savent si peu, entre eux, ce que c'est qu'une affection délicate ?..... »

« Ah ! décidément je rêve des bêtises ; probablement cela est impossible, et cependant je ne croirai à la piété du protestantisme que quand il produira beaucoup de ministres fidèles, force Diaconnesses et de cette piété pratique particulière, qui serait toute au bénéfice des pauvres. Il me semble impossible que la sublime doctrine du salut, par la grâce et par la foi, ne produise rien de mieux que de vaines discussions de mots et des divisions sans fin, à la tête desquelles se trouve toujours une prétention à la sainteté, qui ne produit rien de plus, après tout, dans les églises nouvelles que dans les anciennes. »

A la même.

27 janvier 1864. — Dernière lettre.

« ..... Il est si difficile..... d'exécuter un devoir journalier, qui semble augmenter à mesure que la vie se raccourcit et incline comme un beau soleil couchant..... vers l'horizon où elle va s'éteindre !..... Et chaque instant, chaque jour, passe si vite, qu'il n'y a pas moyen de reprendre son sang-froid, au milieu de toutes ces nécessités qui nous réclament avant le [soir], et avant la venue du jour final où sonnera le repos dans la joie et la gloire éternelles..... »

Elle allait sonner, en effet, pour l'artiste, cette heure solennelle qu'il attendait depuis si longtemps, sans la craindre et sans la souhaiter. Les derniers mois de l'année 1864, et le premier de 1865 avaient été heureux pour lui. Il avait eu la joie de recevoir, sous son toit, cette sœur à laquelle il s'attachait de plus en plus, Mme Achille Devéria. Les séjours qu'il avait faits chez elle durant les dernières années, la tendresse qu'il éprouvait pour les enfants de son frère Achille, les inquiétudes si vivement ressenties par lui, pour l'aîné de ses neveux, M. Théodule Devéria, tout montre à quel point il se sentait à sa place et dans son milieu, au sein de cette famille, qu'il avait faite sienne par le cœur. Il avait enfin la joie profonde de trouver un écho, pour ses sentiments religieux, dans l'âme de la veuve et de la mère éprouvée, et de se sentir compris par une nature qui était son égale, par un esprit et une intelligence nourris dans le même centre intellectuel que les siens. Il en était comme relevé, et ses lettres, écrites de Paris, respirent plus librement, si nous osons ainsi dire. Par une sorte de pressentiment, il laissa voir à Madame Achille Devéria la profondeur de tendresse qui l'unissait à ses filles d'adoption ; jusqu'alors, il avait plutôt dissimulé ses sentiments à leur égard, de peur d'être désapprouvé ou blâmé par elle. Durant ces mois d'hiver, il voulut les lui faire connaître, presque les lui faire adopter, et cette femme vraiment bonne et délicate, loin de s'étonner, entra dans l'affection de son frère pour « ses filles », et la partagea ; la reconnaissance et le bonheur de M. Devéria furent au comble. Et cependant malgré cette joie sincère, constamment exprimée dans ses dernières lettres, le souvenir qui nous reste de lui durant ces derniers jours, est celui de ses grands traits pâles, plus austères et plus mélancoliques que de coutume, et à côté de ces accents de louange et d'actions de grâce, dans ses lettres, il y a parfois une amertume et une sévérité de jugement qui ne lui étaient pas ordinaires. Etait-ce un malaise physique mal défini ? était-ce l'ombre de la mort prochaine qui assombrissait son esprit? était-ce la vague crainte d'une dernière lutte à soutenir contre son cœur, toujours jeune malgré les années et les tribulations ? Qui le saura jamais ?..... Dieu seul, qui lit dans le cœur humain comme en un livre ouvert, a connu ce dernier secret, avec les autres.....

Le 2 février, en plein travail, en pleine vie, la maladie dont il avait eu une si rude atteinte en Ecosse, longtemps auparavant, tomba sur lui, et le terrassa; frappé dans son atelier, le pinceau lui tomba des mains, et quelques heures d'épouvantables tortures brisèrent sa forte constitution. Le jeudi, à 11 heures du matin, il quittait le portrait commencé, le vendredi, à 9 heures il expirait. De tous ceux qui l'avaient aimé, sa belle-sœur et celui qu'il appelait *son Gustave* eurent seuls le privilège de l'assister dans sa longue agonie. « Seigneur Jésus, viens bientôt » ce fut le cri qu'il proféra pendant ses mortelles souffrances et ce cri fut entendu. Quant à ses filles d'adoption, à ses enfants « tant aimées » le terrible : « Il est mort, » tomba sur elles avec le sentiment désolé de l'irréparable, avant qu'elles eussent eu le temps de le savoir malade. « Il est mort » ! ! Cette douloureuse suite d'épreuves, ces luttes, ces conflits intérieurs, ces contrastes entre le passé et le présent, le train de guerre, qui pour lui n'a pas cessé un seul jour, tout cela avait pris fin. Il ne restait debout, aux yeux de ses amis, que l'inébranlable espérance qu'il avait serrée en son cœur, la seule qui ne trompe jamais.

Ses funérailles ne furent pas celles qu'il aurait eues s'il était resté à Paris. Rien d'officiel, point de discours glacés de confrères indifférents, mais une foule en deuil, une foule amie, et parmi ces amis, beaucoup de pauvres, de ces « *petits* » auxquels il avait déclaré, quelques jours auparavant, vouloir de plus en plus consacrer sa vie. C'était là un étrange cortège pour le jeune peintre romantique de 1827 ; ceux qui le pleuraient pensaient, évidemment, beaucoup plus à *l'homme*, au *chrétien*, à *l'ami*, qu'à l'artiste. Cette idée même n'était pas sans mélancolie pour le petit nombre de ceux qui se souvenaient de ses jours de gloire.

Il y a à Paris, dans le cimetière Montparnasse, cachée au milieu d'un dédale de tombes indifférentes, une étroite pierre sans inscription : une dalle de marbre blanc, encore parfaitement pur, est dressée au chevet, et sur le marbre se détache, en bas-relief, la figure d'une jeune fille, grandeur naturelle, dans le costume étrange de 1830. D'une main, elle tient un crayon et des pinceaux, de l'autre une sorte de palme et, les cheveux dénoués, la tête un peu inclinée vers la terre, elle semble, comme l'image ou la Muse, de la famille qui dort à ses pieds. Un seul nom sans date est gravé autour de la pierre arrondie, « Laure Devéria ». C'est à l'ombre de cette belle et charmante sœur des frères Devéria, que reposent avec les grands-parents, M. Achille Devéria, son fils Théodule et enfin Mme A. Devéria, elle-même, cette noble femme qui eut l'orgueil et la passion du nom qu'elle portait, et qui, après la mort de son beau-frère et celle de son fils, pleurait si amèrement « ses trois Devéria. »

Bien loin de cette sépulture de famille, dans le verdoyant cimetière de Pau, dans une petite allée si ombreuse qu'il faut la connaître pour la trouver, se cache une pierre déjà vieille et verdie par la mousse, sous laquelle on a déposé la fille tant aimée, cette Marie, que l'artiste appelait sa Grande Belle, pour laquelle il a épuisé tout ce que la langue française contient d'appellations tendres et douces. C'est là que, bien des années après l'y avoir couchée elle-même, on a mis près d'elle sa mère... Sur la dalle, au-dessous des noms et des dates, on lit : « Rien ne peut consoler de la perte de ceux qu'on aime, que l'espoir de les revoir dans le sein de Dieu. » Au fond du berceau de verdure, formé sur cette tombe par des arbustes inclinés, un buste de Marie, en marbre blanc, exécuté d'après un moulage de son père, nous la montre telle qu'elle était : De grands traits pleins de distinction, de longs bandeaux roulés de chaque côté du visage, l'air heureux, un peu hautain, les yeux grands, bien ouverts, legèrement à fleur de tête ; le type bien caractérisé des Devéria.

Quelques pas plus loin, dans la partie protestante du cimetière, repose seul Eugène Devéria. Ni avec la famille de sa jeunesse, ni avec celle de son âge mûr ; l'on ne peut s'empêcher de songer à ce qu'il a écrit un jour... : « Cette étrange solitude... dans laquelle je ne suis pas seul »... Son nom, gravé à plat sur la pierre, serait depuis longtemps effacé, si une main tendre et soigneuse n'y veillait incessamment. Un verset de l'Évangile, parlant de foi et d'espérance, est gravé en dessous. Le lierre, qui enlace de ses branches flexibles les chaînes de fer autour de la tombe, forme un lourd cordon toujours vert. Il aurait bientôt fait, dans sa croissance exubérante, d'envahir la pierre elle-même et d'étendre un verdoyant manteau d'oubli sur le nom et le souvenir de celui qui dort là.

C'est une grande erreur de croire que l'amour de Dieu puisse suffire à remplir le cœur de l'homme. Dieu, lui-même, ne l'a point voulu ainsi. Dans ce cœur humain qu'Il a fait, et qu'Il connaît mieux que nous, Il veut occuper la première place, mais alors Il l'agrandit et l'élargit, et le rend plus capable encore, de souhaiter et de ressentir toutes ces affections pures qui peuvent avoir un commencement, mais ne doivent pas avoir de fin. De là, pour le chrétien, digne de ce nom, ces aspirations incessantes, cette soif de donner et de recevoir, ces tristesses toujours renouvelées, cette attente, qui dure souvent autant que la vie, pour des cœurs qui se dérobent et passent sans le voir. Nul, plus qu'Eugène Devéria, n'a éprouvé ce besoin de sympathie chaude et vivante, nul n'a plus cherché autour de lui, selon l'expression éloquente d'un prédicateur chrétien, « un lieu de repos pour son cœur ». Il est trop vrai, qu'il ne l'a pas trouvé, de ce côté-ci de la tombe. C'est pourquoi l'impression qui se dégagera pour bien des lecteurs de l'étude de cette vie, sera celle de la défaite. Plus d'un sourira, peut-être, en disant : « Pauvre dupe ! à quoi lui a-t-il servi de croire en Dieu et de tout sacrifier à sa foi, il n'en a eu ni une déception, ni une humiliation de moins. » Ce n'était point ainsi que raisonnait Eugène Devéria. Il n'avait point fait un marché avec son Dieu : « Donne-moi du bonheur, je te servirai. » Comme l'Enfant Prodigue, il s'était senti coupable et s'était jeté dans les bras de la miséricorde infinie : « O Père, j'ai péché contre le ciel et contre toi et je ne suis plus digne d'être appelé ton fils ». Il croyait, d'une foi égale, en sa profonde misère, en la justice de Dieu et en son pardon. Il savait que que le mal appelle le châtiment, mais que la main qui frappe est aussi celle qui relève. Il savait enfin que cette vie n'est qu'un commencement, le lieu du travail et de l'épreuve, et que là où le bonheur manque, le devoir reste. Grâce à la force que son Dieu lui a donnée, malgré ses illusions perdues et son affection morte, il a gardé jusqu'au bout la foi jurée, avec une fidélité inviolable. Malgré un insuccès persistant, il a travaillé avec autant d'énergie, de persévérance et de loyal effort, que si chaque espoir avait été suivi d'un triomphe. Toujours plus ou moins déçu, dans son besoin exclusif de tendresse, il ne s'est pas lassé d'aimer et de répandre son cœur sur tout ce qui l'approchait. Dans la route rude et solitaire que le Seigneur lui avait tracée, sentant le poids de toutes les tristesses sous lesquelles ployait sa vie, il a marché d'un pas égal, sans douter de la souveraine sagesse de Celui qui a toute l'Éternité pour nous exaucer. Vaincu peut-être, si l'on considère la gloire humaine, le bonheur passager de la terre, plus que vainqueur, par la foi qu'il a gardée.

Nous vivons au milieu d'une génération bruyante, affamée de plaisir, oublieuse de ses devoirs, prête à nier, à tout propos, la responsabilité humaine, la liberté, la conscience, tout ce qui nous élève au-dessus de la brute. Mais il est impossible que dans cette foule, il n'y ait pas des âmes humiliées, blessées, désespérées, de leur impuissance et de leur dégradation. C'est à elles que ce livre est adressé. Oui, il y a autre chose que ce sol dur et fangeux sur lequel saignent nos pieds. Nous sommes faits pour une autre existence que cette vie douloureuse qui finira demain. « Levez les yeux, et regardez haut, c'est le seul moyen d'aller loin » bien loin, au-delà de ce qui se touche et se voit, vers ce que l'on espère, et que l'on pressent, vers ce qui est plus réel que les tristes réalités que nos yeux contemplent chaque jour, vers le Dieu qui attend pour faire grâce, en qui Eugène Devéria a cru, et qui ne l'a point trompé. Pour mieux rendre témoignage à ce Dieu, qu'il appelait son Sauveur, il a voulu nous montrer l'abîme dont sa main puissante l'avait retiré. Nous avons marché avec lui pendant ces longues années d'épreuve et nous l'avons suivi jusqu'au port. Maintenant, le bon serviteur que son Maître a trouvé occupé de son service, lorsqu'il est venu le chercher, se repose de son travail, ses larmes sont essuyées, ses chagrins oubliés, les jours de son deuil sont finis......

1881-1886.

FIN.

TABLE DES MATIÈRES

Avant-propos. . . . . I-VIII

I
1805-1840.

Eugène Devéria. — Sa famille. — Sa mère. — Son enfance. — Une révolte. — Années de jeunesse. — Éducation artistique. — La naissance d'Henri IV. — Le Salon de 1827. — Témoignage des contemporains : Victor Hugo : Charles Blanc. — Qui l'on voyait chez les Devéria. — Théophile Gautier. — Jours de deuil. — Vie privée. — Avignon. — Mariage et maladie. — La conversion . . . . p. 1-37

II
1841-1849.

Malentendu. — Lettre à Achile Devéria. — Lettre de Désirée. — Retour à Paris. — Maladie de sa mère. — Mort de sa mère. — Confession de foi. — Choses passées. — Vie nouvelle. — Famille et Église. — Causes de désunion. — Lettres fâcheuses. — Les Nuages. — Besoin de pardon. — Les épreuves de l'artiste. — Longs jours d'été. — Opinions politiques. — Efforts inutiles. — Séjour aux Eaux-Bonnes. — L'art et la civilisation. — La vallée de Laruns. — Pendant l'orage. — Culte dans une ferme. — Lettre à Achille. — Situation matérielle. — Prière ardente pour ceux qu'il aime. — Témoignage d'Henri de Triqueti. — Lettre à Théodule. — Temps difficiles. — Marie. — Le culte de famille. — Promenade avec ses filles. — Soucis paternels. — Chagrin. — Ensemble et pourtant séparés. — Départ pour la Hollande. — Paul Potter et Rembrandt. — Pas de lettres ! — Regrets. — Lettre à M. R...... — Un ami. — Espérance. — A la cour. — Causes d'insuccès. — La reine des Pays-Bas « Schocking ! » — Retour à la Haye. — Humiliation douloureuse. . . . p. 38-131

III
1849-1857

En Ecosse. — Chez le duc de Hamilton. — Une expérience. — Lettre à Achille. — Réponse d'Achille. — Lettre de madame Achille Devéria. — Solitude. — Lettre de Marie. — Un sermon de Vinet. — Lettre à Marie. — Pourquoi elle ne peut pas venir en Ecosse. — Lettre à Théophile Gautier. — Regard en arrière. — Les causes de sa décadence. — Danger de mort. — Récit de sa maladie. — Temps de faiblesse. — Santé ébranlée. — Comment on écrit à son père. — Controverse avec Marie. — Les schismes de l'Eglise catholique. — L'Eglise de Dieu et le Saint-Esprit. — « Eprouvez votre foi ». — Marie en Ecosse. — Eugène Devéria. — Son intérieur de famille. — Sa vie intime. — Morte. — La maison vide. — « Je n'ai plus qu'à pleurer ! » — « Vivante quoique morte. » — Toujours jeune » — « Déjà deux mois ». — Avignon sans elle. — Mort d'Achille Devéria. — Pourquoi il était triste . . . . p. 132-204

IV
1858-1865

Seul. « Son Gustave. » — Qui adoptera-t-il ? — Dernières joies. — Lettre à M. G. de C. — Nécessité de bien régler sa vie. — Conseils du maître à l'élève. — Journal. — Lettre à M. G. de C. — Encouragements. — Les lettres qu'il aime. — Le chrétien doit être joyeux. — Tableaux et portraits. — Peintre réaliste ! — Efforts pour remonter le courant. — L'ambition. — « Regardez haut ». — Jugement mélancolique sur lui-même. — Correspondance avec sa fille d'adoption. — Nul ne les ravira de ses mains. — Les enfants que Dieu lui a donnés. — La petite Thérèse Cadiec. — Minette. — Douter de soi, c'est douter de Dieu. — Dieu aime les enfants joyeux. — La traduction des psaumes en vers. — L'incertitude. — « Selon ton jour, sera ta force ». — Riches et pauvres. — Madame A. Devéria. — Un concert. — Interrogation sur lui-même. — Ses dernières volontés. — A Paris. — Ses musées. — Comment se passe son temps. — Rencontre au Louvre. — Ses enfants. — Sa prédication. — Maladie de M. Théodule Devéria. — Sa vie depuis deux mois. — Opinion sur Eugène Delacroix. — Retour sur ses contemporains et sur lui-même. — Dernière lettre à M. G. de C. — Encore un effort. — Manière de visiter les pauvres. — Derniers jours. — Les funérailles. — Les tombes. — La victoire remportée. p. 205-304

Tours — Imp. Mazereau.

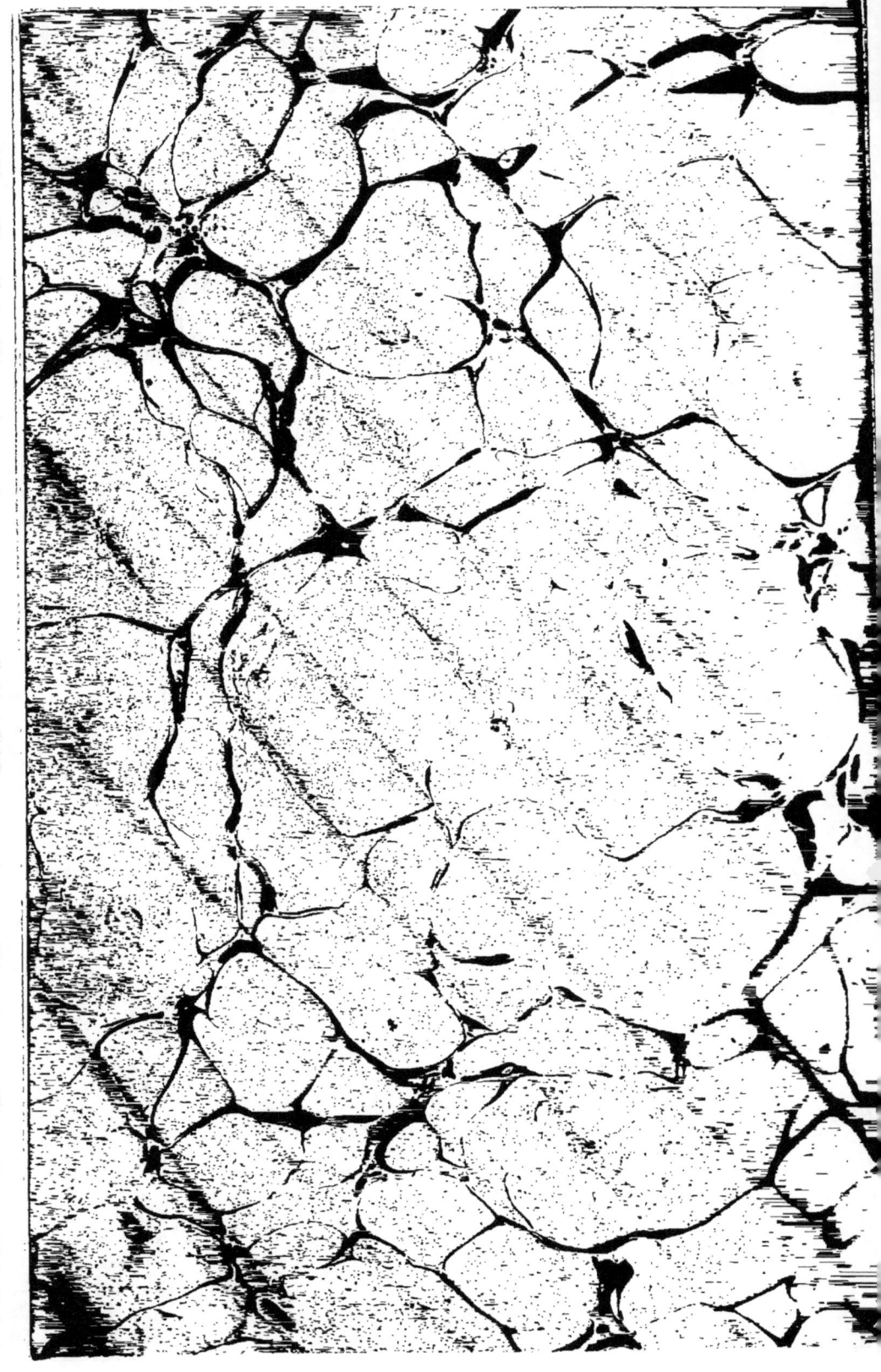

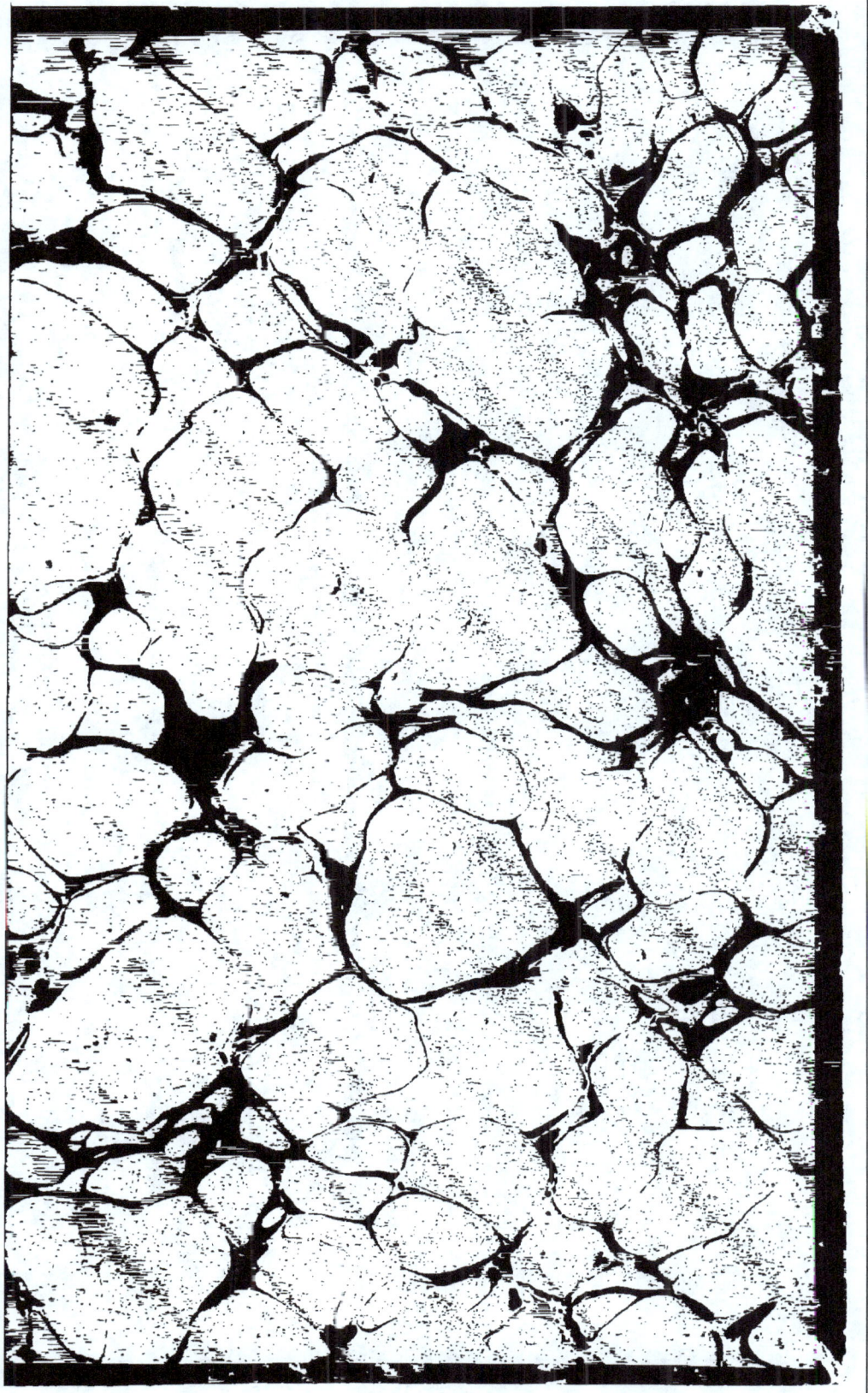

www.ingramcontent.com/pod-product-compliance
Lightning Source LLC
Chambersburg PA
CBHW050156230526
45470CB00001B/115